学前教育专业新形态系列教材

U0720188

学前儿童语言教育与活动指导

第2版

范恒 李志凯 潘春 ◎ 主编

景玉梦云 朱怡 邓红春 许静 ◎ 副主编

人民邮电出版社

北 京

图书在版编目（CIP）数据

学前儿童语言教育与活动指导 / 范恒，李志凯，潘
春主编. -- 2版. -- 北京 : 人民邮电出版社，2024.3
学前教育专业新形态系列教材
ISBN 978-7-115-63742-0

Ⅰ. ①学… Ⅱ. ①范… ②李… ③潘… Ⅲ. ①学前儿
童－语言教学－幼儿师范学校－教材 Ⅳ. ①G613.2

中国国家版本馆CIP数据核字(2024)第030016号

内 容 提 要

本书以学前儿童语言教育活动设计与指导为主线，针对当前学前儿童的发展特点，融入富有时代特色的教学内容，强调理论与实践相结合，旨在帮助读者系统地培养学前儿童语言教育实践能力并丰富教学经验。

本书共分为9章，主要内容包括学前儿童语言教育概述、学前儿童语言发展与教育阶段、学前儿童谈话活动、学前儿童讲述活动、学前儿童听说游戏活动、学前儿童阅读活动、学前儿童文学作品活动、学前儿童日常生活中的语言教育，以及学前儿童语言教育的评价。

本书适合作为高等院校学前教育专业及幼儿师范学校相关专业的教材，也可作为幼儿园和早教机构一线教师继续教育和进修的参考用书。

◆ 主　　编　范　恒　李志凯　潘　春
　　副主编　景玉梦云　朱　怡　邓红春　许　静
　　责任编辑　连震月
　　责任印制　王　郁　彭志环
◆ 人民邮电出版社出版发行　　北京市丰台区成寿寺路11号
　　邮编　100164　　电子邮件　315@ptpress.com.cn
　　网址　https://www.ptpress.com.cn
　　北京天宇星印刷厂印刷
◆ 开本　787×1092　1/16
　　印张　13.75　　　　　　　　　2024年3月第2版
　　字数　316千字　　　　　　　　2024年3月北京第1次印刷

定价：49.80 元

读者服务热线：(010)81055256　印装质量热线：(010)81055316
反盗版热线：(010)81055315
广告经营许可证：京东市监广登字 20170147 号

学前期是语言发展的关键期，在此阶段对学前儿童进行良好的语言教育，有益于学前儿童的终身发展。同时，学前儿童语言能力的发展也是其智力发展的重要标志。学前儿童语言教育能够使学前儿童的认知能力得到锻炼，有助于培养其良好的学习能力。

学前儿童语言教育把 3～6 岁的学前儿童作为研究对象，从其发展特点与相关规律出发，进行针对性的语言教育活动设计与组织，促进他们语言能力的整体发展；通过设计科学的语言教育活动让学前儿童操作、参与、体验，从而培养他们学习的兴趣与主动性，增强其学习的专注力和持续性，促进其人格的发展。

党的二十大报告提出："办好人民满意的教育。""坚持以人民为中心发展教育，加快建设高质量教育体系，发展素质教育，促进教育公平。"本书依据《幼儿园教育指导纲要（试行）》和《3～6 岁儿童学习与发展指南》的精神与要求，结合高校教学与幼儿园工作的实际需要，在长期的教学实践与课题研究的基础上编写而成，力求全面、系统地反映学前儿童语言教育理论研究和实践的新成果，体现出时代性、科学性和可操作性的特点，以更好地适应学前儿童发展的需要。

本次修订的主要内容如下。

- 贯彻落实党的二十大精神，顺应时代发展，融入新教育理念，精选大量案例进行解读，融入中华优秀传统文化，注重理论与实践的结合。

- 对部分理论知识进行了删减，增加了活动设计指导与组织实践等内容，体系更完善，内容更精练。

- 落实教育立德树人的根本任务，增加了对能力与素养的要求，更加贴合课堂教学的实际需求。

与第 1 版相比，本版更符合学前教育改革发展的要求，突出指导性、示范性和实践性，强调学、做、行一体化。

　　此外，本书还提供了丰富的立体化教学资源，包括微课视频、PPT 课件、电子教案、教学大纲、课程标准等，读者可访问人邮教育社区（www.ryjiaoyu.com）下载获取相关资源。

　　本书由范恒、李志凯、潘春担任主编，由景玉梦云、朱怡、邓红春、许静担任副主编。由于编者水平有限，书中难免存在不足之处，恳请广大读者批评指正。

编者

2024 年 2 月

目录
CONTENTS

01

第一章
学前儿童语言教育概述

知识目标

➤ 了解学前儿童语言教育的本质与概念。
➤ 掌握学前儿童语言教育的基本任务。
➤ 了解学前儿童语言教育的意义与发展趋势。

能力目标

➤ 能够灵活运用学前儿童语言教育的各种方法。
➤ 能够根据需要选择学前儿童语言教育的内容。
➤ 能够将学前儿童语言教育的原则运用到教学实践中。

素养目标

➤ 与时俱进，开拓创新，培养先进的学前儿童语言教育理念。
➤ 树立科学的学前儿童语言教育观和以学前儿童为本的教育理念。
➤ 端正学习态度，培养爱岗敬业的职业素养。

　　学前儿童语言教育是研究学前儿童语言发生发展的现象、规律及教育的一门学科。随着语言文化的发展，教育研究者对学前儿童语言的探究从未中断过。学前教育活动依赖于语言，正如柏拉图所说，"语言是教育的工具"，它不仅是教师教学的工具，也是学前儿童学习的工具。离开语言，教育便无从发生。因此，学前儿童语言教育是学前教育学研究最主要的领域之一。

第一节　认识学前儿童语言教育

引导案例

　　夏日的天气就像娃娃的脸说变就变，刚刚还晴空万里，突然就变得乌云密布，天公好像有意在施展自己的本领，狂风大作，雷鸣电闪，不一会儿蚕豆大的雨点噼里啪啦地从天而降。大雨过后，又转为小雨，之后又下起了毛毛细雨。

　　雨声、雨景深深地吸引了星辰幼儿园中一班孩子们的目光。正准备上课的任老师也被孩子们的情绪感染，心想既然孩子们喜欢看雨，不妨利用这真实的场景开展语言教育活动。于是，她和孩子们一起走到窗前，欣赏这变化的雨点。随着雨点的变化，孩子们学会了分辨什么是倾盆大雨，什么是滴答小雨，什么是毛毛细雨。

　　随后，任老师向大家提出问题："雨点是从哪里来的？"

　　孩子们争先恐后地回答："它们是从天上掉下来的，从黑黑的云层中落下来。"

　　任老师又问："雨点为什么会落下来？"

孩子们顿时茫然了……小脑袋思索着，眼里带着求知的欲望。带着孩子们的疑问，任老师讲述了《小雨点》的故事，使孩子们明白了小雨点的家在海洋里、在草地上，了解了小雨点是如何在空中旅行的。

雨渐渐地小了，任老师带着孩子们走出教室站在屋檐下观看雨点落在地上的情景。小明说："小雨点落在水里变成了无数个小泡泡。"洛洛说："它们就像从小鱼嘴里吐出来的泡泡。"于是，任老师让大家看着不停降落的雨点，思考想到了什么，并说一说。

小鹏说："下雨了，下雨了，雨点落到地上，像给地面镶了一面镜子。"

小哲说："下雨了，下雨了，小水珠像一粒粒小豆子从天上撒下来。"

小柯说："下雨了，下雨了，小水珠像一排排箭从天上射下来。"

佳佳说："下雨了，下雨了，天上落下来的小水珠，像一朵朵水晶花。"

小志说："下雨了，下雨了，小水珠落在水里，变成了一个个小套圈套在地面上。"

娜娜说："下雨了，下雨了，小雨点像一串串项链从天上落下来。"

谦谦说："下雨了，下雨了，小雨点像一顶顶降落伞从天上落下来。"

涵涵说："下雨了，下雨了，雨点落在操场上，操场变成了一条小河。"

阳阳说："下雨了，小雨点落在地上又溅起来，像一顶顶美丽的皇冠。"

……

孩子们的语言天赋和丰富的想象让任老师惊叹，并为之感动。任老师觉得这雨在孩子们的眼里变成一个个美丽的童话，神奇而有魅力。当天放学后，幼儿园《家园共享》专栏中多了一首由中一班的孩子们共同参与创作的诗歌——《下雨了》。

学前教育没有固定的模式，教育方式更是灵活多变，教师应根据学前儿童的发展特点及实际教学情景，抓住契机，进行恰当的教育、引导与启发，案例中的任老师结合实际的情景，充分发挥学前儿童的主动性与想象力，既能发展学前儿童的智力与思维，又能培养他们的语言表达能力与认知能力。

学前阶段是口语发展的关键时期。学前儿童对语言的掌握是通过教育实现的，教师只有为学前儿童提供良好的语言教育环境，才能更好地促进学前儿童语言能力的发展及整体素质的提升，为学前儿童日后的发展奠定基础。

一、学前儿童语言教育的本质

语言即传递信息的声音，是人类最重要的交际工具，也是人们相互沟通的主要媒介。学前儿童正处于学习使用语言的最佳时期，学前儿童的语言教育应以言语教育为手段，以一日生活为途径，利用一切积极因素和机会，灵活、随机地引导学前儿童的语言活动，使他们乐于运用语言进行交往，培养其初步的听说能力与交往技能，提升其运用语言的能力，进而使学前儿童在品德、思维等方面都得到一定的发展。

语言是人类社会特有的一种现象，它随着人类社会的发展而发展，具有基本的社会属性。语言是人们思维必不可少的工具，是认知能力的重要组成部分，也是社会交往的工具，是学前儿童社会化、个性发展的重要标志。

学前儿童语言教育能够促进学前儿童创造性思维的发展。语言与思维形影相随，没有语言，思维活动就不能进行，思维成果也无从体现。创造性思维是指根据一定的目的，运用已有的信息，产生某种新颖的、独特的、有社会或个人价值的产品的过程。语言教育对学前儿童的创造性思维的萌发和发展起到了推动作用。

学前儿童语言教育的对象是学前儿童，学前儿童的语言学习过程实际是他们认识世界的过程和发展思维的过程。学前儿童可以在语言学习的过程中认识周围世界，发展思维能力。

二、学前儿童语言教育的概念

学前儿童语言教育是专门研究学前儿童语言发展及其教育的一门应用性学科。语言教育活动是实现语言教育目标的有效途径，是组织和传递语言教育内容的重要环节，也是落实语言教育任务的具体手段。

学前儿童语言教育的概念有狭义和广义之分，如图 1-1 所示。

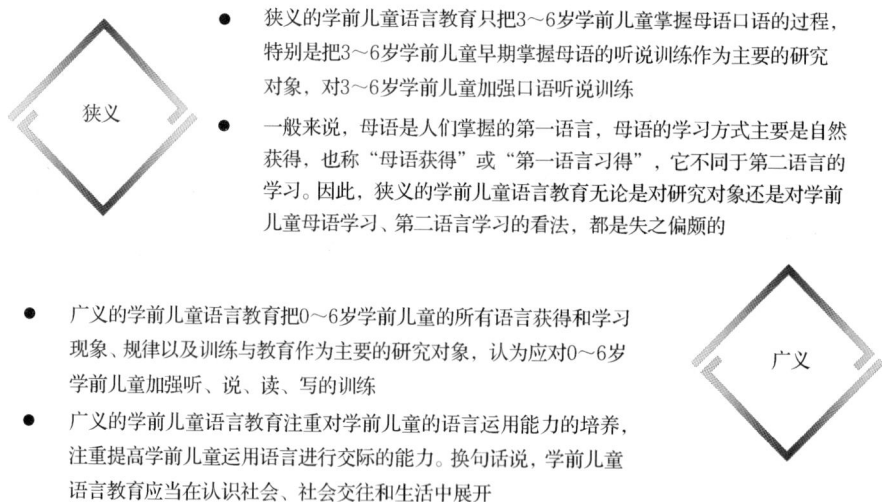

狭义

- 狭义的学前儿童语言教育只把3～6岁学前儿童掌握母语口语的过程，特别是把3～6岁学前儿童早期掌握母语的听说训练作为主要的研究对象，对3～6岁学前儿童加强口语听说训练
- 一般来说，母语是人们掌握的第一语言，母语的学习方式主要是自然获得，也称"母语获得"或"第一语言习得"，它不同于第二语言的学习。因此，狭义的学前儿童语言教育无论是对研究对象还是对学前儿童母语学习、第二语言学习的看法，都是失之偏颇的

广义

- 广义的学前儿童语言教育把0～6岁学前儿童的所有语言获得和学习现象、规律以及训练与教育作为主要的研究对象，认为应对0～6岁学前儿童加强听、说、读、写的训练
- 广义的学前儿童语言教育注重对学前儿童的语言运用能力的培养，注重提高学前儿童运用语言进行交际的能力。换句话说，学前儿童语言教育应当在认识社会、社会交往和生活中展开

图 1-1　狭义与广义的学前儿童语言教育

三、学前儿童语言教育的基本任务

学前儿童语言教育的基本任务如下。

（1）提供说普通话的语言环境，培养学前儿童正确说普通话。

（2）创造一个自由、宽松的语言交往环境，培养学前儿童语言交往的习惯，提高学前儿童语言交往的能力。

（3）培养学前儿童注意倾听的习惯，发展其语言理解能力。

（4）鼓励学前儿童大胆、清楚地表达自己的想法和感受，尝试说明、描述简单的事物或过程，发展其语言表达能力和思维能力。

（5）培养学前儿童对生活中常见的简单标记和文字符号的兴趣。

（6）积极引导学前儿童欣赏儿童文学作品，使其感受语言的丰富与优美，再通过各种活动加深他们对作品的理解。

（7）激发学前儿童对阅读与书写的兴趣，培养学前儿童前阅读与前书写的技能，为其入学做好准备。

四、学前儿童语言教育的意义

学前儿童语言教育的意义体现在以下几个方面。

（一）探讨学前儿童语言教育的作用

探讨学前儿童语言教育具有重要作用，不仅可以推进学前儿童语言和行为的社会化进程，而且有利于学前儿童学习能力和认知能力的发展，提高学前儿童对语言的兴趣。

1. 推进学前儿童语言和行为的社会化进程

语言教育的基本任务在于促进学前儿童语言能力的发展，所以其首要任务是使学前儿童发音清晰，词汇丰富，口语表达流畅，语言交往技能得到提高。学前儿童习得语言后，就可以运用语言与周围人进行交流。这种交流有助于学前儿童克服以自我为中心的言行，使他们能够主动地适应他人的行为，使自己的情感、态度、习惯、行为等与社会规范逐渐接近并吻合，促进学前儿童社会化发展。

2. 促进学前儿童学习能力和认知能力的发展

语言不仅是人们交际的工具，还是人们思维的工具，人们没有语言就不可能进行抽象的思维。教师借助语言，教导学前儿童观察事物、认识事物，向他们传授知识技能，解释行为规则，等等。学前儿童在理解了这些语言的同时，也锻炼和发展了自己的思维能力与学习能力。

在输出语言的过程中，学前儿童要把话语表达得准确、清楚、完整和连贯，也需要有感知、记忆、思维、想象过程的积极参与。随着学前儿童语言水平的提高，其语言和认知能力的结合也渐趋明显。可以说学前儿童早期语言能力的发展是他们认知能力发展的重要标志。

3. 促进学前儿童语言兴趣的发展

随着语言的不断丰富和语言交往技能的提高，学前儿童学习和运用语言的兴趣也越来越浓厚。对听和说感兴趣、自信和主动学习都有赖于语言能力的提高，而学前儿童一旦产生学习语言的兴趣，就会主动寻找学习语言的机会，学习更多的语言符号，尝试更新的语言技巧，语言的潜能就能得到充分的发挥。这种兴趣不仅对学前儿童当前的语言学习活动有积极影响，还会影响他们入学乃至成年后学习和运用语言的兴趣。

（二）揭示学前儿童语言发展与教育的规律

充分描述学前儿童语言的发展过程是学前儿童语言教育学科研究的基础，但不是目的。本学科研究的重要目的之一是揭示规律，而只有在描述的基础上总结出规律，研究才具有科学意义。

当前学术界已经揭示了一些学前儿童语言发展与教育的规律，例如，前置的语法形式比后置的语法形式先被掌握，无标记成分比有标记成分先被掌握（有无标记成分关系到语言的复杂程度，有标记成分说明语言更复杂），肯定句比否定句先被掌握，等等。学前儿童语言教育主要是依据这些规律开展教育与训练。

（三）解释学前儿童语言发展的过程及现象

从某种意义来说，科学的力量在于解释，解释是科学研究较高层次的追求。学前儿童掌握母语的过程都惊人相似，一般分为以下 5 个阶段。

（1）出生后半年至 1 岁左右为喃语阶段。

（2）1 岁左右开始说话，进入单词句阶段，如会说"妈妈"。

（3）大约在 1.5 岁进入双词句阶段，如会说"吃饭""回家"。

（4）大约在 2.5 岁进入实词句阶段，如会说"妈妈吃""爷爷买"。

（5）大约在 5 岁进入成人句阶段，这时学前儿童习得语言的过程已基本完成，基本的语法结构已经被他们掌握，他们能够运用正确的表达方法进行语言表达。

五、学前儿童语言教育的发展趋势

近年来，在学前儿童语言教育方面，占主导地位的理论是全语言教育理论。全语言教育理论在国际学前教育界引发了世界范围内学前儿童语言教育的改革，对我国的学前儿童语言教育也产生了积极的影响。在全语言教育理论的影响下，我国学前儿童语言教育呈现出多元化教育观整合的趋势。

（一）创意学前儿童语言教育

创意学前儿童语言教育对学前儿童的学习价值在于：让学前儿童在具有创意的阅读过程中学会阅读、学会想象、学会创造。这种教育方式要求通过恰当的方式帮助学前儿童获得良好的语言习得环境，尽早培养学前儿童的自主阅读能力，为他们成为终身阅读者奠定坚实的基础。

1. 创意学前儿童语言教育的含义

创意学前儿童语言教育一方面顺应学前儿童学习语言的兴趣，让其在阅读中发现和感悟作者的创意，获得快乐的阅读体验，并产生持久的阅读动机和愿望；另一方面希望学前儿童的阅读过程充满创意，教师指导学前儿童把握阅读的重点，将一般的阅读变成富有创造意义的活动过程，引导学前儿童在阅读中充分想象和创造。

2. 创意学前儿童语言教育要注重内容的完整性

创意学前儿童语言教育内容的完整性是指在选择和编排语言教育内容时，要把语言看作一个整体。我们可以将其理解为以下几点，如图 1-2 所示。

1　既要引导学前儿童学习口头语言，也要引导其学习书面语言

2　既要引导学前儿童理解和运用日常交往语言，也要引导其学习文学语言

3　既要有文学作品作为教育内容，也要有由字、词、句等构成的日常交流内容

4　既要有理解性口语教育，也要有表达性口语教育

图 1-2　创意学前儿童语言教育内容的完整性

3. 创意学前儿童语言教育要注重语言活动形式的多样性

创意学前儿童语言教育应采用丰富多样的、适合学前儿童的语言活动形式。例如，文学作品活动应包括童话故事、儿歌、浅显的古诗、散文等各种适合学前儿童的文学样式；游戏活动应包括发音游戏、词汇游戏、句子游戏、描述游戏、早期阅读游戏及综合性游戏等各种语言游戏。

（二）整合学前儿童语言教育

整合学前儿童语言教育观强调学前儿童语言学习是一个整合的系统，在这个系统中，学前儿童语言的发展与智能、情感的发展是整合统一的关系。强调学前儿童语言教育的整合，就是对学前儿童语言教育的各种要素进行多层次、多样化的整合。整合的核心是联系的建立，在教学中，表现为从观念到目标、从内容到形式等多方面的整合。

1. 语言教育目标的整合

在制定学前儿童语言教育目标时，教师要考虑以下几点。

（1）情感、能力和知识方面的培养目标。

（2）可以实现哪些与语言相关的其他领域目标。

（3）哪些语言教育目标可以在其他领域的教育中得以实现。

要想实现学前儿童语言教育目标，就要使语言教育活动既能促进学前儿童语言发展，又能促进学前儿童其他方面的发展。

2. 语言教育内容的整合

作为思维的载体，语言在学前儿童的个体发展中具有至关重要的作用。在选择语言教育内容时，教师既要考虑学前儿童身心发展的特点，又要兼顾学前儿童在不同领域的发展之间的适应性，满足其发展的多元化需要。

因此，教师在设计、选择教学内容时，要充分考虑学前儿童的社会知识、认知知识和语言知识三者的有效整合，在语言教育活动设计和实施中，尽可能地发掘和建立各领域间的联系。

3. 语言教育形式、方法、手段的整合

在语言教育活动中，教师应糅合多种促进学前儿童语言发展的因素，让学前儿童在丰富多彩的活动中，在外界环境因素的刺激和强化作用下，主动地产生积极运用语言与人、事、物交往的需要和愿望，并主动地通过各种符号、手段作用于环境，在整合的语言教育环境中获得语言和其他方面的共同发展。

（三）以活动形式为主的学前儿童语言教育

以活动形式为主的学前儿童语言教育是指教师设计和组织活动，让学前儿童在活动中学习语言、运用语言、掌握语言。这种教育观强调把教师和学前儿童共同参与的活动作为语言教育的基本形式，以活动的形式来推进学前儿童语言教育的进程。在以活动形式为主的学前儿童语言教育中，教师的责任重大。

教师作为活动的设计者、组织者和引导者，在活动之前要积极创设语言教育环境，准备充足的活动材料。在活动过程中，教师要灵活地运用各种教学方法，激发学前儿童参与活动的积极性，因材施教。

教师要根据学前儿童语言发展的需要，恰当地把握其参与活动的时机、方式及施加教育影响的程度。教师要根据活动的实际情况和学前儿童的"最近发展区"提出更新、更高的要求，为后期的语言教育奠定基础。

（四）重视家庭教育中的亲子共读

早期阅读教育是一项系统工程，家长对孩子的自主阅读能力的培养负有重要的责任。这就要求教师和家长不断交流，帮助家长树立正确的早期阅读观念，使其帮助孩子获得良好的阅读教育。家庭教育中的亲子共读，主要有以下4个方面的要求。

（1）家长需要建立一个充满阅读信息的环境，让孩子在生活中有很多机会接触书面语言信息。

（2）家长需要给孩子购买有趣的、有益的图画书和其他阅读材料，让其不断被新的图书吸引，产生自主阅读的兴趣。

（3）家长和孩子一起阅读，并且养成良好的阅读习惯。

（4）在阅读过程中，家长要给予孩子适当的指导，帮助其逐渐学会阅读。

第二节　学前儿童语言教育的实施

引导案例

一天，陈老师给大家讲了《我给月亮做衣裳》的故事。听完故事后，童童很疑惑地问："陈老师，月亮为什么没有一件合体的衣裳？"

为了激发小朋友们的探究欲望，陈老师说："是呀！这是为什么呢？"放学前，陈老师说："我建议大家每天晚上认真观察月亮的变化，我希望有一天你们来告诉我月亮为什么没有一件合体的衣裳。"

经过一段时间的观察后，陈老师请大家说说月亮是怎么变化的。晨晨说："月亮有时像香蕉，有时像月饼。"童童说："月亮有时像小钩，有时像小船，有时像半圆，有时又像圆，我觉得因为它老在变化，所以没有办法给它做合体的衣裳。"

陈老师向孩子们投去赞赏的目光，鼓励大家说："任何问题，只要认真观察，小朋友们自己也可以找到答案。"

陈老师在语言教育活动中，除了讲解与示范外，更多的是让小朋友们多看、多听、多说、多做，鼓励他们动手、动脑，充分发挥他们的主体性，既发展了他们的注意力、观察力、分析比较和判断的能力，也为他们创设了语言学习和运用的环境，培养了他们的认知能力与语言能力。

一、学前儿童语言教育的目标

目标是行为的先导。在宏观层面上，学前儿童语言教育的目标要为我国的总体教育目标和学前儿童教育目标服务；在中观层面上，主要由《幼儿园教育指导纲要（试行）》（以下简称《纲要》）和《3～6岁儿童学习与发展指南》（以下简称《指南》）来指导；在微观层面上，主要通过具体语言教学活动目标的达成来实现。

（一）学前儿童语言教育的总目标

学前儿童语言教育的总目标包括《纲要》与《指南》中的"语言"领域的总目标。

1. 《纲要》中"语言"领域的总目标

教育部于 2001 年印发的《纲要》是我国 21 世纪初幼儿园教育的纲领性文件，将"语言"领域的总目标设定为 5 个，如图 1-3 所示。

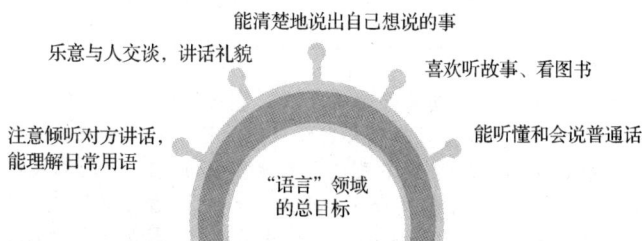

图 1-3　《纲要》中"语言"领域的总目标

从对《纲要》规定的"语言"领域的总目标的分析中可以发现，《纲要》强调学前儿童"听、说、读、写"4 种语言能力的培养，重视学前儿童语言学习品质（如大胆、主动等）的形成和培养，重视学前儿童情感方面的意愿和感受（如喜欢、乐意、愿意等），在语言内容上关注学前儿童的生活、学前儿童自身的想法，同时也关注优秀文学作品在学前儿童语言学习和发展中的作用，并推动了 21 世纪以来我国幼儿园教育中图书的阅读与教学应用。

2. 《指南》中"语言"领域的总目标

为了帮助教师和家长了解 3～6 岁学前儿童学习与发展的基本规律和特点，建立对学前儿童发展的合理期望，指导幼儿园和家庭实施科学的保育和教育，促进学前儿童身心全面和谐发展，教育部于 2012 年 9 月印发了《指南》。《指南》中有关"语言"领域的学习与发展目标是对《纲要》中"语言"领域的总目标的重申和发展。《指南》将学前儿童语言学习与发展的目标分为两个范畴，共 6 个目标，如图 1-4 所示。

图 1-4　《指南》中幼儿"语言"领域的学习与发展总目标

（二）学前儿童语言教育的年龄段目标

无论是《指南》还是《纲要》，其总目标都是对学前儿童在经历了幼儿园教育后应达到的语言能力水平的期望，这种期望的实现需要分解到各个年龄段中，随着年龄的增长以阶梯式的方式来实现。因此，我们除了要了解学前儿童语言教育的总目标外，还要把握不同年龄段学前儿童语言教育的目标。

《指南》分 3 个年龄段在 6 个目标上列举了对学前儿童语言学习和发展的期望，这些期望可以在教育实践中转化为学前儿童语言教育的年龄段目标，如表 1-1 所示。

表 1-1　学前儿童语言教育的年龄段目标

目标	年龄段		
	3～4 岁	4～5 岁	5～6 岁
认真听并能听懂常用语言	① 别人对自己说话时能注意听并做出回应； ② 能听懂日常会话	① 在群体中能有意识地听与自己有关系的信息； ② 能结合情境感受到不同语气、语调所表达的不同意思； ③ 方言地区与少数民族幼儿能基本听懂普通话	① 在集体中能注意听老师或其他人讲话； ② 听不懂或有疑问时能主动提问； ③ 能结合情境理解一些表示因果、假设等相对复杂的句子
愿意讲话并能清楚地表达	① 愿意在熟悉的人面前说话，能大方地与人打招呼； ② 基本会说本民族或本地区的语言； ③ 愿意表达自己的需要和想法，必要时能配以手势动作； ④ 能口齿清楚地说儿歌、童谣或复述简短的故事	① 愿意与他人交谈，喜欢谈论自己感兴趣的话题； ② 会说本民族或本地区的语言，基本会说普通话。少数民族聚居地区幼儿会用普通话进行日常会话； ③ 能基本完整地讲述自己的所见所闻和经历的事情； ④ 讲述比较连贯	① 愿意与他人讨论问题，敢在众人面前说话； ② 会说本民族或本地区的语言和普通话，发音正确清晰。少数民族聚居地区幼儿基本会说普通话； ③ 能有序、连贯、清楚地讲述一件事情； ④ 讲述时能使用常见的形容词、同义词等，语言比较生动
具有文明的语言习惯	① 与他人讲话时知道眼睛要看着对方； ② 说话自然，声音大小适中； ③ 能在成人的提醒下使用恰当的礼貌用语	① 别人对自己讲话时能回应； ② 能根据场合调节自己说话声音的大小； ③ 能主动使用礼貌用语，不说脏话、粗话	① 别人讲话时能积极主动地回应； ② 能根据谈话对象和需要，调整说话的语气； ③ 懂得按次序轮流讲话，不随意打断别人； ④ 能依据所处情境使用恰当的语言。如在别人难过时会用恰当的语言表示安慰
喜欢听故事，看图书	① 主动要求成人讲故事、读图书； ② 喜欢跟读韵律感强的儿歌、童谣； ③ 爱护图书，不乱撕、乱扔	① 反复看自己喜欢的图书； ② 喜欢把听过的故事或看过的图书讲给他人听； ③ 对生活中常见的标识、符号感兴趣，知道它们表示一定的意义	① 专注地阅读图书； ② 喜欢与他人一起谈论图书和故事的有关内容； ③ 对图书和生活情境中的文字符号感兴趣，知道文字表示一定的意义
具有初步的阅读理解能力	① 能听懂短小的儿歌或故事； ② 会看画面，能根据画面说出图中有什么、发生了什么事等； ③ 能理解图书上的文字是和画面对应的，是用来表达画面意义的	① 能大体讲出所听故事的主要内容； ② 能根据连续画面提供的信息，大致说出故事的情节； ③ 能随着作品的展开产生喜悦、担忧等相应的情绪反应，体会作品所表达的情绪情感	① 能说出所阅读的幼儿文学作品的主要内容； ② 能根据故事的部分情节或图书画面的线索猜想故事情节的发展，或续编、创编故事； ③ 对看过的图书、听过的故事能说出自己的看法； ④ 能初步感受文学语言的美
具有书面表达的愿望和初步技能	喜欢用涂涂画画表达一定的意思	① 愿意用图画和符号表达自己的愿望和想法； ② 在成人提醒下，写写画画时姿势正确	① 愿意用图画和符号表现事物或故事； ② 会正确书写自己的名字； ③ 写写画画时姿势正确

二、学前儿童语言教育的内容

在幼儿园中，学前儿童语言教育是幼儿园为学前儿童提供的语言形式、语言内容和语言运用的基本知识、基本态度和基本行为方式的总和，是学前儿童学习语言、获得语言经验的主要途径。学前儿童语言教育的内容既包括教师有目的、有计划地组织的专门的语言教育内容，也包括渗透在从"学前儿童入园的问候""晨间谈话"到"学前儿童离园时的道别"等各个环节以及其他领域活动中的语言教育内容。

（一）专门的语言教育内容

专门的语言教育内容是为学前儿童提供与语言进行充分互动的环境，使他们有机会对在日常生活中获得的零碎语言经验进行提炼和深化，从而实现对语言规则的理解和有意识地运用。

专门的语言教育内容是根据既定的语言教育目标，通过有计划地安排和组织学前儿童系统学习语言的专门语言教育活动来实现的。

专门的语言教育内容的选择应遵循 3 项原则，如图 1-5 所示。

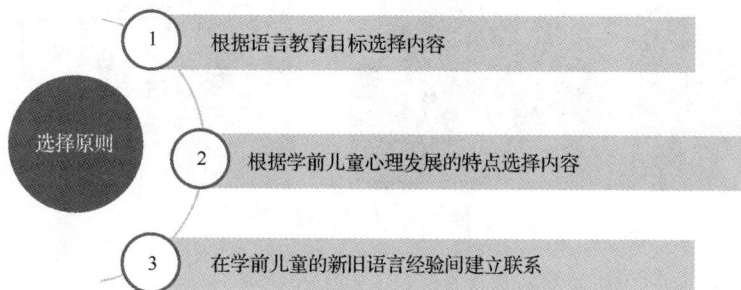

图 1-5　专门的语言教育内容的选择应遵循的原则

专门的语言教育内容分别蕴含在"谈话活动""讲述活动""听说游戏""文学活动""早期阅读"5 种形式的活动中。

1. 谈话活动

谈话活动创设的是日常口语交往情境，要求学前儿童调动自己已有的经验，围绕一定的话题倾听他人的意见，表达自己的想法，如图 1-6 所示。谈话活动的重点在于培养学前儿童运用口头语言与他人交际的意识、情感和能力，内容主要涉及以下两个方面。

（1）围绕自己熟悉的人或事进行谈话。

（2）就某一熟悉的场景发表个人的观点和想法。

2. 讲述活动

讲述活动主要为学前儿童创设正式的口语表达情境，使学前儿童有机会在集体面前表达自己对某一图片、实物或情境的认识、看法等，学习表述的方法和技能，如图 1-7 所示。

这类活动旨在培养学前儿童认真倾听的习惯和完整、连贯、清楚表述的能力，促进其独自言语的发展，内容主要涉及以下 3 个方面。

（1）用简单明了的语言把某一实物的特征和功用解说清楚。

（2）用比较恰当的语言讲述图片或影片中的主要人物和事件。

（3）用生动形象的语言讲述处在某一情境中的人物的形态和动作。

图 1-6 谈话活动

图 1-7 讲述活动

3. 听说游戏

听说游戏为学前儿童提供了一种游戏情境，使学前儿童在游戏中按一定的规则练习口头语言，旨在培养学前儿童在口语交往活动中的倾听和表达能力，如图 1-8 所示。

图 1-8 听说游戏

听说游戏主要涉及以下语言教育内容。

（1）巩固难发的音和方言干扰音，练习声调和发声。

（2）扩展词汇量，练习词的用法。

（3）在游戏中尝试运用某些结构的句子，锻炼语感。

4. 文学活动

文学活动从某一具体文学作品入手，旨在为学前儿童提供一个全面学习语言的机会，使他们在理解感受文学作品的过程中，欣赏并学习运用文学作品提供的高质量的语言。文学活动着重培养学前儿童欣赏文学作品的能力及利用文学语言表达想象、生活经验的能力。

文学活动涉及的语言教育内容包括以下 3 个方面。

（1）在欣赏诗歌、散文的基础上，仿照某一首诗歌或一篇散文的框架，编写出自己的诗歌或散文段落。

（2）围绕童话故事和生活故事进行学习、表演、仿编或创编。

（3）通过对话、动作、表情进行故事表演，体验文学作品的情节变化和人物情感的变化。

5. 早期阅读

早期阅读利用图书、绘画为学前儿童创设一个书面语言环境，使学前儿童有机会接触书面语言，了解语言的基本文化内涵。早期阅读旨在培养学前儿童对书面语言的兴趣，引导他们逐渐产生对汉字的敏感性，丰富他们前阅读和前书写的经验。早期阅读包括以下内容。

（1）前阅读：学习翻阅、理解和制作图书，了解图书画面、文字与口语之间的对应关系。

（2）前识字：感受文字的功能、作用，了解识字的最基本的规律和方法。

（3）前书写：感受汉字的基本结构，认识汉字的书写特点和工具，学习书写汉字的基本方式。

（4）培养学前儿童会看书、爱看书、爱护书的习惯。

（二）渗透的语言教育内容

渗透的语言教育内容就是充分利用学前儿童已有的各种生活和学习经验，在真实的生活情境中为他们提供广泛的语言学习机会，使其获得新的生活和学习经验。语言作为重要的交际工具，时刻伴随着学前儿童的各项活动。在教育实践中，有些教师往往容易忽视渗透的语言教育内容，错失教育良机。

教师必须重视渗透的语言教育内容，使之和专门的语言教育内容互相联系、互相补充，真正将学前儿童的语言学习与发展落到实处。

渗透的语言教育主要是将语言教育渗透到日常生活、自由游戏及其他领域中。

1. 日常生活

从语言学习的角度来讲，日常生活中的语言交往包括对社会文化习俗的学习和对语言的学习，日常生活中的语言教育内容可以帮助学前儿童学习在不同场合用恰当的语言形式进行表述和交流。

通过渗透在日常生活中的语言教育，学前儿童可以获得以下几种语言经验。

（1）注意倾听、理解和执行生活常规以及教师的指令性语言。

（2）学会运用文明用语与他人交往。

（3）学习运用语言向他人表达自己的需求，并对他人提出的要求做出恰当的回应。

（4）学习运用恰当的语言解决同伴间的冲突。

2. 自由游戏

渗透在自由游戏中的语言教育，可以使学前儿童更好地与同伴进行交往、合作、分享。具体而言，渗透在自由游戏中的语言教育可以帮助学前儿童获得以下语言经验。

（1）在玩玩具的过程中，通过自我独白练习运用语言。

（2）学习自主选择游戏的角色、伙伴、材料等，运用角色语言进行对话。

（3）学习通过协商等方式，解决与同伴在选择游戏内容和材料、制定游戏规则的过程中出现的矛盾和冲突。

3. 其他领域

学前儿童的语言教育与其他领域的教育活动是互相渗透的。在其他领域的教育活动中，学前儿童通过语言交往，正确感知和理解学习内容，提高表达能力，增强学习的有意性和目的性。在其他领域的教育活动中，学前儿童需要用完整、精练的语句准确表达自己的思维过程和结果。

渗透在其他领域活动中的语言教育可以帮助学前儿童获得以下经验。

（1）注意倾听教师布置的任务。

（2）通过观察和操作，思考事物之间的关系，并用语言表达自己的感受和认识。

（3）通过语言表达促进理解、判断和推理能力的形成和发展。

⚙ 实战训练

　　请同学们自由分组，4 人一组，以小组为单位，为主题活动"可爱的小动物"选择语言教育内容，要求既有专门的语言教育内容，又有渗透的语言教育内容，设计主题网络图（即把某一项学习或者活动的项目、内容等按照时间、空间或者内在关系用网络形式表现出来）并用 PPT 的方式呈现。

三、学前儿童语言教育的原则

　　根据学前儿童学习语言的特点，学前儿童语言教育必须坚持以下基本原则。

（一）面向全体学前儿童

　　学前儿童语言教育应面向全体学前儿童，并遵循以下要求。

　　（1）教师在确立学前儿童语言教育目标时，必须依据本班学前儿童语言发展的年龄特征。

　　（2）教师在选择幼儿园语言教育的材料时，必须考虑全体学前儿童的普遍经验。

　　（3）教师在对学前儿童运用语言的效果进行评估时，必须参照学前儿童已有的语言经验和语言发展状况。

　　（4）教师在组织学前儿童开展各种语言活动时，必须保证每个学前儿童都有机会运用语言，使每个学前儿童都有机会把自己想说的话说出来。

　　（5）教师要照顾到学前儿童语言发展的个体差异，为每个学前儿童的语言学习与发展提供平等的机会。

　　（6）教师对于不愿说话、语言发展缓慢的学前儿童，要找出原因，并采取针对性的措施，发展其语言；在集体面前要尽量避免批评他们，以免伤害他们的自尊心，可以通过降低谈话难度等方式满足个别学前儿童的需要。

（二）发挥学前儿童的主体性

　　学前儿童语言教育必须发挥学前儿童学习语言的主体性，使学前儿童成为语言学习的主人，这样才有可能取得预期的成效。要想在学前儿童语言教育中充分发挥学前儿童的主体性，最根本的方式是建立一种平等、民主的师幼关系。具体来说，教师应做到以下 4 点。

1. 树立榜样

　　教师在日常会话和教育活动中要注意自己的语言，使用普通话，做到语音正确、语法规范、用词恰当，表达完整、连贯、清楚，语言运用规范，又不失礼貌，为学前儿童学习规范的语言树立榜样。同时，教师还要为学前儿童树立同伴榜样，鼓励学前儿童互相学习彼此的良好言语行为。

2. 指导学习

　　教师必须为学前儿童提供理解和运用语言的实践机会，充分发挥学前儿童的主体性，使他们在主动积极的语言交往活动中学习语言，发展口语表达能力。通过师幼间平等的交往，学前儿童可以提高其口语表达技能，并依据教师的反馈对自己的言语行为有更加深入的了解。

　　教师还应创设条件，鼓励学前儿童展开言语交往，给予他们恰当的指导，使学前儿童在实践的过程中提高语言表达能力和口语交际能力。

3. 提供材料

教师可以提供丰富多样的语言活动材料，如录音录像设备、各种儿童图书或画册、常用汉字卡片或标签、纸、笔等，以激发学前儿童学习和运用语言的兴趣。

4. 创设环境

教师应努力创设适于学前儿童学习与运用语言的环境，鼓励学前儿童与周围人进行言语交往。教师不应对学前儿童自发的言语交往过于限制，应允许学前儿童在自由游戏或等待的时间里自由交谈。

教师可以通过"故事表演""小小广播站"等形式向学前儿童提出运用语言的要求，激发学前儿童运用语言的动机，并对学前儿童的语言学习行为做出积极反馈，增强其学习语言和运用语言的兴趣和信心。

（三）重视学前儿童语言教育的综合性

教师要重视学前儿童语言教育的综合性，努力加强语言教育与其他领域教育的联系。教师可从以下两个方面考虑。

（1）立足于语言教育的目标和内容，通过设计语言教育的延伸活动，实现一些其他领域的教育目标。这里的延伸活动在形式上与语言教育的关系并不十分明显，但在内容上是与学前儿童学习的文学作品直接相关的。

（2）从其他领域的教育目标和内容出发，在教育过程中适当渗透语言教育的因素。

总之，教师要尽量从学前儿童教育的整体经验出发，综合考虑语言教育及与之相关联的其他领域教育的关系，为学前儿童设计综合性的语言教育活动。

（四）注重学前儿童语言的发展性

在学前儿童语言教育中，教师应以发展的眼光对待学前儿童，可以从两个方面来考虑。一方面，教师要仔细观察和评估学前儿童的语言发展水平，并以此为依据，提出略高于幼儿语言发展现实水平的语言教育目标；另一方面，语言教育要容许学前儿童犯错误，因受自身发展水平的限制，学前儿童在语言理解和表达上难免出现错误，教师要以一种宽容的态度对待这些错误。

四、学前儿童语言教育的方法

幼儿期是学前儿童语言、动作初步形成和发展的关键期。在这一时期，如何有效运用各种方法培养学前儿童理解和运用语言的能力是学前教育阶段的重要内容。教师应高度重视学前儿童语言教育的方法，为学前儿童发展语言创设条件和提供机会，让学前儿童参与各种丰富多彩的活动，在与人、物、环境、材料等交互作用的过程中学习语言，提升语言运用水平。

（一）示范模仿法

示范模仿法是指教师通过自身的规范化语言，为学前儿童提供语言学习的样板，让学前儿童始终在良好的语言环境中自然地模仿学习，有时也可以由语言发展情况较好的学前儿童来示范。运用示范模仿法之前需要弄清"谁示范""示范什么""什么时候示范"，以及"如何示范"等问题。在运用示范模仿法时，要注意以下几点。

1. 示范语言要规范、到位

教师说话时，除了咬字清楚、发音准确，辅以自然的表情和恰当的手势外，还要注意语言的表达技巧，包括运用适当的音量、语调、语速等。教师示范语言必须做到正确、清楚、响亮，而且要富于表现力和感染力。

2. 把握好示范的时机和力度

语言教育中，对于学前儿童不易掌握的一些新的学习内容，如难发准的音、新学习的词句、人物的对话、连贯的讲述、需要学前儿童作为仿编参照的原词句等，教师要反复地重点示范，让学前儿童有意识地进行模仿学习。

3. 恰当运用示范手段

教师要恰当地运用"显性示范"和"隐性示范"的手段。"显性示范"和"隐性示范"是相对应的，对于教学重点和难点问题，教师应依据学前儿童语言发展的水平和特点，恰当地选用不同的示范手段。

4. 积极观察，因材施教

教师要关注学前儿童在各种活动中的语言表现，善于发现学前儿童语言发展的差异，因材施教，随时肯定学前儿童正确的语言行为和习惯，并加以强化。同时，教师也要及时指出学前儿童在语言运用过程中存在的错误，但要避免过于挑剔，以致降低学前儿童学习语言的积极性。

⚙ 实战训练

请同学们自由分组，4人一组，以小组为单位，以下面的儿歌为例，模拟为学前儿童表演儿歌。要求普通话标准，语气、语调、动作符合儿歌内容，有感染力，能够充分发挥学前儿童的主动性，吸引他们积极参与；教学方法适宜，能够激发学前儿童的参与兴趣。

附儿歌：《谁的耳朵》

谁的耳朵长？谁的耳朵短？谁的耳朵遮着脸？

驴的耳朵长，马的耳朵短，象的耳朵遮着脸。

谁的耳朵尖？谁的耳朵圆？谁的耳朵听得远？

猫的耳朵尖，猴的耳朵圆，狗的耳朵听得远。

（二）视、听、讲、做结合法

语言是人类交流的工具，学前儿童要想自由地与人交流，就必须"学会说话"。"学会说话"除了要求学前儿童具有健全的发音器官外，还要求学前儿童必须具备一定的词汇量、正确的语法知识和标准的语音、语调。为了促进学前儿童的语言发展，教师应创设环境，帮助学前儿童多看、多听、多说、多做，将"视、听、讲、做"完美地结合起来。

1. 多看

学前儿童的知识很多都是通过感性经验积累的，学前儿童感性经验的获得离不开其对周围环境的观察。因此，在每次开展语言教育活动之前，教师都要有计划、有目的地引导学前儿童进行观察。教师可以向学前儿童提供具体形象的讲述对象，如绘本等儿童读物，如图1-9

所示。当学前儿童看完绘本后，教师可让他们根据自己的理解和想象讲述绘本中的故事，这样既丰富了他们的知识，也提高了其语言表达能力。

图 1-9　儿童读物

2. 多听

《纲要》提到的幼儿园"语言"领域的教育目标涉及对学前儿童倾听能力的培养。这是因为良好的倾听能力是学前儿童语言发展的先决条件。学前儿童学习语言，必须能听、会听，才有条件正确地说。

训练听的方法有很多种，可以让学前儿童听故事；邀请学前儿童谈话，以倾听促进交谈；让他们听各种声音，如乐器的演奏声、动物的叫声，以及大自然中的风声、雨声等，让他们模仿并通过想象描述所听到的声音。学前儿童养成良好的倾听习惯，不仅能提升语言交际能力，还是自身文明礼貌的一种体现。

3. 多说

学习语言主要用于日常的人际交流，人们之间的相互沟通离不开语言表达。因此，语言教育不仅要发展学前儿童听的能力，还要培养学前儿童说的能力。教师应努力创设适于学前儿童运用语言的物质环境和精神环境，让他们"想说""敢说""能说"。

在日常生活中，教师还应利用与学前儿童接触的一切机会（如入园、早操、进餐、散步等）与之进行交谈，并且要注意倾听他们的谈话内容。当学前儿童用语不当时，教师应及时予以纠正。同时，教师还要引导学前儿童彼此多交流，学会取长补短，促进语言发展。

4. 多做

发展学前儿童语言表达能力的任务，主要是培养学前儿童掌握正确的语音、语调，丰富学前儿童的词汇，并教会他们按照汉语的语法规则正确地组织词语，表达完整的句子。学前儿童只有在语言实践中多练习，才能逐渐地掌握相关方法与知识。因此，教师要给学前儿童提供练习的机会，创造可供学前儿童多练的环境。

学前儿童对语言的掌握离不开"视""听""讲""做"。"视""听"丰富了学前儿童的认知，"视""听"的内容经过"讲""做"体现出来。只有将这 4 个方面有机地结合起来，学前儿童才能在动手、动脑、动口中获得语言经验。

（三）游戏法

游戏法是指教师运用具有一定规则的游戏，训练学前儿童正确发音，丰富学前儿童的词汇，帮助学前儿童学习句式的一种方法。游戏是符合学前儿童年龄特点的活动，运用游戏法进行教育是学前儿童语言教育中常见的活动方式之一，其目的在于增强学前儿童的学习兴趣，集中学前儿童的注意力，促进学前儿童的各种感官和大脑积极活动。

运用游戏法进行语言教育时，需要注意以下事项。

（1）根据学前儿童语言教育目标和内容选择和创编游戏。

（2）要求游戏目标明确，规则具体，便于学前儿童理解，以达到训练其语言能力的目的。

（3）在运用游戏法的同时，可以配合使用教具。

（4）随着学前儿童年龄的增长，应逐渐减少直观材料，适当开展纯语言训练的游戏。

对于个别学习有困难的学前儿童，可运用游戏法进行重点帮助，使他们在轻松、愉快、充满趣味的活动中进行强化训练。

（四）表演法

表演法是指在教师的指导下，学前儿童学习表演文学作品，以提高口语表现力的一种方法。表演法的具体运用如下。

（1）教师必须在学前儿童理解诗歌、散文、绕口令等作品内容并能熟练朗读的基础上，指导学前儿童运用正确的声调、韵律、节奏、速度等进行诗歌、散文、绕口令的朗诵和表演。

（2）教师必须在学前儿童理解故事内容、熟悉角色对话及体会角色心理的基础上，指导学前儿童正确地运用语言、动作、表情等扮演角色，再现故事情节，进行故事表演。

（3）教师必须鼓励学前儿童在故事表演中创新内容和增加情节与对话，大胆地拓展故事情节，恰当地进行动作设计，以及对角色的心理进行刻画和渲染。

（4）教师必须为全体学前儿童提供参与表演的机会。

（五）练习法

练习法是指有意识地让学前儿童多次使用同一个语言因素（如语音、词汇、句子等）来进行练习，以训练学前儿童的某种语言技能而常采用的一种方法，练习法的具体运用如图 1-10 所示。在学前儿童语言教育中，口头练习是最基础、使用最频繁的练习方式。

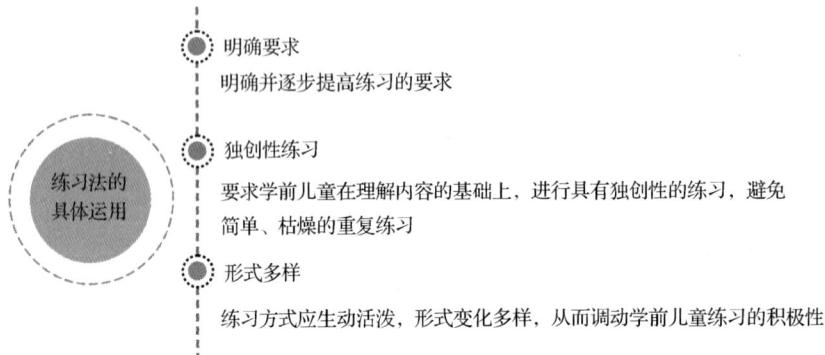

明确要求
明确并逐步提高练习的要求

练习法的
具体运用

独创性练习
要求学前儿童在理解内容的基础上，进行具有独创性的练习，避免
简单、枯燥的重复练习

形式多样
练习方式应生动活泼，形式变化多样，从而调动学前儿童练习的积极性

图 1-10　练习法的具体运用

教师在实际运用上述方法的过程中，还需结合本班学前儿童语言发展和语言学习的特点，选择更为恰当的教育方法。此外，教师还可以采用多种语言教育方法，使其互相配合、互相

补充，以更好地促进学前儿童语言的发展。

　　教师在对学前儿童进行教育时要重视培养学前儿童学习语言的兴趣，学前儿童有了浓厚的学习兴趣，才能保证学习的质和量。因此，教师适合采取启发式的教育教学方法，启发学前儿童根据自身情况去摸索，去感受学习说话的乐趣，并在不断摸索中掌握说话的技巧，进而学会更多的表达方法，提升自身的语言表达能力。

⚙ 实战训练

　　春天来了，万物复苏，小草生长、柳枝发芽、小鸭游水、小燕子筑巢，农民伯伯开始耕地播种……请同学们自由分组，4人一组，以小组为单位，以"春天来了"为主题，制定小班、中班、大班不同年龄段学前儿童语言教育活动的目标，思考并设计有关该主题的专门的语言教育内容与渗透的语言教育内容，旨在让学前儿童认识春天，了解春天，鼓励他们大胆表述春天的各种景象，增进他们对春天的喜爱之情。

第三节　学前儿童语言教育活动指导

引导案例

　　李老师是一名优秀的幼儿教师，她从业已经3年多了，在教学实践中积累了丰富的教学经验。为了设计适合学前儿童的语言教育活动，她总是甄选教材，并对教材中的内容进行分析、加工、整理再创作。

　　有一次，她在教材中发现了一首诗歌《找家》，原文内容如下。

　　甜甜有盒五彩笔，爱画啥就画啥。

　　宁宁问："你能给小鱼找家吗？"

　　甜甜拿起蓝色画笔，唰唰唰，蓝色的大海是小鱼的家。

　　洋洋问："你能给小鸟找家吗？"

　　甜甜拿起绿色画笔，嚓嚓嚓，绿色的森林是小鸟的家。

　　奇奇问："你能给石榴找家吗？"

　　甜甜拿起黄色画笔，哗哗哗，金色的秋天是石榴的家。

　　"呜呜——"谁在哭？噢，布娃娃没有家。

　　咦？我们的家呢？

　　甜甜拿起五彩笔，唰唰唰，嚓嚓嚓，哗哗哗，哦！我们的家——是中国。

　　在教授这首诗歌前，李老师通过反复的吟诵后，发现它有两点不足：一是角色较多，除了主人公甜甜外，还有宁宁、洋洋、奇奇；二是象声词变化频繁，有"唰唰唰、嚓嚓嚓、哗哗哗"。虽然角色多、象声词变化频繁可以使诗歌内容更丰富，形式更富于变化，但同时也会造成学前儿童的记忆障碍，给他们熟练朗诵诗歌带来干扰。

通过分析，李老师发现这首诗歌的重点并不是让学前儿童了解角色之间的关系或是学习象声词，而是让学前儿童理解大海和小鱼、森林和小鸟、秋天与石榴之间的包含与被包含的关系。于是，李老师对诗歌进行了一些调整：一是将宁宁、洋洋、奇奇 3 个不同的角色统一成洋洋，这样诗歌的内容就变成洋洋与甜甜两个人的问答；二是把象声词都变成"唰唰唰"，并配上动作辅助教学。这样，学前儿童朗诵起来就顺口多了。

优质高效的课堂教学，源于教师课前认真地钻研教材，把握教学内容，灵活变换教学方式，以满足学前儿童的需要。

一、学前儿童语言教育活动的特点

学前儿童语言教育活动的特点如下。

（一）目的性和计划性

每一次或每一阶段语言教育活动的目标，都是根据学前儿童语言教育目标的阶段目标提出来的。教师通过有目的地设计组织与实施语言教育活动，可以全面地发展学前儿童的语言能力。学前儿童语言教育活动又是一项有计划的活动，它根据学前儿童语言教育目标、学前儿童语言发展的实际状况和趋势，有计划地安排具体的教育活动，有顺序、有步骤地训练学前儿童的语言能力，从而保证学前儿童语言教育目标的实现。

（二）多领域融合性

现代学前教育通常是将语言教育融入各领域的教育活动中，在整合教育过程中，引导学前儿童主动参与活动，使其获得丰富的语言经验。学前儿童语言教育活动是让学前儿童置身于语言环境或语言信息的传递中主动学习的过程。教师把学前儿童的语言学习过程与幼儿园其他领域的教育活动密切结合，引导学前儿童积极主动地参与活动，鼓励并指导学前儿童进行学习，使其积累丰富的语言经验。

（三）专门性

学前儿童语言教育活动是一个专门的语言学习过程，具有专门性。语言是一个复杂的符号系统，学前儿童除了通过活动和交往，在不知不觉中获得有关的语言知识外，还要参与专门的语言学习活动，有集中学习语言知识和发展语言能力的机会。另外，有组织的语言教育活动可以使学前儿童相互交流自己已经获得的语言经验，锻炼其在同伴和成人面前说话的勇气和信心。

二、学前儿童语言教育活动的设计

要组织好学前儿童语言教育活动，关键是设计语言教育活动方案。在设计方案时，教师要制定此次语言教育活动的具体目标，选择能帮助实现目标的恰当内容，考虑选择与内容相适应的活动方式，等等。可以这样说，教师设计学前儿童语言教育活动，就是将一定的目标、内容和活动方式转化成一个个具体方案的过程，也是对学前儿童有计划、有组织、有目的地施加教育影响的具体体现。

（一）学前儿童语言教育活动设计原则

学前儿童语言教育活动设计需遵循以下原则。

1. 语言教育活动经验连续性原则

经验连续性是指在设计与实施语言教育活动时，既要了解学前儿童已有的语言经验，又要考虑在此基础上为其提供新的语言经验，促使其语言能力进一步发展。设计与实施任何一组或一个语言教育活动，教师都必须注意学前儿童的语言经验。只有坚持以学前儿童的语言经验为出发点，才能保证设计与实施的活动是符合学前儿童语言发展需要的，才能使设计与实施的活动对学前儿童语言发展真正起到促进作用。

2. 语言教育活动中主体和客体交互作用的原则

主体和客体交互作用在语言教育活动过程中体现为：主体（学前儿童）具有参与语言教育活动的主动性和积极性，客体（即多种语言教育内容和适合的教育方式）在客观上能引起学前儿童的兴趣，激发学前儿童的情感，能起到促使学前儿童主动参与活动的作用。主体和客体连续地交互作用，可以促使学前儿童的语言持续发展。

3. 语言教育活动相互渗透性原则

在设计与实施语言教育活动时，教师应根据语言教育活动的内容，引入具体形象的符号系统作为辅助教学的工具。各种符号系统参与学前儿童的语言教育活动已成为一种趋向，但教师应在实践中更多地考虑如何从帮助学前儿童更好地理解学习内容、主动积极地学习、完成学习任务的角度来确定引入什么样的符号系统。

教师在应用符号系统时需要注意两点：一是对于活动的要求、内容和形式，都应从语言角度进行思考，为学前儿童提供适应其语言发展需要的学习机会；二是在语言教育活动中，其他发展领域活动因素的参与具有辅助意义。

4. 活动内容和活动方式相适应原则

语言教育活动的内容非常丰富，活动方式也灵活多变，它们之间存在着一定的关系。在教育实践中，针对不同的活动内容可以选择相同的活动方式，围绕同一类活动内容也可以选择不同的活动方式，例如，故事、诗歌、图片和情景讲述都可以采用表演这种活动方式。

教师在设计与实施语言教育活动时，必须充分考虑活动内容和活动方式是否相适应。首先，明确活动方式的选用取决于活动内容的类型；其次，根据具体的活动内容采用合适的活动方式。

5. 面向全体学前儿童，重视个别差异的原则

教师只有具有正确的儿童观和教育观，才能设计出既面向全体学前儿童，又重视个别差异的语言教育活动。面向全体学前儿童，是指教师要了解参加活动的全体学前儿童的需求，站在教育对象的角度去考虑问题，把握活动设计的尺度，使活动设计能照顾到面。例如，组织谈话活动，可以将主题定为"在超市购买玩具或食品"，这一主题比较契合学前儿童的普遍需要，也能较好地引发学前儿童的兴趣并促使他们运用自身的经验。

在面向全体学前儿童的同时，教师也要注意个别儿童存在的差异。教师对那些有可能超越一般活动要求或有可能在活动中出现困难的学前儿童都要予以帮助，既要为能力强的儿童准备发挥其能力的机会，又要为能力较弱的儿童提供补偿的机会。

（二）对教师的具体要求

在进行学前儿童语言教育活动设计时，教师必须认真钻研教材，制定恰当的活动目标，并注意选择活动形式。

1. 认真钻研教材

教材是主要的课程资源，是教师进行教学的依据。如何根据实际选择适宜的教学内容，创造性地分析、处理教材，提高教学的有效性，把教材用好、用活，是教师需要认真思考和研讨的问题。

要想组织好一堂语言课，首先要备好课，备课内容涉及本堂课的教学目标是什么，应该教给学前儿童什么，教材中对学前儿童学习和理解语言起主要作用的部分（即教学重点）在哪里，教材中学前儿童不易理解或掌握起来有困难的部分（即教学难点）在哪里。要想弄清这些问题，教师必须认真钻研教材，理解其编写意图，挖掘其内在价值，掌握其特点，准确地把握教学的重点、难点。只有做到这些，在课堂教学中才能取得较好的教学效果。

教师钻研教材时，需要注意以下两点。

（1）深刻理解教材

深刻理解教材是指对学前儿童语言教材所体现的思想内涵、教育价值、语言美感等进行理解。在开展阅读活动前，教师必须自己先读懂画面和文字，把握作品的真正内涵，理解作者的创作动机或思想脉络，并分析作品的表现手法，以帮助学前儿童理解故事所要传递的重要价值。

例如，童话故事《鸟窝里的树》，其故事内容大致是树的种子落在一个充满爱意的鸟窝里，鸟窝里不仅顺利地孵出了小鸟，小树苗也在鸟窝里茁壮成长，旨在让读者充分感受到每一个生命都如此宝贵，都值得珍惜。教师在理解了作品内涵的基础上，抓住"鸟窝里长出了小树苗，小动物有什么反应？有什么办法可以既保护鸟窝，又保护小树苗？"这两个关键问题引导学前儿童展开讨论，体现了作品所表达的内涵。

理解语言教材需要教师抓住教材的特点和学前儿童的需要，以确定教学目标和重难点。幼儿园语言教学内容丰富、形式多样，有讲述活动、文学活动、早期阅读等，即使是文学活动也涉及不同的体裁，如童话、诗歌、散文等。不同的体裁有不同的文体特点，教学的重点也不同。

例如，图片讲述，重点是以图引领学前儿童学习语言，引导学前儿童细致观察图片，根据图片提供的线索进行描述，注重描述中用词的准确性和多样性以及展开适当的创造性讲述，并用每张图的内容组成一个故事。

又如，故事讲述，重点是让学前儿童通过整体感知故事、倾听故事，理解故事的主要情节，参与学习故事中的重点对话或重点段落，了解情节的发展和角色的特点，并进行情感、价值观的渗透。

在有关文学作品的教学中，教师不仅要提升对音、词、句、段、章的理解和表达能力，更要以一颗童心来感受作品独具的美学特质，把提高学前儿童对文学艺术的审美能力作为教学重点。教师应不断提高自身的儿童文学素养，以自身对文学美的理解来感染学前儿童的情绪，激发其对作品的兴趣。

（2）分析处理教材

现代学前教育倡导学前儿童语言教育要重视学前儿童对文学作品的感悟，教师应努力为学前儿童创设一个他们想说、敢说、喜欢说、愿意说的语言环境。因此，学前儿童语言教育必须充分重视培养教师处理语言教材的能力，使学前儿童在接受熏陶中学会如何去感悟作品。在选用教材时，教师应对教材进行分析、处理再创作，将创造性地解读教材与设计教学活动结合起来。

例如，在面对一篇意境优美、词汇丰富、篇幅较长的文学作品时，教师需要斟酌、取舍并进行二次创作，删减多余部分，选择最符合学前儿童认知特点和最能发挥自身教育优势的内容来实施教学。

如散文《秋天的雨》，它赋予秋天的雨以生命，把它比喻成一把钥匙，以此来描述它给自然界带来的变化。散文意境优美、篇幅较长，既描述了秋天多样的颜色，又提到了各种香味和声音。教师既要让学前儿童用眼睛去发现秋天的美，又要让他们用鼻子去闻、用耳朵去听，还要理解什么叫比喻……

如果教师不对这篇散文做任何处理，短短的一堂课，会导致学前儿童应接不暇，云里雾里，无法对秋雨产生任何深刻印象。而删减可以缩短篇幅，突出重点，留下让学前儿童用眼睛去观察秋雨带给自然界的色彩变化，或者引导学前儿童用耳朵聆听秋雨带给小动物过冬的消息的部分内容，更便于学前儿童理解、感受和欣赏散文。

优质高效的课堂教学，总是得益于教师对教学目标的正确定位，对教学的重点和难点的准确把握，对知识点和能力要点的落实到位。课堂教学思路清晰，课堂问题设计精妙，课堂引领得法，教学环节安排科学，课堂教学密度合理，也都得益于教师认真钻研教材，准确把握教学的重点和难点。

2. 制定恰当的活动目标

制定学前儿童语言教育活动目标是语言教育活动设计中非常重要的一环。活动目标恰当与否，对整个活动设计起着决定性的作用，影响着活动设计的方向、范围和程度。

语言教育活动目标可以分为终期目标、阶段目标和活动目标3个层次。其中，活动目标处于最具体的层次，也是最贴近教育实践活动的目标。它是每一次教学活动的出发点和归宿，也是进行教学评价的依据。

教师在制定语言教育活动目标时，需要注意以下几点。

（1）活动目标要着眼于学前儿童的发展，其一方面是指活动目标的制定要适应学前儿童的需求、兴趣与已有的发展水平，符合学前儿童语言发展的规律；另一方面是指活动目标的制定应将促进学前儿童的语言发展作为落脚点，也就是说要落实到学前儿童对语言内容、语言形式和语言技能的掌握上。

（2）活动目标的内容和要求在方向上要与终期目标、阶段目标相一致。活动目标要为阶段目标和终期目标服务，而终期目标和阶段目标正是通过一个个具体的活动目标落实在每个学前儿童身上的。因此，教师在制定活动目标时，要根据学前儿童的年龄特征和发展水平，注意由浅到深、循序渐进地提出目标，使他们能从具体到抽象、从直接到间接地获得语言经验。

（3）目标全面，难度适中，充分体现语言领域的特点，并能反映各领域间的相互渗透。

学前儿童语言教育活动应当促进全面发展。全面发展包括两层含义：一是指能获得语音、词汇、语法等多方面语言核心经验的发展；二是指语言领域中渗透健康、科学等其他领域的发展目标。教师可以从认知、情感和动作技能3个维度进行活动目标的设计，在制定目标时，常用行为动词可参考表1-2。

表1-2　学前儿童语言教育活动目标常用行为动词

目标	常用行为动词
认知目标	理解、听懂、明白、列举、说明、总结、区别、对比、解释、举例说明、猜测、猜想、预估、发现、解答、指出、分析、细列、关联、比较、结论、归纳、细述理由等
情感目标	乐意、愿意、欣赏、体会、感受、分享、萌发、形成、树立、接受、表明、注意、表现、呈现、显现、保持、关注、给予、把握、遵守、支持、帮助、坚持、比较、服务等
动作技能目标	倾听、表达、描述、讲述、谈论、说出、口述、复述、朗诵、回应、命名、调整、书写、评价、扮演、续编、仿编、创编、找出、选择、演示、示范、使用、连线、分类等

（4）陈述简洁明了，主体统一，针对性强，具体可操作。制定语言教育活动目标时，教师需注意主体要统一，可以统一从教师的角度出发，表述教师期望学前儿童通过语言教育活动能获得的学习结果；也可以统一从学前儿童的角度出发，指出学前儿童在活动后语言发展可以达到的程度。

语言教育活动目标的表述最好以学前儿童为主体，以学前儿童的语言学习为出发点，关注学前儿童的学习过程，可以使用"喜欢""乐意""学会"等词语。

语言教育活动目标应完整，具有实操性。活动目标一般包含3个基本要素，即条件、行为和标准。条件是说明学前儿童的行为在什么条件下或什么情境中产生，行为是说明学前儿童做什么、怎么做，标准是说明学前儿童参加活动后语言发展可以达到什么程度。

3. 选择语言教育活动形式

语言教育活动形式包括听故事、唱歌、角色表演、做游戏、看图说话、调查访谈、填表、画图、做动作、听指令做手工等。形式是为实现目标而服务的，并不是把什么方法都用上，活动的效果就会好。能快速解决问题，让学前儿童迅速理解的形式才是有效的。

例如，有位教师在上诗歌教学课时，一会儿让学前儿童看视频，一会儿让他们看图片，一会又让他们表演，虽然语言教育活动形式丰富多彩，他们忙得不亦乐乎，但一堂课下来，大部分学前儿童什么也没学会。究其原因，主要是教师没有对诗歌中的重点和难点进行深入浅出的分析，没有帮助学前儿童理解诗歌。因此，选对语言教育活动形式也很重要。

三、学前儿童语言教育活动的组织实施

学前儿童语言教育活动的组织实施是将设计的活动方案付诸实践，是师幼共同参与的一系列动态活动发展的进程。在整个活动过程中，教师要把握重点，突破难点，由浅入深、由易到难，将一个高层次的目标准确地转化为多个低层次目标。另外，对课程时间与内容的安排要科学，应依据学前儿童的接受能力合理安排。

在语言教育活动中，课程的引入部分要精彩，能够吸引学前儿童快速进入学习状态，此部分所占时间很短。针对课程的重点、难点，教师可以设置提问互动环节，启发和引导学前儿童学习掌握相关知识，此部分所占时间较长。课程结束部分要自然、合理，其所占时间较

短。科学合理地分配时间，有助于提升语言教育效果。

在学前儿童语言教育活动的组织实施过程中，教师需要注意以下几点。

（一）活动指导

教师可以通过以下几种方式对学前儿童进行指导，发挥良好的中介作用。

1. 直接指导

教师通过语言示范、启发提问、讲解、评价等手段，直接指导学前儿童的活动。根据学前儿童语言经验及语言水平的实际状况，对于小班儿童或语言发展较差的学前儿童，或者教育内容难度较大的语言教育活动，教师一般较多地运用直接指导方式。

2. 间接引导

教师通过自身语言潜移默化的影响、语言的提示、眼神或手势的暗示等手段，引导学前儿童主动、积极地参与语言活动。这种间接引导方式对年龄稍大的儿童和语言发展较好的儿童较为适用。

3. 利用环境条件

从本质上讲，利用环境条件是一种特殊的间接引导。教师利用语言活动设备、教具，如幻灯片、图片、电视、视频、音频等，能够引起学前儿童学习的兴趣，激发他们主动、积极参与活动的愿望，帮助学前儿童在活动中提高语言能力。根据学前儿童的表现和活动过程的实际情况，教师要灵活运用以上各种指导方式，使学前儿童在活动中始终处于最佳状态，最后达到活动目标，圆满结束活动。

另外，教师自身的语言修养，即发音是否准确，吐字是否清晰，用词是否得当，所讲内容是否简洁、有条理，语调是否生动、有感染力等，都会对学前儿童语言发展产生重要的影响。

（二）设置提问

提问是师幼交流常用的方式，也是一种重要的教学组织手段。教师提问的成功与否直接影响着学前儿童对语言学习的兴趣，巧妙提问可以调动学前儿童学习语言的积极性。

教师设置提问时，应注意以下几点。

1. 面向全体，引发思考

一个班级中学前儿童的发展水平存在差异，个性也不同。教师设计问题时，要以调动全班学前儿童的兴趣与积极主动性为目标。例如，在《小猴卖圈》的故事教学中，在活动前可以提问："小猴要卖圈，谁会来买呢？"又如在《鸟窝里的树》的故事教学中，可以提问："小朋友们看到封面图中有什么了吗？"这些问题都是面向全体学前儿童提出来的，可以引发学前儿童思考。

2. 简洁明了，目的明确

教师要根据学前儿童的年龄特点和思维发展水平来设计问题，设计出的问题要通俗易懂、简洁明了，教师切忌提出深奥难懂的问题。另外，还要避免太长的陈述内容，有的教师习惯先说一大堆铺垫性的话再提问题，或者提出问题后，又马上加上很多说明，这样会导致学前儿童不能专注思考，不能很好地进行回答。

好的问题应能为教学目标服务，能紧扣教学的重点和难点，由浅入深逐层展开，帮助学前儿童梳理经验，使其得到多方面的发展。例如，在《小猫钓鱼》的故事教学中，教师可以提问："小猫第一次钓到鱼了吗？为什么？""猫妈妈是怎么说的？""小猫后来钓到鱼了吗？为什么？"又如在《鸟窝里的树》的故事教学中，教师可以提问："小动物们想了什么办法帮助鸟先生和鸟太太？鸟先生和鸟太太同意采用它们的办法吗？为什么？"

3. 开放问题，激发创造

问题的答案往往只有一个，但教师可以根据不同学前儿童的发展水平提出相应的问题：对于小班儿童或语言发展较差的儿童可以提出一些选择性问题，如在问题中使用"是不是""对不对"；对于大班儿童或语言发展较好的儿童，教师应促进他们的想象、类比、推理等能力的发展，因此，可以多设计一些能引发学前儿童积极思考的开放性问题，使问题的答案多元化。

例如，在《小猴卖圈》的故事教学中，教师不仅要让学前儿童知道小猴卖给小伙伴的是什么东西，还要问一问"如果你是小猴，会卖给小伙伴什么东西？"，引导学前儿童积极思考，想象出相应的物体，培养他们的发散性思维。又如在《鸟窝里的树》的故事教学中，可以提问："小朋友们还有哪些好办法可以既保护鸟窝又保护小树苗？"这些问题能够激发学前儿童的创造性思维，促进他们语言及思维的发展。

4. 连环问题，发展语言

连环问题通常是指问题与问题之间有一定的逻辑关系——可以是由浅入深，也可以由单一向全面扩展。设计这类问题主要是引导学前儿童根据自己的理解发表观点、展开讨论，如"你喜欢故事里的谁？""你喜欢他什么？""你为什么喜欢他？"这些问题可以促使不同发展水平的学前儿童积极思考，让他们有话可说。

5. 适时提问，留有余地

教师在提问时要注意选择恰当的时机，做到能在开始问的不留到后面，需要在最后问的也不提到前面来问，也可以边讲边问。但是，无论提出哪种问题都需要给学前儿童留出充分思考和回答问题的空间和时间，尽可能地发挥学前儿童的自主性。

6. 积极评价，增加经验

教师提出问题后，还要认真倾听学前儿童的回答，并给予积极的评价。教师对学前儿童的回答往往有一定的期待，对与自己期待一致的回答往往会充分肯定，对其他的回答则容易给予"请你再想想！""请听听其他小朋友的回答"或者"嗯""哦"等模糊的评价，有的教师还喜欢重复学前儿童的回答，还有的对学前儿童的回答一律用肯定形式回应，如"很好""真不错""你真棒"等。

教师的评价对学前儿童的发展起着很重要的作用，教师积极地对学前儿童进行指导性评价，可以帮助学前儿童增加经验。

（1）学前儿童回答正确时，教师应肯定正确的观点，并进一步追问，激发他们再思考。

（2）学前儿童回答正确但答案不完整时，教师可以继续问"还有其他的吗？"或者给予一定的提示。

（3）学前儿童回答问题有困难时，教师应耐心等待并设法促使转机出现。一般可以采取"转换角度、另辟蹊径""适当提示、给予线索"等方法，切忌一遍遍逼问或反复说"你再想想"给学前儿童施加压力。

（4）当学前儿童回答错误时，教师可以艺术性地纠正学前儿童的错误观点，引导他们把握正确思考的方向，也可以暂时不予回应，让他们在随后的环节自行纠正错误观点，以培养他们的推理分析能力。

（5）教师应鼓励学前儿童自我判断或衡量同伴的回答，学会运用批判思维，让学前儿童评价班上其他同伴的回答，如"你同意他的看法吗？"

总之，恰当的问题可以有效地促进学前儿童的语言和思维的发展。教师只有根据特定的课堂教学情境，从整体上把握课堂内容，才能保证教学过程真正成为发现、分析、解决问题的过程，教师与学前儿童才有可能真正对话。

实战训练

请同学们自由分组，4 人一组，模拟为学前儿童表演童话故事《小马过河》，要求普通话标准，语气语调、动作表情符合角色形象，有感染力，并讨论如何组织学前儿童来表演这一童话故事，形成活动指导方案，每组完成一份，最后由教师评测。

课后习题

一、单项选择题

1. 下列选项中，对学前儿童语言教育的基本任务描述不正确的是（　　）。
    A. 创造一个自由、宽松的语言交往环境
    B. 提供地方语言环境，培养学前儿童正确使用和理解各地方言
    C. 培养学前儿童对生活中常见的简单标记和文字符号的兴趣
    D. 积极引导学前儿童欣赏儿童文学作品

2. 《幼儿园教育指导纲要（试行）》中"语言"领域的总目标较多提及"感受""喜欢""乐意"等词汇，这表明幼儿园教育强调学前儿童的（　　）。
    A. 知识取向　　　B. 能力取向　　　C. 情感取向　　　D. 动作技能取向

3. 教师在制定活动目标时，会从认知、情感和动作技能 3 个维度来考虑，那么，"了解青蛙的生长发育过程"这一目标属于（　　）。
    A. 情感目标　　　　　　　　　　B. 认知目标
    C. 动作技能目标　　　　　　　　D. 行为目标

4. 教师在语言课上只讲故事，在音乐课只表演唱歌，在体育课上只做游戏的做法，违背了学前儿童语言教育的（　　）原则。
    A. 综合性　　　B. 发展性　　　C. 主体性　　　D. 启蒙性

5. 教师根据既定的题目，引导学前儿童围绕一定的话题进行交谈的言语活动是（　　）。
    A. 讲述活动　　　B. 听说游戏　　　C. 独白活动　　　D. 谈话活动

二、判断题

1. 学前儿童语言教育能够促进学前儿童创造性思维的发展。（　　）

2. 学前儿童语言教育是专门研究学前儿童语言发展及其教育的一门应用性学科。（　　）

3. 学前儿童语言教育的基本任务是发展学前儿童的语言表达能力，对倾听没有要求。（　　）

4. 谈话活动着重培养学前儿童欣赏文学作品的能力及利用文学语言表达想象、生活经验的

能力。（　　）

5．听说游戏的重点在于培养学前儿童运用口头语言与他人交际的意识、情感和能力。（　　）

三、简答题

1．简述学前儿童语言教育的内容。

2．简述学前儿童语言教育的方法。

3．简述学前儿童语言教育活动的特点。

02

第二章
学前儿童语言发展与教育阶段

知识目标

➢ 了解每个阶段幼儿语言发展的特点。

➢ 掌握 0~3 岁幼儿语言教育应注意的问题。

➢ 了解 3~6 岁幼儿语言学习的特点。

能力目标

➢ 能够采取适应不同语言发展阶段的教育措施进行针对性语言教育。

➢ 能够掌握影响学前儿童语言发展的因素。

➢ 能够根据学前儿童的发展特点采用有效的语言教育方法。

素养目标

➢ 尊重学前儿童的语言发展特点，遵循学前教育规律。

➢ 创设利于学前儿童语言发展的宽松、和谐的精神环境。

➢ 培养严谨细致、卓越优秀、精益求精的职业精神。

0~6 岁是学前儿童语言发展与教育的最佳阶段。在这一阶段，学前儿童从最初只能发出一些简单的音节，到能通过一定的语言和动作、表情表达自己的意愿，再到词汇量逐渐增加，表述日益完整、清楚，最终语言能力得到整体发展。了解学前儿童语言发展的特点与一般规律，有助于教师采取更有效的教育方法，从而提升学前儿童语言教育活动的效果。

第一节 0~3 岁幼儿语言的发展与教育

引导案例

丁丁 2 岁了，他已经学会了很多词语，能背很多首童谣和儿歌，而且发音也很清晰。因为妈妈经常教他学一些适合他的童谣，给他听他喜欢的儿歌。

妈妈知道 1~2 岁的幼儿喜欢叠词，在日常生活中，妈妈会找一些与生活情境相关的简单的童谣读给丁丁听。例如，早晨起床时，就读《起床歌》："小宝宝，起得早，睁开眼，眯眯笑；咿呀呀，学说话，伸伸手，要抱抱。"然后读《穿衣歌》《洗脸歌》等。

在给丁丁吃水果时，妈妈又给他读《水果歌》："香蕉香蕉弯弯，西瓜西瓜圆圆，杧果杧果扁扁，草莓草莓尖尖。"

在给丁丁看一些动物图片或绘本时，妈妈会给他读一些关于动物的儿歌，例如，"大公鸡，真美丽，红红的鸡冠花花衣，每天清早喔喔啼，它叫我们早早起。"又如，"小小猪，胖乎乎，耳朵大呀腿儿粗，走起路来摇摇尾，唱起歌来呼噜噜。"

就这样，丁丁的语言发展速度比同龄的幼儿快了很多，而且思维能力发展得也很好。

3 岁前是人一生中学习语言非常迅速的时期。在正确的引导和教育下，幼儿 1 岁左右基本能听懂成人讲话，会说单词句，到 1.5 岁左右能说出双词句，3 岁左右基本上能用完整的句子表达自己的愿望。

3 岁前幼儿的语言发展是连续的、有规律的过程，是不断由量变到质变的过程，其发展阶段可以划分为前语言阶段（0～1 岁）、语言发展阶段（1～2 岁）和基本掌握口语阶段（2～3 岁）。

一、前语言阶段（0～1 岁）

0～1 岁是婴儿口语的发生期，这一时期的口语训练能为婴儿的语言发展打下良好的基础。正常婴儿在这段时间不仅能够听到声音，还以某种能够帮助自己学习语言的方式去感知语言，尝试掌握发音技能，父母应该帮助婴儿做大量的发音练习，为婴儿正式使用语言做准备。

（一）简单音节阶段

0～3 个月是简单音节阶段。这个阶段的婴儿语言发展的特点表现在以下 7 个方面。

（1）听觉比较敏锐，对语音较敏感，具有一定的辨音水平。

（2）突然听到响声会被吓一跳。

（3）听到新奇的声音会停下正在做的事情。

（4）不同类型的哭声代表不同的意见。

（5）当父母和他谈话时，他能用眼睛盯着说话者，这一过程大约持续 30 秒。

（6）当父母和他进行面对面的"交谈"时，他能对父母的声音（伴随目光、微笑以及翕动的嘴唇等）做出反应。

（7）发出一些唧唧咕咕的声音，其中包含韵母 a、e 等和声母 g、k 等，有时还会改变音调和音高，像唱歌一样。

（二）连续音节阶段

4～8 个月是连续音节阶段，这一阶段的婴儿明显变得活跃起来。他吃饱、睡醒、感到舒适时，常常会无意识地发出 ma-ma、ba-ba 等连续音节。如果有人跟他说话或他因看到颜色鲜艳的事物而感到高兴时，他的发音会更频繁。

这个阶段的婴儿语言发展可分两个时期来分析其特点。

1. 4～6 个月

4～6 个月的婴儿能坚持发出连续的音节，发音较多的是对成人的社会性刺激的反应，发音内容大多以辅音和元音相结合的音节为主，并且有一个从单音节发声过渡到重叠多音节发声的过程，具体表现在以下方面。

（1）有人跟他说话后，他能停止哭泣。

（2）能够持续注意并寻找声音的来源。

（3）对熟悉的人微笑并能笑出声来。

（4）对成人语言中不同的语气做出相应反应，如因表达愤怒的语言受到惊吓、对亲切的语言报以微笑。

（5）参与活动时口中经常能发出一些成串的语音。

（6）能对镜中自己的影像说话。

（7）用语音来吸引别人的注意，或拒绝做某事，或表示愿意做某事，或表明想要什么。

2. 7～8个月

7～8个月的婴儿能同时感知3种不同的语调，对微笑、平淡和恼怒的语调有了表示，或报以微笑，或愣住，或紧张害怕。对于陌生的声音，他们会瞪眼仔细聆听，表示出好奇心。他们懂得简单的词、手势和命令，理解具有情境性，具体表现为以下方面。

（1）听得懂自己的名字，听到有人叫自己会扭头寻找发声者。

（2）理解成人用强调语气说出的"不"或"别碰它"等要求，并能做出正确的反应。

（3）能够辨别家人的名字和一些熟悉物体的名称。

（4）能够和成人玩一些语言游戏。

（5）会用舌头和嘴唇发出一些非语言的声音。

（6）出现小儿语，无意识地发出一些叠音词，能发出一些非常像单词的音节。

（三）学话萌芽阶段

9～12个月是学话萌芽阶段，这一阶段的婴儿所发出的连续音节不只是同一音节的重复，而且明显地增加了不同音节的连续发音，音调也开始多样化，他们会用4个声调，听起来很像是在说话。当然，这些"话"多数仍然是没有意义的，却能为学说话做好发音上的准备。

这一阶段的婴儿语言发展的特点表现在以下方面。

（1）朝着周围发出声音的地方看，如门铃；理解一些简单的命令性语言，如"到这儿来""坐下""别碰它"等。

（2）认识一些新单词（通常是食品、玩具、常用的物品等）。

（3）会发出的连续音节明显增多，发音更频繁。

（4）能听懂和理解的词语明显增多，能理解"再见""不可以"等常用词语的意思。

（5）可以模仿一些非语言的声音，如咳嗽声或舌头发出的声音等。

（6）倾听和辨音能力进一步提高。

（7）会开口说话，通常婴儿在这一阶段会说出第一个有意义的单词，如"妈妈""饼干"。

二、语言发展阶段（1～2岁）

经历最初一年的语言准备阶段，婴儿开始进入幼儿期，也开始进入学习口语的全盛时期，因此1～2岁被称为语言发展阶段。根据幼儿语言发展的基本情况，它可以分为两个阶段：1～1.5岁是幼儿语言的单词句阶段，幼儿往往用一个单词表示一个句子；1.5～2岁是幼儿语言的简单句阶段，这一阶段的幼儿掌握词句的能力迅速发展。

（一）单词句阶段

1～1.5岁是单词句阶段，单词句是指幼儿用一个单词来表达一个比该词意义更为丰富的意思。这一阶段的幼儿理解词语具有以下特点，如图2-1所示。

由近及远

幼儿最先理解的是他经常接触到的物体的名称，如"灯灯"；其次是对成人的称呼，如"爸爸""妈妈"；再次是玩具和衣物的名称，如"球球""帽帽"等。如果成人经常教幼儿一些动作，或叫他做一些事情，他也能理解一些常用的动词，如"坐下""起来""捡""拿"等

固定化

这一阶段的幼儿对词的理解往往和某种固定的物体相联系，他甚至把物体同某种背景固定起来。例如，"爸爸"就是指自己的爸爸

词义笼统

这一阶段的幼儿对词的理解非常不确切，一个词常代表多种事物，而不是确切地代表某种事物

图 2-1　单词句阶段幼儿理解词语的特点

在语音表达方面，具有以下特点。

（1）单音重叠现象普遍，连续的音节增多，无意义的音节逐渐减少。

（2）一词多义，以词代句。如"水"，既可以是名词"水"，也可以是动词"喝水"，代表"我想喝水"的意思。

（3）和动作紧密结合。幼儿用单词表达某个意思时，常伴随着动作和表情。

单词句阶段，对幼儿语言教育活动的建议主要有以下几点。

（1）在日常生活中随时随地帮助幼儿掌握新词，增加词汇量。

（2）多跟幼儿交谈，提供语言模仿的榜样。

（3）自制或购买图书，促进幼儿阅读兴趣的增强和阅读能力的提高。

（4）鼓励幼儿多开口，成人要耐心倾听幼儿说话并予以应答。

（5）开展多种形式的语言游戏，如"猜猜看""打电话"等以练习听发音与用词。

（二）简单句阶段

1.5～2 岁是简单句阶段，这一阶段的幼儿说话的积极性高涨，幼儿语言的发展主要表现为开始说由双词或三词组合在一起的简单语句。这种句子比单词句明确，但其表现形式是断断续续的，简略的，结构不完整的。

在语音方面，幼儿已经掌握了双唇音、舌面音的发音，但还不会区分平舌音 z、c、s 和翘舌音 zh、ch、sh，前鼻音与后鼻音，不会准确发边音 l 与鼻音 n。

在词汇方面，幼儿的词汇量迅速增加，他们由掌握几十个词发展到可能掌握 300 多个词汇，主要使用名词、动词、形容词等实词，很少使用连词、介词等虚词。这个阶段的幼儿已经进入了真正掌握词汇的阶段，幼儿已经可以脱离情境，准确地把词汇与物体或动作联系起来，并且他们逐渐能够按照成人的言语指示来支配和调节自己的行为。

在此阶段，多种句式并存。幼儿常用的句子有单词句、简单句、复合句。他们使用句子的特点是短句多，句子长度一般在 5 个字以内，如"妈妈抱抱""宝宝回家"。2 岁左右的幼儿开始使用少量的复合句，其多是简单的、只由两个短句组成的句子，不用连接词。

简单句阶段语言教育活动的要点与方法如表 2-1 所示。

表 2-1　简单句阶段语言教育活动的要点与方法

要点	具体方法
简单句理解	① 采取成人提问、幼儿回答的方式，主要提出"是什么""在干什么""在哪里""怎么办"等问题。具体方法为：家长指着某物问"这是什么"，或问"爸爸在做什么"，让幼儿回答； ② 选择一些讲述简短故事的图书或绘本跟幼儿一起阅读，注意故事的每句话都要简短（简单句型)。可以问幼儿"这是谁"等问题，了解幼儿是否理解故事内容
儿歌练习	念儿歌是锻炼听力和丰富、规范幼儿语言的好方法。重复的节拍、生动的语言再配合一些夸张的动作很容易吸引幼儿
简单句表达	① 可教 1.5 岁后的幼儿学习说主谓结构短句或动宾结构短句，如结合情境教幼儿说"妈妈吃""玩车车"等； ② 在适当的时候引导幼儿使用稍长的礼貌用语，如"阿姨早上好"； ③ 为幼儿提供良好的语言示范环境； ④ 对幼儿的提问和讲述要正确对待； ⑤ 倾听文学作品，观看儿童美术片或动画片； ⑥ 继续开展早期阅读指导； ⑦ 在游戏中进行词语练习，如"词语接龙"

这一阶段的幼儿往往会出现"词语爆炸"现象。他们会说出许多令家长意想不到的话。有的幼儿已会唱儿歌，并能与家长进行简单的言语交流。他们通常喜欢听成人反复讲同一个故事，并且能简单复述。他们喜欢不断地提出问题，疑问句较多。他们能够正确理解并回答成人提出的一些问题。

在此阶段，家长应多与幼儿交谈，帮助幼儿更快地理解语言，在与幼儿说话时，最好看着他们的眼睛，保持目光接触，可以将语言和动作配合起来，这样更便于他们理解。例如，一边说"我给你梳头发吧"，一边拿起梳子，开始给幼儿梳头发。

需要注意的是，幼儿语言发展的个体差异很大。某个幼儿可能已经开始说简单句了，有的幼儿可能还在用一个单词来指称许多客体，还有一部分同龄幼儿可能只是在咿呀学语，但他们或许不经过讲单词句的阶段就能突然说出清晰的句子。总之，语言的发展为父母提供了观察幼儿智力发展的线索，父母应该根据幼儿的具体情况给予幼儿恰当的语言教育。

三、基本掌握口语阶段（2～3 岁）

2 岁的幼儿开始学习运用合乎语法规则的完整句来表达自己的思想，他们在掌握语音、语法、词汇等方面都有了明显的进步，而且好奇心、求知欲很重，总是喜欢问"为什么"之类的问题。这一时期，家长和教师应给幼儿创造丰富的语言学习环境，提供恰当的文学作品，丰富幼儿的语言经验，并耐心解答幼儿的疑问，满足他们的好奇心和求知欲。

（一）初步掌握口语阶段

2～2.5 岁是初步掌握口语阶段，这一阶段的幼儿在运用语言方面有显著进步，能用 3～5 个单词组成的句子来与人交谈，与他人的对话变得更加自由和顺畅，同时他们也开始用比较完整的句子与人交往，并学会倾听他人讲话，表达自己的要求和愿望。

幼儿在这一阶段的语言发展主要有以下几个特点。

1. 基本上能理解成人所用的句子

2～3 岁是幼儿词汇量迅速增长的时期，也是幼儿的语言理解能力迅速提高的时期，幼儿能理解的词汇可达 900 多个，词的泛化、窄化和特化现象明显减少，其对词义的理解也日益接近成人用词的含义。幼儿对词的概括程度进一步提高，他们已能将有些词（如"树""花"等）理解为代表一类事物的词，但对某些词汇在理解上还具有直接性和表面性。

2. 语音逐渐稳定和规范，发不出的语音逐渐减少

由于发音器官逐渐成熟，幼儿在发音方面的困难日渐减少。其发唇音已基本没有困难，但发需要舌头参与的音（舌尖音、舌面音、舌根音等），还存在不同程度的困难，其中尤以舌尖音最为突出，如 zh、ch、sh、r 等音，极个别的幼儿发 g、k、h、u、e 等音也有困难。

3. 能运用多种简单句句型，复合句也初步发展

在幼儿使用的句子中，简单句占大多数，约 90%，复合句占 10% 左右。简单句句型较多，主要有主谓结构和主谓补结构两种类型。

幼儿使用的复合句大多是不完全复句，是省略连词的简单句的组合。句子的含词量也在不断增多。幼儿在 25～27 个月开始出现三词句，28～30 个月出现四词句，有个别的幼儿还出现五词句、六词句。这个阶段的幼儿虽然在使用句子方面有明显的进步，但表达水平不高，尚处在情境语言阶段，说话时多用不连贯的短句，辅以手势、动作和面部表情，这种情境性语言对于不熟悉情况的人而言往往是难以理解的。

4. 疑问句逐渐增多

2 岁左右是幼儿疑问句产生的主要时期。2 岁 4 个月～3 岁是幼儿疑问句的快速发展期。2 岁出现反复问句，Who、How、Where、What、When、Why（6 个"W"）是幼儿疑问句的主要表现形式。疑问句在幼儿发育成长的社会化过程中具有十分重要的地位。提问是幼儿与社会进行信息交换的主要途径。幼儿利用提问获取各种必需的信息，成人通过幼儿对问题的回答来把握幼儿的认知和语言发展水平。

5. 语言常使用接尾策略

接尾策略是幼儿使用语言时常用的一种策略，即不管实际情况如何，只选用问句末尾的一些词语作答，这种情况主要发生 1.5～2.5 岁，3 岁左右消失。例如，成人问"吃了没有？"（刚吃完饭），幼儿回答"没有"；又问"快收拾好玩具，跟妈妈出去玩，好不好？"（幼儿立即站起，丢掉玩具，一副要出去的样子），可听到的回答却是"不好"。这些答话与情境的不合和前后回答的矛盾，就是幼儿的接尾策略在起作用。

在初步掌握口语阶段，可以采取以下方式来进行学前儿童语言教育活动。

（1）让幼儿多看、多听、多说、多练。

（2）鼓励幼儿与同伴之间的自发模仿和相互交谈。

（3）在游戏中练习讲话。

（4）组织多种形式的语言教育活动。

（5）随时随地帮助幼儿正确使用语言。

（二）目标口语初步发展阶段

2.5～3 岁是目标口语初步发展阶段，这一阶段的幼儿的单词句、双词句这一类特殊语言成分已经大大减少，语言已经进入目标语言的轨道。幼儿已经掌握语言系统和基本语法规则，具有一定的词汇量和一定的语言运用技能，可以初步用词语来解释词语。幼儿已开始形成语感，并能运用语言进行一般日常语言交际。

目标口语初步发展阶段幼儿语言发展的特点如下。

1. 词汇量迅速增加，对新词感兴趣

幼儿到了3岁左右，配合其好奇心、求知欲的发展，变得好问，对新词句表现出较大的兴趣。他们总喜欢问"这是什么"或"为什么"之类的问题，并从成人的答案中学到很多的新词。3岁的幼儿的词汇量是2岁时的3倍。也就是说，这一阶段仍然是幼儿新词不断涌现和被使用的阶段。

2. 能抽象句子规则，常表现出系统整合的语言内化能力

系统整合是指当一种新的语言现象出现后，幼儿总是力图把它纳入原有的框架中，尽力用原有的规则去解释、同化它，"用已知去把握未知"是幼儿一种重要的认知惯性。例如，教师对幼儿说"布娃娃脸上有五官，有两只眼睛，两只耳朵……"，教师话音未落，幼儿就接着说"两只鼻子，两只嘴巴"，显然幼儿的回答是凭自己已有的经验推理出来的。

这种认知惯性有时是成功的，有时则是失败的。究其失败的原因，主要是原有的规则不能同化新的语言现象，出现了"特例"，即"一个鼻子，一张嘴巴"，而这些"特例"往往是成人重点要解释的地方。成人应从"特例"中概括出一些新规则并把新规则进行整合，以达到新的平衡，建构出一个新系统。

3. 能说出完整的句子，出现多词句和复合句

这一阶段的幼儿，不仅词汇丰富了，而且所说的句子也完整了。他们能从成人所说的词语中推断出语言的规则，掌握语法和句子结构的基本要点。到了3岁的时候，幼儿说话的方式基本上和成人差不多，这初步奠定了他们日后说话的基础。

在口语表达方面，这一阶段的幼儿开始能用完整的句子与人交往，表达个人的要求和愿望，句子的含词量已达5～6个。他们使用的句子中陈述句占绝大多数，经常出现的复合句占总句数的1/3以上，其中联合复句在2.5～3岁阶段占绝对优势，占60%～90%；偏正复句占10%～30%。

4. 说话不流畅，表达常有"破句现象"

这一阶段的幼儿经常会出现说话不流畅的现象，但这不一定是其语言上的缺陷。他们虽然学到了许多新词，但要把这些词有条理地组织成句子说出来，仍有一定的困难。因为幼儿思维的速度往往超过他们说话的速度，语言跟不上思想，想说的内容太多，他们一下子选不到恰当的词，但很心急地想要把它说出来，于是就说话不连贯，表现得犹豫不决或经常重复同一个词或语句，这种情形看起来好像口吃，但对3岁的幼儿来说，说话不流畅、重复说相同的内容都是正常的、自然的现象。

5. 语言功能越来越丰富、准确

这一阶段的幼儿已具有回答、提问、问候、告知、告状、争执、命令、请求等语言功能，语言功能呈现出越来越丰富、准确的趋势。

在目标口语初步发展阶段，可以采取以下方式来进行学前儿童语言教育活动。

（1）提供丰富的语言学习环境，丰富幼儿的语言经验。

（2）引导幼儿欣赏文学作品，重复和理解作品内容。

（3）组织幼儿进行谈话活动。

（4）在听说游戏活动中发展幼儿的语言。

（5）开展早期集体阅读活动。

四、0～3 岁幼儿语言教育应注意的问题

在 0～3 岁幼儿的语言教育中，不仅要重视语言的"输入"，为幼儿提供丰富的语言素材和恰当的语言氛围，还要注重语言的"输出"，引导幼儿用语言表达自己的要求，为幼儿提供说话的机会。每个正常幼儿的先天语言素质都是差不多的，差距都是在后天教育中形成的。要想保证幼儿语言能力的正常发展，就要掌握正确的语言教育方法，避免语言教育中的错误做法。

（一）注意幼儿个体语言发展的差异性

幼儿语言发展既有普遍性又有差异性，主要受到先天和后天因素的制约。成人要细心观察和了解幼儿语言发展的特点和状况，制定一个符合幼儿语言发展特点、能够促进幼儿语言在原有水平上不断提高的教育方案。

（二）专门教育与渗透教育相结合

专门的语言教育内容是为幼儿提供与语言进行充分互动的环境，使他们有机会将在日常生活中获得的零碎语言经验进行提炼和深化，实现对语言规则的理解和有意识地运用。专门的语言教育内容是根据既定的语言教育目标，通过有计划地安排和组织幼儿进行一系列的学习语言活动来呈现的。

渗透的语言教育内容是指充分利用幼儿的各种生活和学习经验，在真实的生活情境中为幼儿提供更加广泛的、多样化的学习语言的机会。幼儿年龄越小，成人越要在专门的活动之余，把语言发展工作渗透到各项活动和日常生活中进行，使语词与情境密切配合，让幼儿说出更多的语词。

（三）注意幼儿语言输入与输出的平衡

语言的"输入"是指幼儿所接触到的各种语言素材，这是语言学习的起点。没有语言输入，就谈不上语言学习。要让幼儿多听，如听故事、听儿歌、听各种声音，多跟幼儿交谈等。幼儿语言有 3 种不同水平的输入，即儿向语言（Child Directed Speech，CDS）、目标语言和伙伴语言。其中，成人与幼儿交谈所用的 CDS 应特别予以注意，是幼儿语言学习的"样本"。研究者认为，CDS 与幼儿语言发展的关系极为密切，近年来在国际上备受关注。

CDS 具有以下特点。

（1）CDS 是一种动态言语，对于不同年龄段的婴幼儿而言，CDS 的特点是不一样的。它的语法、语义和语言内容所代表的认知难度，与交谈对象的认知水平和能力相比稍高一些。

（2）与成人之间的交谈言语相比，CDS 的词语和语法都比较简单，其重复性和冗余度较高，CDS 大多是对婴幼儿言语的重复、扩展和评价。

（3）语速较慢，语气具有夸张意味。在和婴幼儿交谈时，成人往往会有意放慢语速，采

用夸张的语气，多给婴幼儿以鼓励和赞赏等。

成人的言语为幼儿提供了较为合适的语言样板，便于幼儿进行模仿和加工，并吸引幼儿的兴趣和注意力，带动幼儿的语言向前发展。幼儿早期，儿向言语在语言输入中占主要位置。

同时，还要特别注意幼儿的语言"输出"。成人在语言上也要避免"包办代替"的现象。例如，幼儿每次指着玩具，就有人给他买玩具的话，那么他无须说话，就可以得到玩具，这样不利于幼儿的语言发展。因此，成人应引导幼儿用语言表达自己的要求，给幼儿提供说话的机会，还要让其循序渐进地学习说话，引导幼儿的语言"输出"。

（四）处理好语言模仿与语言创造的关系

语言模仿是幼儿语言发展的一种重要方式，是幼儿一种重要的内化能力。幼儿的语言具有创造性，但模仿学习在语言获得中仍起着重要的作用。因为创造必须以一定的范型为基础，它是对已有范型的概括和新的组合，既是新颖的又是以模仿范型为基础的。由此可见，创造是依据模仿得到的或已经掌握的语言单位和语言规则，运用规则自己创造出新的语言现象。

就语言系统的发展来看，幼儿的主要创造能力有以下几种，如表2-2所示。

表2-2　幼儿的主要创造能力

创造能力	内容说明
迁移	情景迁移，如离开家说声"再见"，在大街上分手时也会说"再见"； 所指迁移，如叫玩具狗"狗狗"，看见真正的狗也叫"狗狗"； 结构迁移，如会说"玩""打球"，然后将其合并成一句话"打球好玩"。 这3种迁移中，前两种迁移较容易，后一种迁移的创新性较强
替换	不改变原式的结构，只更换或部分更换原式中的词语。例如，一个2.5岁的幼儿学会"我吃饭"这句话，然后自己造出"妈妈吃饭，爸爸吃饭，爷爷吃饭……"等新句子，这是幼儿较常见的一种语言创新能力
扩展	在原式的前面、中间和后面增添一些新的语言成分。例如，幼儿学会"不吃"句式，然后创造出"我不吃""不想吃""不吃饭"等句式
删减	在原式的基础上创造出新的较为简略的形式，如对于"绿绿的草"，幼儿会说"绿绿的"
黏连	把两个原式合并为一个结构。例如，幼儿在"钱装进去"和"倒不出来"的基础上发展出"把钱装进储蓄罐里去就倒不出来了"

模仿和创造具有相对性，模仿中有创造，创造中有模仿。在早期的语言发展中，幼儿较多地用模仿的方式进行学习，而随着幼儿语言的不断发展，创造和创造性模仿便会较多地被使用。因此，处理好语言创造和语言模仿的关系，在幼儿语言发展和教育中至关重要。

⚙ **实战训练**

请同学们课后随机观察0～1岁、1～2岁、2～3岁幼儿语言方面的表现，然后自由分组，4人一组，运用所学理论知识，总结不同年龄段幼儿语言发展的特点与规律，并讨论如何引导幼儿讲话，如何为他们创造说话的机会，使其体验语言交流的快乐。

第二节 3～6岁幼儿语言的发展与教育

引导案例

沫沫今年4岁了，会用完整语言表达自己的需求，也可以用简短的话与成人进行交流。但是沫沫分不清"si"和"shi"的发音，总是把"四"说成"是"。为了纠正沫沫的发音，妈妈特意为沫沫找了一个适合他学习的绕口令：我说四个石狮子，你说四个石狮子，石狮子是死狮子，纸狮子也是死狮子。

一开始，妈妈说一句，沫沫跟读一句，虽然沫沫读得不是很清晰，但在跟读过程中知道了"si"和"shi"是不一样的。渐渐地，沫沫可以将这个绕口令完整地读下来。每次读，妈妈都会对沫沫的错误发音进行纠正，沫沫错误发音的次数逐渐减少。

在日常生活中，妈妈还会根据具体情境提一些问题，例如，"这里有几个水果？""四个。""这是什么水果？""柿子。"在反复的练习中，沫沫终于能够分清"si"和"shi"的发音了。

3岁以后，有些幼儿仍然分不清相似音节。这时成人应根据幼儿的具体情况进行有针对性的训练，帮助他们正确发音，为准确感知语音打好基础。3～6岁的幼儿在语音、词汇、语法方面已经逐渐成熟，教师与家长应抓住这一阶段，加强对幼儿语言发展中薄弱环节的训练。

一、语音的发展与教育

教师需要了解此年龄段幼儿语音发展的特点与规律，掌握幼儿语音教育的内容与途径，同时还要清楚不同年龄段幼儿语音教育的差异。

（一）幼儿语音发展的特点与规律

语音是幼儿赖以表现的媒介和物质体现，3～4岁是幼儿掌握语音的关键期，语音发展是幼儿口语发展的首要因素。图2-2所示为3～6岁幼儿语音发展的特点与规律。

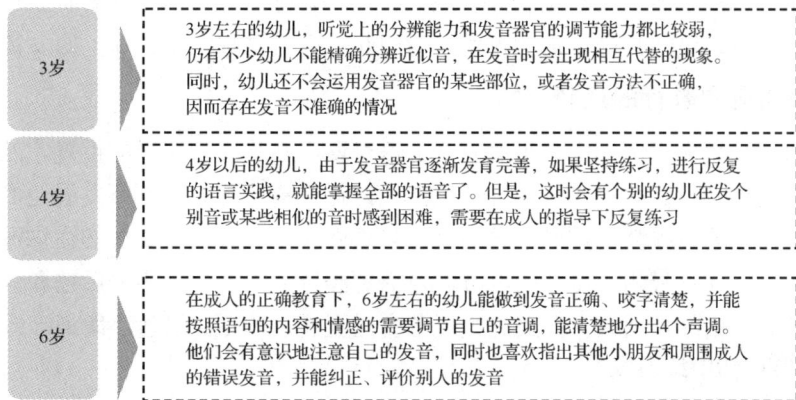

3岁	3岁左右的幼儿，听觉上的分辨能力和发音器官的调节能力都比较弱，仍有不少幼儿不能精确分辨近似音，在发音时会出现相互代替的现象。同时，幼儿还不会运用发音器官的某些部位，或者发音方法不正确，因而存在发音不准确的情况
4岁	4岁以后的幼儿，由于发音器官逐渐发育完善，如果坚持练习，进行反复的语言实践，就能掌握全部的语音了。但是，这时会有个别的幼儿在发个别音或某些相似的音时感到困难，需要在成人的指导下反复练习
6岁	在成人的正确教育下，6岁左右的幼儿能做到发音正确、咬字清楚，并能按照语句的内容和情感的需要调节自己的音调，能清楚地分出4个声调。他们会有意识地注意自己的发音，同时也喜欢指出其他小朋友和周围成人的错误发音，并能纠正、评价别人的发音

图2-2 3～6岁幼儿语音发展的特点与规律

（二）幼儿语音教育的内容

鉴于幼儿期是掌握语音的关键时期，做好幼儿的语音教育有着重要的意义。幼儿语音教育的内容大致包括以下方面。

1. 培养幼儿准确听音的能力

幼儿在语言发展早期，常常是模仿别人说话时的语调，对语句的每一个音不能分别感知，直到 3 岁左右，仍有不少幼儿不能精确分辨近似音，在发音时会出现相互代替的情况。这一现象是幼儿听觉水平较低造成的。因为听得准是说得准的前提，要使幼儿发音正确，必须注意发展幼儿的言语听觉，使他们能听得准确，能分辨语音的微小差别，特别是区别某些近似的词音，从而为幼儿准确地感知语音打好基础。

2. 教会幼儿正确发音

清楚、正确地发音是运用口语进行交际的必要条件。教师应以普通话语音为标准，教会幼儿正确地发音，使他们在入学前能正确掌握 1300 多个普通话音节。教师在教育幼儿正确发音的过程中，要明确哪些是本地区幼儿感到发音困难和容易发错的音，并进行有针对性的教育。

3. 教会幼儿按照普通话的声调讲话

声调指音节的音高。汉语是有声调的语音，不同的声调和不同的声母或韵母一样，能代表不同的意思，所以在训练幼儿发音时必须使他们掌握正确的声调。讲方言的幼儿学普通话时，声调往往不准。因此，教师在对幼儿进行语音教育的过程中，对于小班幼儿要注意声调，对于中、大班幼儿则应注重声调正确。

4. 培养幼儿的言语表情

在口语中，为了准确和富有表现力地表达思想，声音的性质需要有所变化。在平时讲话时，教师主要是培养幼儿的自然表情，做到声音的性质与其要表达的内容一致。在朗诵或表演文学作品时，幼儿应能在理解作品内容的基础上有发自内心的感情，而不应发出刻板、机械的声调，所以在有关文学作品的教育中，教师还要训练幼儿掌握一些简单的艺术发声的方法。

5. 培养幼儿语言交往的修养

语言交往的修养是指讲话态度方面的要求。从幼儿掌握口语开始，家长就应要求他们在语言交往中，说话态度要自然，声调上要友好，有礼貌，不允许撒娇和粗暴地讲话。

以上 5 个方面的内容和要求是相互联系的，教师要全面地理解这些要求，在教育中把它们有机地结合起来，对幼儿进行语音教育，为幼儿示范与讲解正确、规范的发音。

（三）幼儿语音教育的途径

幼儿学习发音是靠模仿形成言语反应的，这种反应必须经过多次的重复才能巩固。幼儿每学完一个新的词音后，教师都要及时地让他们进行重复练习，以不断发展他们发音器官的协调性和听觉器官的敏感性，这对小班幼儿尤其重要。中、大班幼儿虽然在掌握语音方面有了很大的进步，但在呼吸的长度和强度方面还需要经过练习。对于中班后期和大班幼儿，教师还需要培养其言语的表现力，完成这个任务也需要通过谈话、讲述、朗诵等方式。

1. 在日常生活中练习发音

为了使每个幼儿都能掌握普通话的标准音和语调，运用一些学习形式集体进行练习是必要的，但大量的练习还需要在日常生活中自然地进行。教师应根据本地区和本班幼儿的发音情况，确定语音练习的重点和重点帮助的对象。

在日常生活中练习发音，应随机地、个别地进行。例如，有的幼儿说不清"湿"（shi）和"吃"（chi），教师可利用有利时机进行谈话来帮助幼儿发音，问"衣服沾上水了会怎么样""昨天晚餐吃的是什么"等问题，创设机会引导幼儿练习发"湿"和"吃"的音。

2. 开展听说游戏活动，学习正确发音

良好的听觉是清晰发音的前提。发展听觉的灵敏度就是发展辨音的能力，发展听觉和发音的听说游戏活动可以培养幼儿正确发音的能力和听觉注意力，提高其辨音能力。听说游戏的内容、规则和过程，要根据本班幼儿发音的特点来确定。教师在选编这类游戏时，应注意游戏的结构要简单，不应使难发的音过于集中或发音难度过大，否则会降低幼儿学习的积极性。

在游戏过程中，教师除应注意全班幼儿的练习外，更应注重个别幼儿的单独练习。教师必须注意倾听每个幼儿的发音，发现错误要以正确的示范予以纠正。

3. 利用儿歌、绕口令练习发音

儿歌、绕口令都是有韵律的文学作品，能生动形象地表现一定的内容。它结构短小，便于记忆，并有利于增强幼儿练习发音的兴趣。图 2-3 所示为幼儿练习 b、p、m 音的儿歌。

通过学习绕口令，教师可以有意识地让幼儿重复许多相同或近似的词音，帮助其区别容易混淆的音。教师教绕口令前，要自己先背熟，使自己的发音准确无误。幼儿开始学绕口令时，在速度上不宜太快，力求每一个音都发准。待幼儿背熟后，教师再逐步要求他们加快速度，以提高幼儿发音的准确性。图 2-4 所示为绕口令《打醋买布》。

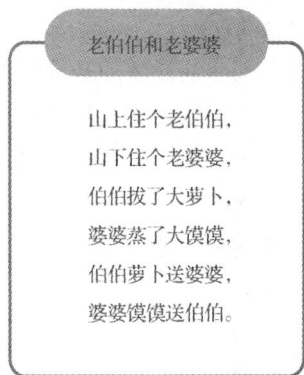

老伯伯和老婆婆

山上住个老伯伯，
山下住个老婆婆，
伯伯拔了大萝卜，
婆婆蒸了大馍馍，
伯伯萝卜送婆婆，
婆婆馍馍送伯伯。

打醋买布

有个小孩叫小杜，
上街打醋又买布。
买了布，打了醋，
回头看见鹰抓兔。
放下布，搁下醋，
上前去追鹰和兔。
飞了鹰，跑了兔，
洒了醋，湿了布。

图 2-3　儿歌《老伯伯和老婆婆》　　　　图 2-4　绕口令《打醋买布》

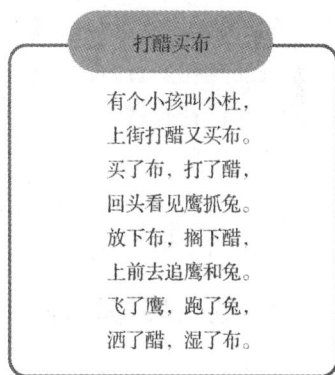

4. 教师示范与讲解正确、规范的发音

教师正确地示范是幼儿掌握语音的基本途径。在示范过程中，教师不仅要让幼儿正确感知语音的细微差别，还要让他们掌握发音部位和发音方法，让幼儿知道音是怎么发出来的。教师的示范要照顾到幼儿"听"和"看"两个方面，以便于他们进行模仿。

由于发音的部位不同，发音的难度也不同，发许多音需要舌头参与活动，这些音的发音部位不易被幼儿观察到，而且发音动作比较精细、复杂，所以舌音是幼儿掌握较慢、不易发准的音。

对于这一类音，教师需要采用示范和讲解相结合的方法，使幼儿掌握其发音要领。例如，n 是鼻音，l 是边音，教师需要把发音原理具体化，形象地向幼儿讲解。发 n 的时候，舌尖翘起抵住上牙床，同时舌尖要向两旁展开，用力把气流堵住，使气流从鼻孔出来。讲解后，可让幼儿反复地进行拉长音练习，使其体验气流是否从鼻孔出来。对于其他难发的音，也可采取类似方法或其他方法，帮助幼儿较快地掌握发音的要领。

（四）各年龄段幼儿语音教育

各年龄段幼儿语音教育在此处主要分为小班幼儿语音教育和中、大班幼儿语音教育。

1. 小班幼儿语音教育

小班是语音教育的关键期，培养幼儿正确发音是小班幼儿语音教育的重点任务。小班幼儿语音教育的重点应该放在听力和发音练习上。

要做好这项工作，教师首先要了解本班幼儿的发音特点，了解每个幼儿语音掌握的基本情况，可以让幼儿叫出一些物体的名称，如鼻子、耳朵、积木、狮子、栗子等，以测查幼儿的发音情况，或在日常生活中注意了解幼儿的发音情况。然后，教师应针对幼儿的语音发展现状，制订相应的语音教育计划。计划应包括对幼儿语言器官的训练，使唇、舌、肌肉的细小动作逐渐协调灵活；还包括呼吸量的练习，以及个别幼儿的语音矫正工作；等等。

计划应有实施的措施，即哪些内容通过语言教育活动进行，哪些内容通过其他活动进行，都应有具体的安排。

2. 中、大班幼儿语音教育

中、大班幼儿的语言器官已发育成熟，正确发出全部音节的生理条件已经具备，特别是语音意识的发展，使幼儿已经能意识到自己和别人语音中出现的问题，并能随时纠正自己与别人语音中的"错误"。此时，幼儿已经产生了清楚、正确说话的愿望。

中、大班幼儿在发音方面存在的问题，主要是少数幼儿对个别容易混淆的音发不准，因此中、大班幼儿语音教育的重点是对个别幼儿发音的矫正。正音工作要渗透在幼儿教育活动和日常生活的各个环节中。

中、大班幼儿语音教育还应注重幼儿语音修养能力的培养，使中、大班幼儿初步掌握艺术发声方法，如清楚地吐字吐词，自如地调节声音的强弱，富有感染力地表达。

二、词汇的发展与教育

教师只有了解幼儿词汇发展的特点与规律，掌握幼儿词汇教育的内容和途径，才能更好地对幼儿进行词汇教育。

（一）幼儿词汇发展的特点与规律

幼儿期是幼儿掌握词汇最迅速的时期。随着年龄的增长，其掌握的词汇量也会迅速增加。一般来说，3 岁幼儿能掌握 1000 个左右的词汇，4 岁左右的幼儿的词汇量可达 2000 个，6 岁幼儿的词汇量能增加到 3000～4000 个。

1. 3～4 岁幼儿词汇发展的特点与规律

3～4 岁幼儿所掌握的词汇，大多以名词、动词为主。代表具体事物的名词和代表具体动作的动词是幼儿生活中常常经历和感知到的，所以容易掌握。这时幼儿运用形容词的能力虽有了初步的发展，但他们只能掌握表明事物具体形态或性质的词，如"大""小""多""少""高""低"等，运用起来也不够准确。至于数词和量词，就更难掌握了，他们常常用"个"来代替所有的量词，或把量词混用。

2. 5 岁左右幼儿词汇发展的特点与规律

5 岁左右是幼儿词汇量增加最快的时期。幼儿对词义的理解较以前深刻，对于形容词也能做到理解词义并较为准确、恰当地使用，但对量词的掌握仍感到困难，只有经常与具体事物相联系的量词才能熟练掌握，如"一辆汽车""一只鸡""一头牛"等。至于表示时间概念的词，幼儿运用起来还不够准确，经常混淆。

3. 6 岁左右幼儿词汇发展的特点与规律

随着生活范围的扩大、知识经验的增加及抽象逻辑思维和概括能力的发展，6 岁幼儿不仅词汇已经相当丰富，各类词汇都能掌握一些，对词义的理解也比较深刻，他们已经掌握了一些概括性的词汇和具有因果关系、条件关系的词汇。

（二）幼儿词汇教育的内容

幼儿词汇教育的内容主要包括丰富幼儿的词汇、教幼儿正确理解词汇的意义、教幼儿正确地运用词汇。

1. 丰富幼儿的词汇

幼儿学习新词一般需要通过两个途径。

（1）在日常生活中，幼儿通过与成人或同伴的交往自然获得新词，这类词大部分是比较浅显的，经常活跃在人们的口头上。

（2）成人有意识地教给幼儿新词，这类词大部分是幼儿难以在自然状态下学会的生词。

幼儿园语言教育中所说的丰富词汇，大部分是指成人有意识教给幼儿的新词。丰富幼儿的词汇应该有目的、有计划地进行。教师首先要教幼儿掌握代表具体概念的词，随着幼儿思维的发展，知识范围的扩大，再逐渐教他们掌握代表抽象概念的词。

从词类上看，教师应先教幼儿掌握关于对象和现象的名称的词——名词，说明对象和现象的动作和过程的词——动词，然后教幼儿掌握说明对象和现象的性质、特点、状态、程度的形容词和副词，最后教幼儿学习并掌握介词、连词等虚词。

在丰富幼儿的词汇的过程中，对不同年龄段的幼儿，在内容上有不同的侧重和要求。

- 对小班幼儿，丰富词汇的中心要求是学习运用能理解的常用词。
- 对中班幼儿，掌握的词汇量要大幅度地增加，掌握词汇的质量也要有明显的提高。
- 对大班幼儿，在巩固中班已掌握词汇的基础上，增加掌握实词的数量，并提高质量。

2. 教幼儿正确理解词汇的意义

词是概念体现者，它具有概括性、指物性，概括地标志着现实中的某种物体及物体的特性、动作、关系等。由于词本身的特点，教师在丰富幼儿的词汇时，教其正确地理解词汇的意义非常重要。只有理解了词汇的意义，幼儿才算真正地掌握词，才能将其正确运用到语言活动中。

教幼儿理解词汇的意义是在丰富词汇的同一过程中完成的。教师教给幼儿新词时，幼儿只有将其和事物的具体形象联系起来才能理解词的意义。小班幼儿需要在认识各种事物、形成观念和概念的过程中掌握相应的词。中、大班幼儿由于语言理解能力增强了，可以结合已有的知识经验，用简单的语言解释新词所代表的概念。例如，用"好看"解释"美丽""漂亮"等同义词；用"这屋子真冷""今天天气真热"等句子解释"冷""热"一类比较抽象的词。

3. 教幼儿正确地运用词汇

幼儿积累的词汇有两类：一类是消极词汇，另一类是积极词汇。向幼儿进行词汇教育的最终目的是使幼儿将已理解的词正确运用到语言活动中。

在日常生活、各种教育活动、游戏、散步及其他自由活动时间内，教师应有意识地注意幼儿在语言表达中运用词汇的情况，如幼儿对哪些词义还不明确，哪些词使用不当，因为缺乏哪些方面的词而影响表达。教师应针对这些情况，除了不断给幼儿补充新词外，还要善于启发幼儿把学过的词运用到语言活动中。

（三）幼儿词汇教育的途径

幼儿词汇教育的途径有很多，教师和家长可以在日常生活中、游戏中、儿童文学作品欣赏中，引导幼儿直接观察以及组织各种不同的教育活动来丰富幼儿的词汇。

1. 在日常生活中丰富幼儿的词汇

日常生活是幼儿学习语言的基本环境，在这个环境中丰富幼儿的词汇有很多优势：形象、自然，易于幼儿接受；多次重复，易于加深幼儿对新词的印象和理解；日常生活中有很多新鲜、有趣的事物能引起他们的求知欲，满足他们的学习需求。

日常生活是丰富幼儿词汇的最主要途径，教师应善于抓住时机进行词汇教学。例如，在穿衣时，教会幼儿正确说出衣服和衣服各部分的名称；在吃饭时，教会幼儿说出餐具、主食、副食的名称；等等。

2. 通过游戏进行词语练习

教学游戏比较灵活，可以教幼儿新词，也可以让幼儿练习正确运用词。游戏的活动性和广泛性的特点符合幼儿的兴趣，游戏可以比较容易地把他们吸引到学习活动中。在游戏练习中，教学要求是在幼儿"玩"的过程中达成的，幼儿能产生兴趣。他们为了达到游戏的目的而克服困难，遵守规则，从而获得良好的练习效果。另外，游戏还能为胆怯和寡言的幼儿提供练习的机会，降低学习的难度。

3. 借助儿童文学作品进行词汇教育

儿童文学作品中的语言是经过作家提炼加工的，具有生动、形象等特点，易于幼儿理解和接受。通过对儿童文学作品中丰富词汇的描述，幼儿能够较快地理解这一类词的含义。

4. 通过观察丰富幼儿的词汇

直接观察是幼儿认识事物的重要途径，也是丰富幼儿词汇的重要途径。组织幼儿观察的方法包括观察实物和外出参观两个方面，如图2-5所示。

5. 组织各种教育活动进行词汇教育

除了上述途径外，其他类型的语言教育活动，如各种谈话活动、讲述活动都可以丰富幼儿的词汇，帮助幼儿练习正确运用词汇等。另外，在其他各种教育活动过程中也要丰富幼儿的词汇。例如，在美术活动中，教师要教幼儿说出"蜡笔""铅笔"，以及各种颜色、线条、形体的名称。

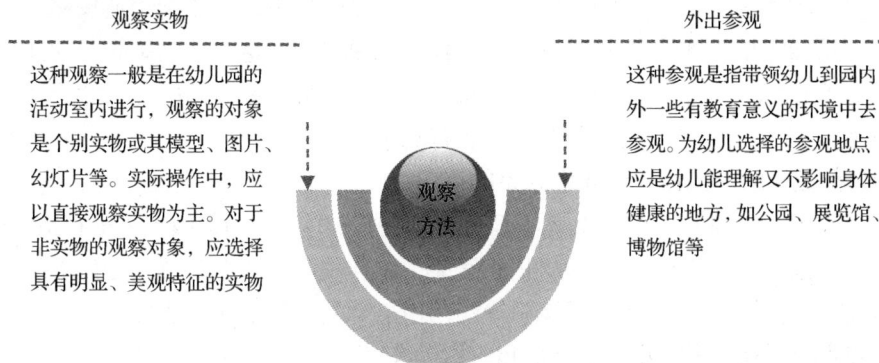

图 2-5　组织幼儿观察的方法

三、语法的发展与教育

幼儿掌握语句规则是在与成人的交往中，通过从自然地模仿成人的语言习惯逐步过渡到掌握语法规则，再过渡到将词组成句子来表情达意而实现的。语法是组词成句的规则，幼儿要掌握语言进行语言交际，还必须掌握语法结构。

（一）幼儿语法发展的特点与规律

幼儿对语法结构的掌握表现为其语句的发展和对语句的理解。

1. 3 岁左右的幼儿

3 岁左右的幼儿已能用词组成简单的句子来表达自己的意思，但句子经常不完整，经常出现没有主语或用词颠倒的情况，如"妈妈，玩"（缺少主语"我们"）。这时幼儿的语句非常简单，没有任何修饰成分，即使他们能说出"小白兔""大灰狼"等短语，实际上也是将这些短语作为一个词来学习、理解和运用的，并没有区分修饰词和被修饰词。

2. 4～5 岁的幼儿

4～5 岁的幼儿已经能正确地运用简单句说明自己的意思或描述见闻，这时他们的语句呈现出由单句向复合句发展的趋势，复合句的比例有所增加，但由于他们对关联词的运用还不够自如，所以他们常常省略关联词。随着句子所含词汇量的增加，有修饰的语句开始占优势。

同时，幼儿对某些词义不完全理解，对句子形式的掌握也不准确，所以他们常出现用词不当、逻辑混乱的现象。这时的幼儿对语法有明显的意识，能够发现别人说话时的语法错误，也怕因自己表达错误而被别人笑话。

3. 6 岁左右的幼儿

6 岁左右的幼儿知识经验比较丰富，抽象思维也有了相应的发展，已经掌握了较为复杂的语言形式，学会了运用各种复合句。幼儿已掌握疑问句的所有形式，但对被动句的理解比较晚，他们这时只能初步了解被动句，还不能灵活运用。

（二）幼儿语法教育的内容与要求

在日常幼儿语言教育活动中，语法教育的内容是不可或缺的，教师应掌握幼儿语法教育的内容与要求。

1. 在日常生活中培养幼儿说完整的语句

语法是语言的规则。人们在说话时，不仅要有丰富的词汇，还要把词汇按照一定的语法规则组织联结起来构成完整、连贯的语句，这样才能更好地表达自己的思想。幼儿主要是在运用语言的实际过程中，逐渐学习和掌握语法结构，并形成语言习惯的。因此，在日常生活中培养幼儿清楚完整表述的能力是幼儿语法教育的主要途径。

2. 用口头造句的形式培养幼儿说完整的语句

实践证明，教师经常用一些幼儿易于理解、易于接受的词汇为扩散点来进行造句的训练，既能增加幼儿的知识，又能起到发展口语表达能力的作用。口头造句形式是口语练习最简单的形式，教师可由口头造句开始，逐步引导幼儿用一个完整的语句表达自己的思想。

3. 用游戏的形式提高幼儿说完整语句的积极性

游戏是幼儿最喜欢的活动形式，在游戏中发展幼儿语言，往往会取得事半功倍的效果，使幼儿在游戏过程中不知不觉地巩固已学的语言内容，掌握一定的语言知识，并且其说出完整语句的积极性也会得到提高。

4. 用各种教育形式提高幼儿的表述能力

幼儿谈话活动、幼儿讲述活动、幼儿文学作品活动等都伴随着大量的语言交流，教师还可以鼓励幼儿在区角活动中与同伴进行语言交流，也可以在各类语言教育活动中积极引导、及时纠正幼儿的语言表达，鼓励幼儿把话说得生动、形象、得体。

5. 为幼儿做好语言示范

幼儿往往喜爱模仿，学前阶段接触的语言环境对幼儿的语言发展影响很大。教师在与幼儿沟通时要保持语音标准、语气温和、语法规范，为幼儿学习语言做好示范，切不可受方言影响说一些不符合语法规范的句子。

⚙ 实战训练

请同学们课后随机观察 3～4 岁、4～5 岁、5～6 岁幼儿在语言方面的表现，做好相应的记录，然后自由分组，4 人一组，运用所学理论知识，总结不同年龄段幼儿语言发展的特点与规律，并讨论如何鼓励、指导幼儿讲话，选择合适的指导方法，为他们创造说话的机会，使其体验语言交流的快乐。

四、3～6 岁幼儿语言学习的特点

教师只有了解 3～6 岁幼儿语言学习的特点，才能有针对性地设计语言教育活动，才能有效地提高语言教育活动的效果。3～6 岁幼儿语言学习的特点主要表现为以下几个方面。

（一）模仿性

幼儿经常通过模仿来学习语言，他们也非常乐于模仿。他们的语言模仿可以说是在与周围环境的相互作用中自然而然进行的，周围环境中的各种语言都会成为幼儿模仿的对象，只要有兴趣，幼儿就会随时随地进行模仿。例如，在围绕"商店""医院"展开的角色游戏中，幼儿与教师间的对话就是对成人购物、病人就医的模仿。

（二）建构性

幼儿的语言学习是一个主动建构的过程，幼儿对于周围人提供给他们的语言范例进行着种种选择，只有那些他们能理解且喜欢模仿的语言才会被他们注意，并且会被他们有意识地加以练习。幼儿对周围环境中语言的模仿也不是全部照搬的，他们会根据自己的需要进行创造性的模仿，即将听到的句子稍加变动或进行重组，使其变成自创的语言。

在语言交往的环境中，当幼儿有交往的需要时，他们才会主动地搜寻记忆里的词汇和句子，尝试着用别人可以理解的语言进行表述。而且，在有交际需要的情形下，因词汇贫乏或语法错误而引起交流和沟通的障碍时，他们才会意识到学习新词的重要性，才会更有意识地利用这种交际环境与机会主动向别人学习，主动使用新词、新句。

例如，阳阳蹲在地上拼乐高，由于蹲的时候有些长，他站起来后，感觉腿脚特别不舒服，他跟妈妈说："妈妈，快来，我的脚被吸住了。"妈妈走过来，检查了他的鞋袜，没有发现什么问题，就问阳阳："你是不是感觉抬不起脚来，脚有种麻麻的感觉？这是因为你的脚麻了。"阳阳的小脑袋瓜里就建构起"麻"的概念，心想着原来这种感觉叫作"麻"。

（三）直观性

幼儿的语言学习具有直观性。幼儿的思维主要依赖于事物的具体形象、表象以及对表象的联想，具有直观形象性。幼儿的这种直观、形象的思维方式使得他们在学习语言时无法脱离具体实物、动作和情境等。

幼儿在多数情况下是通过直观动作、丰富的表情或具体的情境来理解和表达语言的。同时，这种直观、形象的方式也使幼儿的语言学习变得自然。例如，幼儿在学习新物体的名称、特征、用途时，教师把形象、直观的物体呈现在幼儿面前，他们才更容易掌握这些物体的名称，记住这些物体的特征及用途，这样在将来需要运用这些内容时，他们才会从自身的经验和语言库中提取出相关的词语进行语言的重组并表达。

（四）整合性

幼儿的语言学习具有整合性。幼儿的语言学习是随时随地进行的，幼儿不需要为语言学习承受额外的智力负担，他们可以在不知不觉中获得大量的词汇和理解表达的经验。幼儿的语言学习渗透、整合在每日生活和教学活动的各个方面。

例如，幼儿通过日常交往和各种教育活动获得大量信息，这些语言内容涉及幼儿生活的各个方面，从幼儿自己的身体特征到心理感受，从幼儿的家庭到幼儿园，再到社区，从各种自然事物或自然现象到人际交往和社会常识……因此，幼儿的语言学习与其他领域的学习有千丝万缕的联系，幼儿的语言学习是渗透和整合在日常生活中的。

（五）积累性

幼儿的语言学习具有积累性。幼儿的语言学习是一个循序渐进、逐步积累的过程。实现对语音、词汇、语句的学习和掌握，都需要一个过程，从无到有、从不理解到部分理解，再到完全理解，积少成多，逐步形成，逐步完善。

幼儿对语言的学习不是简单的"教什么就学什么"，而是有明显的兴趣倾向和选择性。

教师向幼儿呈现一个新词或向幼儿介绍一篇文学作品之后，往往需要反复多次才能让幼儿真正理解与领会，幼儿对语言的学习很大程度上要靠日积月累。因此，教师要多给幼儿提供语言范例，多向幼儿介绍各种各样的文学作品，丰富他们的语言经验，促进幼儿的语言发展。

课后习题

一、单项选择题

1. 对3岁幼儿说话不流畅的"口吃"现象，正确的观点为（　　）。
   A. 应强迫幼儿再说一遍　　　　　　　B. 教幼儿反复练习，加以矫正
   C. 正常现象，不必紧张　　　　　　　D. 对其进行心理治疗

2. 在幼儿期，应主要发展幼儿的（　　）。
   A. 书面语言　　　　B. 肢体语言　　　　C. 第二语言　　　　D. 口头语言

3. 幼儿语言的简单句阶段，是指（　　）。
   A. 0～1岁　　　　B. 1～3岁　　　　C. 1.5～2岁　　　　D. 3～6岁

4. （　　）是幼儿最喜欢的活动形式，在此活动中发展幼儿语言，往往会取得事半功倍的效果。
   A. 游戏　　　　　　B. 阅读　　　　　　C. 表演　　　　　　D. 谈话

二、判断题

1. 3岁前幼儿的语言发展是无规律可循的。（　　）

2. 3～4岁幼儿，其词汇发展是幼儿口语发展的首要因素。（　　）

3. 在0～1岁前语言阶段，成人应帮助幼儿做大量的发音练习。（　　）

4. 幼儿语言发展既有普遍性又有差异性，主要受到先天和后天因素的制约。（　　）

5. 一般来说，3岁幼儿能掌握3000个以上的词汇。（　　）

三、简答题

1. 简述在0～3岁幼儿的语言教育中适宜采用的语言教育方法。

2. 简述幼儿词汇教育的内容。

3. 简述幼儿语法教育的内容与要求。

03

第三章
学前儿童谈话活动

知识目标

> ➤ 了解学前儿童谈话活动的内涵与特点。
> ➤ 掌握学前儿童谈话活动的形式。
> ➤ 了解语言专题谈话活动的形式。
> ➤ 掌握学前儿童谈话活动的设计与组织要求。

能力目标

> ➤ 能够为不同年龄段学前儿童选择适宜的谈话话题。
> ➤ 能够根据话题和要求撰写学前儿童谈话活动方案。
> ➤ 能够客观、科学地对学前儿童谈话活动进行评析。

素养目标

> ➤ 培养乐观向上、热情开朗的性格，保持良好的心态、形成较强的亲和力。
> ➤ 树立科学的学前儿童语言教育观，提升业务技能，做好工作准备。
> ➤ 树立文化自信，将我国优秀传统文化与伟大建设融入谈话主题。

　　语言是一种交流工具，谈话则是交流中的一个重要类型。谈话活动是帮助学前儿童学习运用语言与他人进行交流的重要活动，具有独特的促进学前儿童语言发展的功能。教师要根据语言教育理论，在坚持语言教育目标的前提下指导学前儿童实施谈话活动。

第一节　认识学前儿童谈话活动

引导案例

　　陈老师是幼儿园小班的一名教师，这一天她组织小朋友们进行谈话活动。"大家能告诉老师，你们的爸爸是做什么的吗？"陈老师问道。

　　小朋友们都非常兴奋，争先恐后地回答："我爸爸会开大汽车。""我爸爸是警察。""我爸爸是医生。""我爸爸是大厨师，他做的饭可香啦！"……小朋友们的脸上都洋溢着骄傲与自豪。

　　陈老师平时在与幼儿的交谈中经常听到有关妈妈、爷爷、奶奶的事情，而爸爸的角色在家庭中经常被弱化，陈老师有时甚至还会听到幼儿的埋怨："爸爸总是很晚才回家，我都见不到他。""爸爸经常出差，从不陪我玩。"……

　　陈老师知道，爸爸对幼儿的成长有着很重要的影响。为了让幼儿更好地了解自己的爸爸，体会爸爸的责任与辛苦，感受爸爸无私的爱，陈老师组织了此次谈话活动——"我的爸爸本领大"，一方面培养幼儿的语言表达能力，另一方面激发幼儿对爸爸的崇敬之情。

　　陈老师决定要通过这个活动，帮助幼儿寻找、理解、感受爸爸的责任与付出。陈老师请幼儿从爸爸的外貌谈起，接着谈爸爸的工作、爸爸的兴趣爱好，再谈爸爸对自己的爱，还有自己想对爸爸说的心里话。活动气氛融洽，小朋友们热情高涨，都很积极、踊跃地发言。

　　学前儿童谈话活动是在一定主题内容和目的范围内，以对话形式进行的语言活动。良好的谈话能力是学前儿童口头语言能力的重要表现，教师应合理地设计和实施学前儿童谈话活动，掌握学前儿童谈话活动的基本知识，使学前儿童谈话活动发挥应有的作用，提高学前儿童与他人交往、交流的能力。

一、学前儿童谈话活动的内涵

　　语言是表达和交流的工具，谈话是人们运用语言与他人交流的最基本的方式。学前儿童谈话活动是教师有目的、有计划地组织学前儿童围绕特定话题与他人进行交谈，学习交谈规则，培养倾听和轮流说话能力的教育活动。

　　人并不是生来就会与他人交谈的，谈话需要参与者具有共同的有关语言表述的态度、认知和能力，并在交谈时遵守交谈规则，积极倾听、理解和反馈、表达，这些能力都是需要学习才能获得并提高的。学前儿童通过谈话活动能够习得与他人交流的方式与规则，从而提高自己与他人交往的能力。

　　谈话活动与日常交谈既有区别，又有联系。谈话活动和日常交谈都具有发展学前儿童语言交流能力的作用，但两者的主要区别在于：谈话活动是目的、有计划的活动；而日常交谈则无预期目标和计划，具有自发性和随机性。另外，在形式上，谈话活动是在集体场合下进行的，而日常交谈通常是在两个或两个以上的学前儿童中发生的。从话题来讲，谈话活动的话题是固定的，是由教师精心设计的；而日常交谈的话题是学前儿童自发、随意产生的。

　　谈话活动是对学前儿童已有知识经验的巩固，能引发学前儿童对未知事物的探索兴趣，也是学前儿童了解世界和周边环境的一种途径。谈话活动能激发学前儿童与人交往的兴趣，使他们学会倾听，及时从中捕捉有效的信息，帮助他们与同伴建立联系，促进他们建立良好的同伴关系。

　　《纲要》明确指出："创造一个自由、宽松的语言交往环境，支持、鼓励、吸引幼儿与教师、同伴或其他人交谈，体验语言交流的乐趣，学习使用适当的、礼貌的语言交往。"《指南》建议："每天有足够的时间与幼儿交谈。如谈论他感兴趣的话题，询问和听取他对自己事情的意见等。"这些内容给教师开展学前儿童谈话活动指明了方向。

二、学前儿童谈话活动的特点

　　学前儿童谈话活动与成人谈话活动不同。由于学前儿童的大脑正处于发育阶段，学前儿童对世界的认知还有待完善，他们的语言相对来说比较简单、发散，谈话的目的性与中心性较弱。而成人因为大脑发育已经完成，对世界的认识也相对完善，他们可以充分地表达自己想要表达的内容。成人的语言相对来说比较集中、有条理，他们谈话时有一定的目的性与中心性。

学前儿童谈话活动的特点可以概括为以下几点。

（一）中心话题具有趣味性

在学前儿童谈话活动中，引导学前儿童集中注意力并用语言进行交流时，一个全体参与讨论的中心话题限定了他们交流的范围，从客观上主导学前儿童交流的方向，使学前儿童的交流带有一定的讨论性质。

在学前儿童谈话活动中，有趣的中心话题往往具有以下特点。

● 有经验基础。具有一定经验基础的话题，可以使学前儿童就谈话主题有话好讲，完全陌生的话题不可能使学前儿童产生谈话的兴趣。

● 有一定的新鲜感。使学前儿童感兴趣的话题往往是新颖的生活内容，而曾经反复提起和谈论的话题往往不会引起学前儿童的强烈关注。

● 有共同关心点。有趣的话题常常与学前儿童近日生活中的共同关心点有关。一定区域内学前儿童生活中出现的某些大家共同经历的事或电视台新近放映的动画片，能够使学前儿童产生交流和分享的愿望，都可以成为有趣的中心话题。

（二）谈话活动具有多元性

谈话活动注重多方的信息交流，幼儿园的谈话活动应突出强调学前儿童运用语言与他人进行交流。谈话活动的多元性表现在以下几个方面。

1. 信息量

谈话活动的语言信息量较大。学前儿童围绕中心话题交谈时，思路相对开阔，他们的语言经验各不相同，所以涉及这些语言经验的语言形式丰富多样。

2. 对象范围

学前儿童交流的对象范围也相对较大。学前儿童有时在全班学前儿童面前谈论个人见解，有时在小组内与几个学前儿童交谈，有时与邻座学前儿童或教师进行个别交谈。

3. 交流方式

谈话活动的语言交流方式较多。任何一个幼儿园的谈话活动都可能包括教师与学前儿童交谈、学前儿童与教师交谈、学前儿童之间的交谈等交流方式。因此，谈话活动是一种多方位的语言交流方式，它为学前儿童提供的学习运用语言的机会是其他活动不能提供的。

（三）谈话氛围具有自由性

在谈话活动中，学前儿童可以围绕自己感兴趣的中心话题，自由表达个人见解。无论学前儿童的原有经验怎样，无论学前儿童用什么样的表达方式谈话，他们都可以围绕中心话题将自己想说的话说出来。

教师在谈话活动中要创造宽松自由的气氛，应注意以下两点。

（1）不要求学前儿童统一认识，允许学前儿童根据个人感受发表见解，针对谈论主题说自己想说的话，说自己独特的经验。

（2）不特别强调规范化语言，鼓励学前儿童积极说话，但不要求他们一定使用准确无误的句式、完整连贯的语段。

实际上，谈话活动重在给学前儿童提供说的机会，让学前儿童在语言交流的过程中操练自己的语言并产生相互影响，通过提高自己对语言的敏感程度进而发展自己的语言。

（四）谈话素材具有丰富性

学前儿童谈话活动涉及的素材必须是学前儿童知识经验范围以内的，学前儿童的知识越丰富，谈话的素材积累得越多，谈话的内容就越丰富。

如果学前儿童对某个地方或某种事物只观察了一次，所获得的相关印象只是初步、粗浅的，学前儿童在谈话活动中便无话可说。只有当学前儿童对某种事物或某种现象进行了多次观察，从不同角度比较细致地了解后，学前儿童才会有话可谈，谈话素材才更完整、更丰富，才能触及事物的本质特征。

（五）教师指导具有间接性

教师是学前儿童谈话活动的设计组织者，但其在谈话活动中的指导作用则以间接引导的方式呈现。教师往往以参与者的身份参加谈话，给学前儿童以平等的感觉，这也是创造谈话活动宽松气氛的一个重要因素。

在谈话活动中，教师的间接引导一般通过两种方式得以体现。一种是提问引导，即用提问的方式引出话题或转换话题，引导学前儿童建立谈话的思路，把握谈话活动的方式；一种是用平行谈话的方式为学前儿童做隐性示范，教师通过谈论自己的经验，如自己喜欢的地方及喜欢的原因等，向学前儿童暗示谈话时组织交流内容的方法。

三、学前儿童谈话活动的作用与影响

在幼儿园，自由交谈有利于教师了解学前儿童的语言发展水平，并有针对性地进行个别指导，特别是对在集体活动中沉默寡言的学前儿童，教师更要帮助他们树立在集体中发言的信心。另外，学前儿童言语中的消极面最易在日常生活中显露出来，教师如果不及时进行纠正，他们就会继续犯错且难以改正。

具体来说，学前儿童谈话活动对学前儿童语言发展的作用与影响表现在以下方面。

（一）激发学前儿童与他人交谈的兴趣

在学前儿童语言发展过程中，其学习语言的态度是否积极主动，讲话的愿望是否强烈，影响着学前儿童对语言信息的获取，并影响其语言发展的速度与水平。通过专门的、有组织的、有计划的谈话活动，学前儿童能够集中注意力，产生谈话兴趣，培养谈话的积极性与主动性，逐渐养成谈话习惯，进而促进口语能力的发展。

（二）帮助学前儿童习得谈话的基本规则

语言的学习过程同时也是一个语言使用规则的习得过程，帮助学前儿童学习谈话，实际上是指导学前儿童按照社会交往过程中约定俗成的方式进行语言交流，使学前儿童在谈话活动中能够逐渐掌握谈话的基本规则。学前儿童学习谈话时，不仅需要掌握倾听、理解别人的谈话等能力，还需要懂得人际交往中的基本语言规则。

（三）帮助学前儿童树立通过交流获取信息的意识

在谈话活动中，学前儿童可以从谈话内容中获得许多他们原来不具备的知识。例如，在谈话活动"好吃的水果"中，学前儿童通过谈论认识更多种类的水果，掌握水果的特征，学习如何剥水果，如何进行水果加工，如榨汁、做水果沙拉等知识。更重要的是，学前儿童在此过程中逐步建立起一种意识，即通过交流获得自己原先没有的信息，谈话活动可以帮助学前儿童树立通过交流获取信息的意识。

（四）引导学前儿童关注周围生活

通过气氛热烈的谈话，学前儿童能够对谈话活动的内容加深了解，从而关注周围生活，建立积极的生活态度和感情。例如，在谈话活动"我的爸爸妈妈"中，学前儿童在谈论爸爸妈妈的过程中，逐渐增进对爸爸妈妈的多方面了解，这同时也激发了他们对家人的感恩之情和关爱之心，使他们愿意为家人、为周围的人付出努力和献出爱心。

（五）促进学前儿童建立良好的同伴关系

近年来，国内外教育界兴起"同伴教学"的潮流，这一教育理念认为学前儿童更容易从同伴那里得到各种信息和学习知识的方法。谈话活动强调同伴之间的交流，这样既能提高学前儿童的交流水平，也加强了学前儿童之间的互动，促进了同伴关系的发展。

✿ 实战训练

请同学们课后观看一两期学前儿童谈话类节目，如《潮童天下》，了解与学前儿童谈话的特点，记录你认为主持人好的谈话经验与技巧，并以小组的形式进行讨论分享。

第二节　学前儿童谈话活动的形式

引导案例

在讲完关于七色花的故事后，张老师问小朋友们："假如你也有一朵七色花，你会用它做什么呢？"课堂上的气氛一下子活跃起来，小朋友们纷纷说起自己的愿望："我要用它变出一个游乐园，这样我就可以自由自在地玩了。""我要用它变出一座城堡，非常漂亮的城堡。""我想要一架大飞机！""我想要一个机器人！"……

小朋友们充分发挥想象力，勇敢地表达自己的想法，张老师非常开心。同时，为了教他们遵守规则，张老师说道："我们轮流来讲，小朋友们也可以听听其他人的愿望，大家举手发言，一个一个来讲，你会用七色花做什么？你为什么想这样做？"……

这本就是一个开放性的话题，所以张老师没有限制小朋友们的想象力和创造力，让他们尽情发挥。甚至有个小朋友说想要一支火箭，它嗖的一声就能飞到幼儿园，张老师夸他的想法独特，还请其他小朋友表达自己的看法，增强同伴之间的交流与互动。

谈话活动的形式多种多样，讨论活动就是其中一种，一般以开放性的话题为主，让学前儿童自由发挥，尽情想象，在讨论中不断提高自己的逻辑思维能力和口语表达能力。除了讨论活动外，日常生活谈话和有计划的谈话活动也是谈话活动的重要形式，它们都有一个共同特点，即以对话的形式进行语言交往，通过提出问题与回答问题的方式来发展学前儿童的对话能力。

另外，辩论活动也是谈话活动的一种重要形式。

一、日常生活谈话

日常生活谈话是口语最简单的形式，是发展学前儿童口语的重要途径。谈话可以在任何情况下开始或结束，不受时间、空间、年龄和对象的限制。教师可以与一个或几个学前儿童谈话，而学前儿童可以随意参加或退出谈话。日常生活谈话比较随便，所以容易引导学前儿童参与。

（一）日常个别谈话

日常生活谈话中的个别谈话，其主要目的在于增强部分学前儿童的自信心，调动学前儿童参与活动的兴趣和积极性。在幼儿园一日生活的各个环节，如早晨来园、晨间活动、盥洗、游戏、活动过渡的间隙、离园等时间内，教师都可以与部分学前儿童就某个话题进行交谈。

日常个别谈话虽然在幼儿园各班都要举行，但谈话方法要符合学前儿童的年龄特点。

1. 小班儿童

刚入园的小班儿童，由于环境的变化，对周围的人和事及群体生活都感到陌生，容易产生不安情绪，甚至变得"沉默寡言"，这时教师可以通过以下方式促进与小班儿童的日常谈话。

（1）教师应善于把他们安置在自己周围，和他们亲近，以和蔼的态度跟他们交谈，使他们在感情上得到满足，对新的环境、教师、伙伴产生兴趣。

（2）教师要抓住时机，激发学前儿童的说话兴趣，使他们有话愿意说，有事愿意讲。

（3）小班集体活动较少，自由活动时间较多，教师应在一日生活的各个环节中多和学前儿童交谈。

2. 中、大班儿童

中、大班儿童的谈话积极性已明显提高，其谈话活动主要具有以下特点。

（1）他们不仅能主动与教师交谈，还能主动与同伴交谈。

（2）谈话的内容也比小班儿童广泛，但中班儿童仍应以谈论他们直接经历过的事情为主，大班儿童则可以在谈论自己经历过的事情的基础上，谈论他们没有直接看到的事情或参加的活动。

为了更好地发挥日常个别谈话的作用，教师要做到以下几点。

（1）多为学前儿童创造一些自由谈话的条件。在日常活动中，不要过多地限制学前儿童讲话，在除上课以外的时间，只要不是大声喧哗、吵闹，在不影响进餐和睡眠的情况下，允许学前儿童之间有更多的机会自由交谈。

（2）对谈话的内容要予以注意和引导。特别要注意和重视学前儿童之间的争论，因为争论在一定程度上对学前儿童的言语和思维有积极作用。学前儿童为了能让对方了解、认同或欣赏自己对某种事物的看法，他们都会想方设法以自己认为最清楚、最恰当的语言进行表述。如果表述能够引起双方的共鸣，他们就会围绕话题展开讨论。如果对方不同意自己的观点，他们也会在一番争论后或转移话题或转移谈话对象，而就在这一"提"一"辩"中，学前儿童要组织、连贯语句，从而发展自己的语言表达能力。因此，只有当争论变成争吵时，教师才应进行制止。

（3）对中、大班儿童谈话时的语言要求应逐步提高。教师不仅要启发学前儿童把学过的词用到自己的言语表达中，还要注意学前儿童所使用的句子是否完整，运用复合句时能否正确使用关联词或连接词。在谈话中还要提醒他们不应打断别人的谈话，有话要等别人讲完后再说。同时，还要要求学前儿童在与别人交谈时把谈话进行到底，不能未说完就离开。

（二）日常集体谈话

日常集体谈话具有以下特点。

（1）话题自由，可以同时有多个话题。

（2）形式活泼，可以是师幼间的谈话，也可以是同伴间的谈话或师幼与同伴间的讨论。

（3）遵循"自由参加"的原则，学前儿童可以参加谈话活动，也可以从事其他活动。

例如，餐后散步时，教师可以就园内花草树木或其他环境变化与学前儿童进行交谈和讨论，教师可以问："你们看看树叶有什么变化？""你们知道现在是什么季节吗？""这个季节还有哪些特征呢？"通过这样的日常集体谈话，教师既可以为学前儿童提供机会，锻炼他们的表达能力，又能培养学前儿童观察园内和周围环境变化的意识。

二、有计划的谈话活动

这类活动是教师制订一定的计划，依据事先确定的话题，有目的地组织学前儿童进行的谈话，一般在小班下学期开始开展。凡是学前儿童熟悉的，或者与他们的生活紧密相关的，都可以作为谈话的话题。这些话题可由教师拟定，在大班也可以由学前儿童参与拟定。

例如，可以拟定的话题如下。

- 我最喜欢的事物（人物、动物、玩具、图书、衣服等）。
- 我和周围的人（爸爸妈妈、爷爷奶奶、老师和幼儿园的小朋友）。
- 我和节日（儿童节、国庆节、教师节、春节等）。
- 我参加的一些活动（旅游、参观、表演等）。

这类活动是事先经过精心准备和计划的，教师在指导活动的过程中还要注意以下两点。

（1）努力创设良好的语言环境，鼓励每个学前儿童积极地发表自己的看法和见解。

（2）增加学前儿童言语交流的机会。在活动过程中，教师不仅要让学前儿童自己说，还要让他们积极地与同伴交谈，与教师交谈，在交谈中学习他人有用的经验，不断提高语言运用能力。

三、讨论活动

讨论活动是一种特殊的谈话活动形式，在话题形式、语言交往和教师的指导态度上具有开放性的特点。

（一）话题具有开放性

讨论活动的话题一般是开放性的问题，讨论涉及的事物应与学前儿童已有的知识经验相符，但对学前儿童来说又有一定难度。例如，讨论话题可以是"假如你是大人，你最想做的事是什么？""小鸟会飞，人为什么不会飞？"等，这些话题可以让学前儿童随意发挥想象力，而且没有固定的答案。

（二）言语交往开放

在讨论中，学前儿童可以就自己的观点与他人进行充分的语言交往。学前儿童既要清晰地向对方表达自己的看法，又要善于倾听他人的见解并进行分析、驳斥或接纳，从而使语言活动延续下去。语言交往可以是一对一，也可以是一对多。因为这种讨论活动对学前儿童的语言能力、思维能力有着较高的要求，一般在中班以后开展。

（三）教师的指导态度开放

与讨论话题相对应，教师对学前儿童提出的看法也应持开放的态度，对学前儿童的某些富有想象力和创造力的看法采取包容和接纳的态度，教师的指导重点应放在提高学前儿童的语言交往能力上。

四、辩论活动

在谈话过程中，有时学前儿童会就某个话题出现意见分歧，产生争论，教师可以据此组织他们进行辩论活动。幼儿园的辩论活动通常在大班进行，是在教师的组织引导下，学前儿童围绕一个中心话题，从正反两个方面阐述观点，并相互辩驳的口语对话活动。它与成人的辩论赛有所不同，其规则更简单，形式更灵活，可以是小组辩论，也可以是集体辩论。

首先，辩题应来源于生活。一个有趣的辩题能引起学前儿童热烈的讨论、争辩甚至辩论，更能引发学前儿童对身边事物的深入思考，例如，"晴天好还是雨天好""夏天好还是冬天好""做大人好还是做小孩好"等。

其次，无论选择什么辩题，教师都要在辩论前做好充分准备，在辩论中鼓励学前儿童大胆发表自己的观点，引导他们解释自己的观点，引发争论或辩论。只有这样，学前儿童才能积极地投入辩论中，才有机会说，并敢想、敢说。

再次，在活动前教师应提醒学前儿童在辩论过程中要做到遵守发言规则，仔细倾听别人的发言，理解别人所说的内容，从中获得有用的信息，以更好地进行辩论。

最后，教师作为活动的支持者、鼓励者和引导者，在进行总结时要围绕辩题，全面梳理、集中阐述双方的主要观点，鼓励学前儿童学会一分为二地看待问题，用乐观、积极的态度来面对和处理问题。

总之，辩论活动的意义并不仅在于区分谁赢谁输，更重要的是发展学前儿童的思维能力，拓展他们的经验与视野，培养他们的独立思考能力和语言表达能力。

⚙ 实战训练

请同学们评析下面大班儿童辩论活动"晴天好还是雨天好"的目标，指出其中存在的问题并做出相应的修改。

（1）学会安静地听同伴说话，不随意插话。

（2）尝试以辩论的形式进行交流，了解辩论的基本要求。

（3）能就晴天和雨天的话题发表自己的看法，养成专注倾听、大胆表达的习惯。

（4）培养合作、竞争和团队意识。

第三节　语言专题谈话活动

引导案例

刘老师是幼儿园中班的一名教师，为了萌发小朋友们关爱他人的情感，让他们感受母爱的伟大，知道妈妈很爱自己，学会表达对妈妈的爱，她组织了一次语言专题谈话活动。经过仔细研究，在母亲节来临之际，她策划了一次语言专访活动。

她首先提出问题："小朋友们，你们了解自己的妈妈吗？谁能告诉我你眼中的妈妈是什么样子？"，有的小朋友说"我妈妈最喜欢上班"，有的说"我妈妈最喜欢看书"……

然后，刘老师又依次提出问题："你希望妈妈做什么事？""你长大后想送妈妈什么礼物？""你最想对妈妈说什么？"刘老师给予每位小朋友表达的机会，大家都积极、主动地回答。

对每一个问题，小朋友们都认真地回答。在回答最想对妈妈说什么时，有的小朋友说："我不想妈妈太辛苦。"有的说："我想妈妈越来越漂亮。"有的说："我想妈妈永远年轻。"他们用简短、稚朴的语言表达着对妈妈的关怀与爱。

一、认识语言专题谈话活动

语言专题谈话活动是指定期围绕某个话题展开的语言活动，是学前儿童语言教育的重要形式。既然它是围绕某个话题展开的语言活动，那么要想成功进行下去，就必须有一个有趣的中心话题，而且要营造出轻松愉悦的谈话氛围。此外，还要有相对固定的活动时间和多种多样的活动形式。

由于各年龄段的学前儿童语言发展各不相同，即使是同一年龄段的学前儿童，也会因为生活背景、兴趣爱好、人际交往特点不同而存在巨大差异。因此，教师要有组织、有针对性地对不同年龄段的学前儿童因势利导，使学前儿童更加规范化和规律化地进行语言活动。语言专题谈话活动不仅能够丰富学前儿童一日生活的内容，还为学前儿童拓宽了学习语言的空间。

二、语言专题谈话活动的形式

语言专题谈话活动的形式多种多样，主要有以下几种形式。

（一）周末评议

教师可以固定选择周末的某一时间段，引导学前儿童围绕某一话题交流沟通，对某些事情进行评论和议论，如图 3-1 所示。活动可以由教师与学前儿童共同参与，也可以由教师引导学前儿童自主交流，使其在宽松、自由的谈话氛围中发展他们的对话语言。

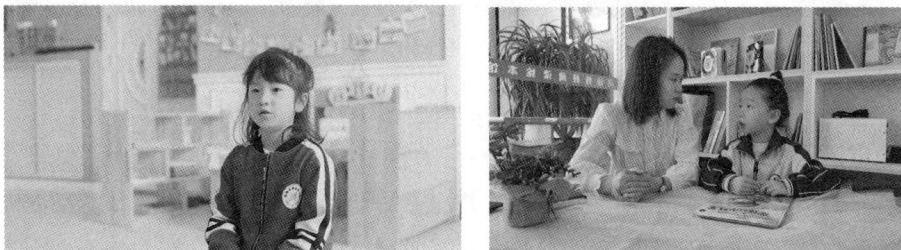

图 3-1　周末评议

在周末评议中，教师可引导学前儿童夸一夸自己做得好的地方，夸一夸同伴的优点或自己看到的美好事物。通过参加这种活动，学前儿童不仅能提高自己的口语表达能力，还能促进自身良好的社会性情感发展。

除了单纯地夸奖外，教师可引导学前儿童对自己一周以来的生活、学习和游戏等方面做出评价。为了使谈话主题不至于分散，教师可从本班的学习目标中选择一个作为评议的重点，让学前儿童围绕这个学习目标进行有针对性的评议。在学前儿童进行评议时，教师要注意引发学前儿童的讨论兴趣，发挥其主动性，让某个学前儿童先说，然后由大家来点评。

教师在指导学前儿童参与周末评议时，应遵循以下要求。

1. 根据不同年龄班的特点选择组织形式

一般来说，小班的评议活动由教师来引导，以谈话的方式进行，并且以集体评议为主。而到了中、大班，因为学前儿童参与活动的积极性提高，语言表达能力也显著提升，所以评议活动可以由学前儿童自己主持，以小组评议的方式来进行。当然，教师也要时刻注意观察，并在适当的时候参与进去，向有困难的学前儿童提供帮助，并注重引导活动进程，而且要在活动结束后做一个小结。

2. 逐步提高评议难度

随着学前儿童语言能力的发展，教师应该在组织评议活动时适当拓宽评议活动的范围，增加语言内容难度，增加表达句型和表达方式。如果教师不重视提高评议难度，学前儿童的语言学习可能一直在原地踏步，难以发展。

（二）专题调查与访问

教师和学前儿童一起讨论，然后构思一些有趣的活动主题，并为此做足准备。学前儿童可以分成若干小组，以小记者的身份进行采访，最后相互交流。这样的活动可以使学前儿童获得大量实时信息，刺激他们的谈话欲望，同时促使他们分享经验、相互学习，使他们的主动性和创造性得到充分发展。图 3-2 所示为学前儿童进行专题调查与访问。

图 3-2　学前儿童进行专题调查与访问

教师在指导学前儿童进行专题调查与访问时，需要注意以下几点。

1. 确定活动主题

教师在指导学前儿童确定活动主题时，要注意活动主题应契合班级教育活动的内容，并且要贴近学前儿童的生活，其访问对象必须是学前儿童很熟悉且容易看到和接近的人和事。另外，活动主题的范围不能太大，以避免活动主题不具备可操作性。

2. 拟好采访提纲

为了防止学前儿童在采访时"脱离轨道"，教师需要在学前儿童采访前使其明确采访的目的，强调其采访时需要关注的主要问题，即拟好采访提纲。

3. 协助学前儿童做好记录

由于学前儿童的书写能力有限，所以家长或教师需要在一旁协助做好采访记录，这样一来，学前儿童可以在家长或教师的协助下顺利完成整个活动，从而锻炼自己的口语表达能力，学会一些语言沟通技巧。

（三）讲故事

教师要时常引导学前儿童讲一些幽默故事，这样不仅可以减轻学前儿童说话的压力，还可以培养其幽默感。在轻松幽默的氛围中，学前儿童能更好地理解语言的含义，感受语言的奥妙，把握语言的精髓，分享表演的快乐。图 3-3 所示为学前儿童讲故事活动。

图 3-3　学前儿童讲故事活动

当然，小班儿童的语言表达能力还不完善，他们更喜欢听。当他们的生活经验越来越多、理解水平越来越高时，他们不仅可以听懂幽默故事，还能学讲笑话、编新故事。因此，教师应根据本班儿童的实际情况定期开展专题活动。

除了讲故事外，教师还可以借助现代媒体手段组织学前儿童参与听相声，学说相声，看小品，进行滑稽表演，编打油诗、童谣、顺口溜等活动。

教师在指导学前儿童讲幽默故事时，需要注意以下两点。

1. 教师平时要多听多看

教师要注意在日常生活中收集幼儿相声、幼儿小品、幼儿笑话等素材，并经常讲给学前儿童听，还可以借助现代媒体手段多让学前儿童观看健康的文娱节目。同时，教师还要注意收集生活中发生的趣事，以此来丰富活动素材。

2. 鼓励学前儿童自由学说

讲幽默故事主要是由学前儿童一边表演一边学说，因此教师不能随便限制学前儿童的题材，更不能打岔。学前儿童讲幽默故事的方式比较自主，气氛活跃，教师可在恰当的时候参与进来，与学前儿童同乐，这样更能提高学前儿童参与活动的积极性。

除了以上几种语言专题谈话活动以外，教师还可以在日常生活中组织以语言交流训练为主的综合式语言专题谈话活动，如表 3-1 所示。

表 3-1　综合式语言专题谈话活动

活动类型	活动内容
画一画，说一说	将学前儿童说话与绘画活动有效结合
玩一玩，说一说	将学前儿童说话与他们喜爱的玩具有效结合
看一看，说一说	将学前儿童说话与观察、读书、看动画片有效结合
演一演，说一说	设置表演角，让学前儿童主动扮演角色，边演边说

（四）学做广告

大多数学前儿童对电视广告很感兴趣，不仅喜欢看广告表演、喜欢说广告词，还喜欢对广告中的动作进行模仿。组织"学做广告"活动，就是为了给学前儿童提供一个学、说、演的机会，这样既可以锻炼学前儿童说话的胆量，也可以锻炼其语言组织能力。

学做广告的主要活动内容包括学说广告词、模仿广告表演、谈论熟悉的广告、编广告词等。教师在指导学前儿童进行学做广告活动时，应遵循以下 3 点要求。

1. 鼓励学前儿童大胆模仿

广告语言不仅精练程度高，通俗易懂，且具有极强的表演性。学前儿童在刚开始学说广告语言时会有一定的难度，但模仿学习很有必要。教师应该鼓励学前儿童积极学说广告语言，不用在意说得准不准确，甚至可以自由发挥，创编广告词。

2. 注重观察和积累

除了临时从电视、网络、图书或报刊上查找广告词外，教师还可以引导学前儿童在实际生活中注意观察，留心积累最新的广告语言。要想使这类活动开展得丰富有趣，关键是培养学前儿童多观察、多积累的好习惯。

3. 形式不拘一格

在学做广告活动中，教师可以组织学前儿童开展集体谈话，也可以让学前儿童自由结伴分组讨论，或者以广告接龙、即兴表演等形式开展活动。

三、语言专题谈话活动案例

大班国庆专题访问：祖国知识知多少

活动目标

1. 通过访问，使学前儿童知道祖国的全称、祖国的首都、我们的国旗等知识。
2. 使学前儿童学知道祖国很大，有灿烂的文化，激发他们的爱国之情。

活动过程

1. 国庆节来临之际，教师引导学前儿童对"祖国知识知多少"产生访问的兴趣。
2. 通过教师的引导，学前儿童拟定采访对象和采访内容。采访内容包括祖国的全称是什么、祖国的首都在哪里、我们的国旗是什么、新中国的生日是哪一天等，如表 3-2 所示。

表 3-2 "祖国知识知多少"专题访问

采访人	刘依依	采访时间		2023 年 9 月 24 日
采访内容		采访对象		
祖国的全称是什么				
祖国的首都在哪里				
我们的国旗是什么				
新中国的生日是哪一天				
祖国的面积是多少				
祖国有多少个民族				
国庆节假期的计划				

3. 教师或家长陪同，协助学前儿童一起完成采访活动。
4. 采访结束，学前儿童相互交流采访经验与结果。

第四节　学前儿童谈话活动设计与组织

引导案例

为了提高幼儿的谈话技能，罗老师特意组织了一次谈话活动——"我爱吃的水果"，要求每位幼儿带一个自己喜欢吃的水果。罗老师自己也准备了爱吃的水果，并切成小块，上面插有牙签。

课堂上，罗老师将切好的水果分给幼儿品尝，每人一小块，并问大家："水果好吃吗？你们都喜欢吃什么水果？"幼儿回答后，罗老师让幼儿将自己的水果拿出来，然后与身边的幼儿自由讨论："你带来的水果是什么颜色的？它是什么形状的？它有什么味道？它的口感怎么样？"

罗老师也参与了幼儿的谈话过程，她不仅是参与者，还是指导者，提醒幼儿认真倾听别人讲话，引导他们拓展话题，还对讲得好的幼儿给予表扬，对不善于表达的幼儿给予鼓励。

最后，罗老师向幼儿们提出了新的话题："你还吃过哪些水果？吃水果有什么好处？"在活动结束前，罗老师对这次谈话活动进行了总结，使幼儿懂得吃水果对身体好的道理。

学前儿童谈话活动的设计与组织有其特有的规律，谈话活动的目标、对象以及活动方式的独特性，在活动设计与实施的过程中得到充分的反映，并且教师只有依据一定的结构序列去设计与组织谈话活动，才能取得良好的语言教育效果。学前儿童谈话活动的设计与组织以发展学前儿童的口头语言能力为主要目的。

一、明确谈话活动的目标

明确语言教育活动目标，是语言教育活动设计中最重要的一环，目标恰当与否对整个活动设计有着决定性的影响。在某一具体的语言教育活动中，要达到的目标一般由教师自己制定，具体目标与总目标、年龄段目标在方向上应是一致的。

（一）总目标

谈话活动着重培养学前儿童运用口头语言与他人交往的意识、情感和能力。谈话活动的总目标包括情感态度、认知和能力 3 个方面，如图 3-4 所示。

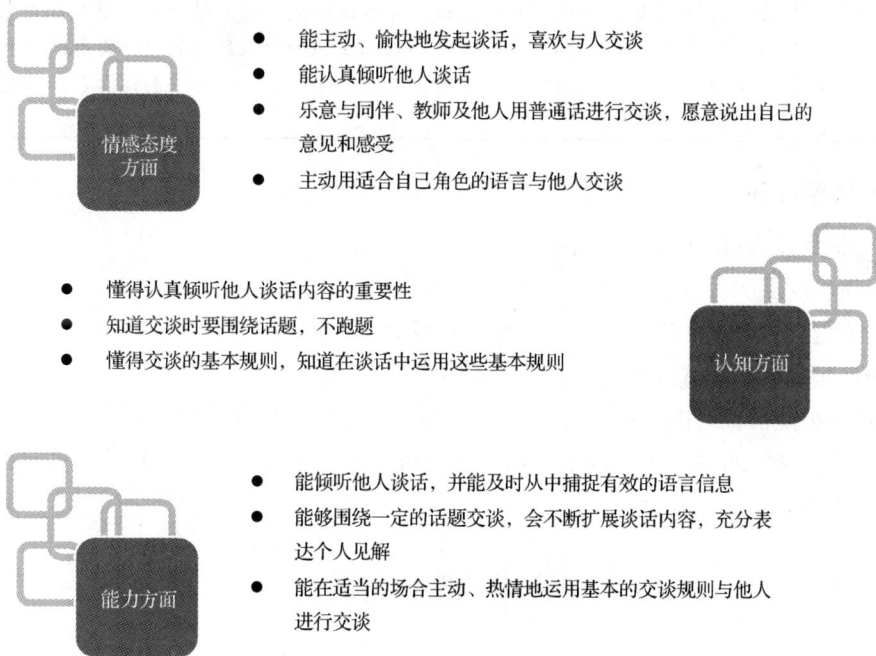

情感态度方面
- 能主动、愉快地发起谈话，喜欢与人交谈
- 能认真倾听他人谈话
- 乐意与同伴、教师及他人用普通话进行交谈，愿意说出自己的意见和感受
- 主动用适合自己角色的语言与他人交谈

认知方面
- 懂得认真倾听他人谈话内容的重要性
- 知道交谈时要围绕话题，不跑题
- 懂得交谈的基本规则，知道在谈话中运用这些基本规则

能力方面
- 能倾听他人谈话，并能及时从中捕捉有效的语言信息
- 能够围绕一定的话题交谈，会不断扩展谈话内容，充分表达个人见解
- 能在适当的场合主动、热情地运用基本的交谈规则与他人进行交谈

图 3-4　谈话活动的总目标

（二）年龄段目标

年龄段目标对学前儿童语言发展提出了具体的要求和方向，与语言学科知识相融合，对学前儿童掌握知识、获得能力提出了一定的要求。谈话活动的年龄段目标就是期望通过这个阶段的学前儿童的整合学习，使他们在谈话方面达到一定的水平。

不同年龄段学前儿童谈话活动的目标如表 3-3 所示。

表 3-3 不同年龄段学前儿童谈话活动的目标

年龄段	目标
小班儿童 （3～4 岁）	① 学会安静地听同伴说话，不随便插嘴； ② 喜欢与同伴交谈，愿意在集体面前讲话； ③ 能听懂并愿意说普通话； ④ 在教师的引导下，学习围绕主题谈话，能用短句表达自己的意思； ⑤ 初步学习常见的交往语言和礼貌用语
中班儿童 （4～5 岁）	① 能集中注意力，耐心地倾听别人谈话，不打断别人的话； ② 乐意与同伴交流，能大方地在集体面前说话； ③ 能说普通话，能比较连贯地表达自己的意思； ④ 学会围绕特定的话题谈话，不跑题； ⑤ 学会用轮流的方式谈话，不抢着讲话，不乱插嘴； ⑥ 学习各种交往词语的内容和用途，能积极、愉快地运用交往词语与别人交谈； ⑦ 学习用不同的说话方式与不同的人交谈，能积极地学习他人的谈话经验
大班儿童 （5～6 岁）	① 能主动、积极、专注地倾听别人谈话，迅速地掌握别人谈话的主要内容，并从中获取有用的信息； ② 能根据不同的语境用不同的音高、音量、语句与别人交谈或讨论； ③ 能主动地用普通话与同伴交流，态度自然大方； ④ 能就某个话题主动地与别人交谈，并能比较完整地表达自己的看法和见解； ⑤ 能在交谈中对自己的看法进行补充或修改，或对他人的意见提出疑问和批评； ⑥ 熟悉各种交往词语的内容、类别、用途，能用恰当的语言表达自己的情感，并与同伴分享自己的感受

（三）具体目标

教师在制定具体目标时，需考虑以下 3 个关键问题：

- 如何将高层次目标准确地转化为低层次目标；
- 如何把握各个层次教育目标的内涵及相互之间的关系；
- 如何根据目标来选择相应的教育内容和方法，确保目标的实现。

教师只有把握目标与内容的密切关系，结合总目标与年龄段目标的内容，考虑本班学前儿童的实际语言交流水平，才能制定出恰当、准确、全面、具体的活动目标。谈话活动具体目标的拟定步骤如图 3-5 所示。

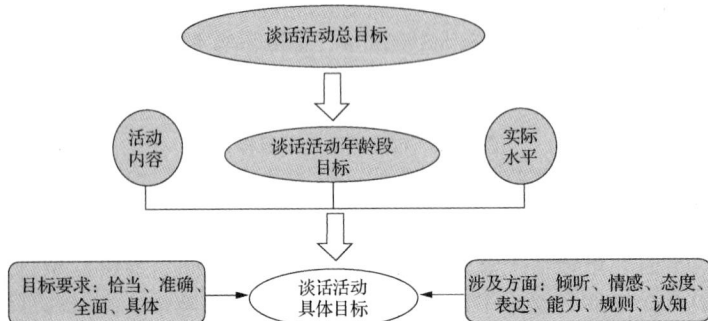

图 3-5 谈话活动具体目标的拟定步骤

教师在制定活动目标时，需要注意以下事项。

1. 活动目标要符合学前儿童语言教育总目标的要求

活动目标应在《纲要》和《指南》的指导下，既要考虑学前教育的总体要求，又要考虑幼儿园语言教育的总目标，结合学前儿童倾听与表达能力的发展、学前儿童身心发展的特点以及谈话活动的特征，围绕情感态度目标、认知目标和能力目标3个维度来制定。

2. 活动目标要符合学前儿童的年龄段特点

谈话活动的年龄段目标是总目标在各年龄段的具体体现，也就是幼儿园对各年龄班学前儿童语言发展提出的具体要求。教师在活动目标制定过程中，要结合活动内容及本班学前儿童的语言发展水平，把年龄段目标分解、细化到每一次具体活动中。

3. 活动目标应具有可操作性，避免过于笼统、概括和抽象

学前儿童谈话活动的目标要具体、明确、具有可操作性，能指导、调控教师的教学过程。例如，大班谈话活动"五一假期"的目标有："学会耐心倾听他人谈话，能清楚地同他人交谈自己五一期间去过的地方及其特色""愿意与同伴、教师交流，乐意说出自己的收获和感受"。目标具体明确，便于操作。

比较标准的活动目标案例：中班谈话活动"我的家人"，其目标如下。

（1）锻炼学前儿童的胆量，使他们敢于表达，学会倾听。

（2）进一步促进学前儿童语言的发展，使他们感受家的温暖。

（3）通过视听讲结合的活动方式，发展学前儿童连贯表述的能力。

（4）让学前儿童尝试叙述故事，发展其语言能力。

（5）激发学前儿童的表达欲望，引导他们清楚明白地表达自己的想法。

又如，小班谈话活动"好吃的水果"，其目标如下。

（1）认识常见的水果，知道水果的名称。

（2）通过感官感知水果的特征，能够进行简单的描述。

（3）能在集体面前大胆表达自己的想法。

问题活动目标案例：小班谈话活动"不怕冷的人"，其目标如下。

（1）让学前儿童知道哪些人不怕冷。

（2）在谈话活动中发展语言表达能力。

（3）乐于参与谈话活动。

目标评析：本次活动的目标表述都不恰当。首先，目标的主体不一致，目标的主体要统一，最好以学前儿童为主体。其次，目标2和目标3的表述过于宽泛，它们属于谈话活动的总目标，指向不明确，针对性不强，缺乏与本次活动的话题的联系，以长期目标代替了具体目标，这显然是不合适的。

可以修改为以下目标。

（1）懂得安静地倾听别人谈话，不打断别人说话。

（2）能够围绕"不怕冷的人"进行交谈，能用简短的句子谈论哪些人不怕冷，可以在寒冷的环境中工作。

（3）发现并感激在寒冷环境中辛勤劳动的人，萌发对他们的崇敬之情，愿意向他们学习。

―――― ⚙ 实战训练 ――――

　　请同学们评析下面大班儿童辩论活动"晴天好还是雨天好"的目标，指出其中存在的问题并做出相应的修改。

（1）学会安静地听同伴说话，不随意插话。

（2）尝试以辩论的形式进行交流，了解辩论的基本要求。

（3）能就晴天和雨天的话题发表自己的看法，养成专注倾听、大胆表达的习惯。

（4）培养合作、竞争和团队意识。

二、选择谈话活动的内容

　　谈话活动内容的选择是实现教育目标的重要组成部分，也是活动设计和活动组织的主要依据。因此，谈话活动内容的选择是一个完美的语言教育活动设计的核心。活动内容既包含有形的教材，又包含无形的各种内容。

　　谈话活动内容的选择可以从以下几个方面来考虑。

（一）学前儿童感兴趣的、熟悉的话题

　　学前儿童谈话的内容应是学前儿童生活经验范围内的，源于他们在参观、观察、游戏中获得的知识经验。因此，知识经验越多，谈话的内容越丰富。相反，如果学前儿童对某个地方或某种事物只观察了一次，所获得的相关印象只是初步的，学前儿童就谈不出什么。只有当学前儿童对某种事物或某种现象进行了多次观察，从不同的角度进行比较细致的了解后，再参与谈话，他们才有条件谈得完整、丰富。

（二）能运用创造性语言组织的话题

　　教师可以选择与某些领域相互联系的、有一定的新鲜感和能运用创造性语言组织的话题。新颖的并能使用较丰富的语言去架构的生活内容，如"沙尘暴""奇特的汽车""不一样的我"等，也可以让学前儿童产生交流的愿望。

（三）以前交谈过的，学前儿童仍有极大兴趣的话题

　　教师还可以选择以前交谈过的，学前儿童仍有极大兴趣的话题。有一些话题是学前儿童百谈不厌的，因为这些话题可以不断满足学前儿童想象和创造的需求，教师选择这样的谈话内容可以让学前儿童获得更多不同的交谈经验。

―――― ⚙ 实战训练 ――――

　　请同学们自由分组，4 人一组，确定一个活动的主题，如"我最喜欢的玩具""我的假期""我的妈妈""春天来了"等。每人分别围绕主题设计出谈话活动的目标和内容，思考如何将友善、尊重、互助等理念自然融入谈话中，然后在组内分享、交流并修改，最后整理出一份完整的活动目标和活动内容，交由老师评析。

三、做好谈话活动的准备

为了提高学前儿童谈话活动的效果，确保谈话活动顺利进行，对于活动前的准备工作教师应考虑周全，这样才能使活动按计划有序地进行，最终达成活动目标。

谈话活动的准备工作主要包括物质准备、经验准备与环境准备。

（一）物质准备

实施谈话活动前，教师要准备好谈话活动所需的物质材料，通过提供充足的适宜的物质材料，调动学前儿童参与活动的兴趣和已有的生活经验，使其在与教师、同伴、环境和材料的相互作用中愉快地发展语言。

谈话活动所需的物质材料多种多样，可以是多媒体课件（PPT、视频、音频、图片等）、实物、玩具等，这些物质材料可以由教师制作（见图3-6），也可以通过购买或由学前儿童制作（如幼儿绘画、全家福、旅游视频等）。例如，针对中班谈话活动"我喜欢的季节"，教师撰写的物质准备是：四季的图片若干，四季的景色、动植物的变化与人们在不同季节的活动的PPT，等等。

图3-6 教师制作的一些物质材料

（二）经验准备

经验准备主要包括两个方面，一方面是教师需具备的知识经验，另一方面是学前儿童围绕谈话话题应具备的知识经验。

1. 教师需具备的知识经验

教师在开展每一个具体的谈话活动前，只有了解相关的知识，才能深入浅出地指导学前儿童。当学前儿童提出问题时，教师又要能因势利导，给予适当的帮助。因此，教师除了平时积累知识外，在开展谈话活动之前围绕话题查阅相关文献，广泛了解相关知识经验是非常必要的。

2. 学前儿童围绕谈话话题应具备的知识经验

如果学前儿童缺乏谈话话题方面的知识经验，这就会导致他们在谈话活动中无话可说，不能积极地参与谈话。因此，教师在组织学前儿童围绕中心话题进行交谈前，应组织学前儿童观察、参观、与教师或家长一起查阅资料等，以储备谈话活动中所需的知识信息。

例如，开展谈话活动"春天来了"前，教师可以带学前儿童到田野、草地、小河边感受春天，帮助他们储备生活经验，如图3-7所示。

图 3-7　开展谈话活动前教师组织学前儿童春游以储备生活经验

（三）环境准备

环境准备是教师通过对活动场地的精心布置来营造学前儿童谈话活动的积极氛围。例如，在进行谈话活动"有用的大树"前，教师用大树的图片、大树的叶子及果实等直观材料布置主题墙（见图 3-8），为学前儿童创设与大树相关的直观情境，调动学前儿童参与谈话活动的主动性与积极性。

图 3-8　大树主题墙

活动准备撰写案例：大班谈话活动"有用的大树"，其活动准备如下。

（1）物质准备

不同种类的大树和森林的课件和图片；几种不同种类的大树的树皮、树枝、树叶与果实。

（2）经验准备

学前儿童与家长一起去植物园观察各种树木，并查阅有关树的资料，丰富有关树的知识。

（3）环境准备

用大树的图片、叶子及果实等直观材料布置主题墙。

⚙ **实战训练**

请同学们自由分组，4 人一组，为中班谈话活动"好吃的糖果"准备教学材料，思考教学材料包括哪几类，并进行认真准备，然后在小组内模拟怎么利用这些材料开展教学活动，在组内讨论如何利用教学材料激发学前儿童的学习兴趣，从而提高教学效果。

四、设计、组织活动流程

有计划的谈话活动，一般都是按一定的步骤进行。学前儿童谈话活动有其规律与固定的流程，掌握整个谈话活动流程的设计与组织是教师的基本职业技能之一。

（一）创设谈话情境，引出谈话话题

这是谈话活动的第一步，其目的在于引出谈话和谈话话题，使学前儿童在活动之初就能被吸引，从而做好谈话的准备。教师可以运用语言、实物、图片、视频或游戏等形式创设适当的谈话情境，从而引发学前儿童对本次谈话话题的兴趣，做好谈话的准备。

要创设适当的、良好的谈话情境，打开谈话的思路，教师应做到以下两点。

1. 营造宽松自由的谈话氛围

这是针对开展谈话活动的精神环境而提出的。如果教师在活动开始时非常严肃或大声地斥责学前儿童，那么整个活动室里都会弥漫着紧张不安的气氛，这时话题再有趣，也很难调动学前儿童参与活动的积极性与主动性。

因此，在活动开始时，教师就要注意营造轻松的氛围，以温和的态度、柔和的语气，向学前儿童提出与谈话活动有关的问题或者教他们做游戏，以稳定他们的情绪，激发他们的兴趣，将他们的注意力吸引到谈话活动中来。

2. 围绕主题创设趣味性的谈话情境

常见的谈话情境的创设方式主要有以下 3 种。

（1）用实物教具创设谈话情境。教师通过图片、PPT、墙饰、玩具、视频、音频等各种不同的元素，向学前儿童提供与话题有关的可视听现象，引起学前儿童谈话的兴趣并打开他们的思路。例如，在中班谈话活动"谈谈动画片中的人物"中，教师可以播放动画片《喜羊羊和灰太狼》，将学前儿童的注意力集中到动画片上。

（2）用语言创设谈话情境。教师通过自己说一段话、提一些问题来唤起学前儿童的记忆，调动他们说出自己的经验，以便适时地切入话题。例如，播放动画片片段后，教师可以提出问题："这部动画片叫什么名字？这部动画片里有哪些人物呢？""你还看过哪些动画片呢？"

（3）用游戏或表演的形式创设谈话情境。通过开展一些游戏或表演活动来提供一些与谈话内容有关的情境，引起学前儿童表述的愿望。运用这些形式创设谈话情境，很容易调动学前儿童的积极性，引发他们对所谈内容的回忆，为下一步骤的进行奠定良好的基础。

此部分是活动的导入部分，教师在撰写时要注意简明扼要、直接明了，设计的内容要与话题紧密联系，能够调动学前儿童的兴趣和经验，还要注意此部分应与接下来的部分自然衔接，使活动顺利过渡到下一环节。

（二）围绕简单的话题自由交谈

提出话题后，教师要给予学前儿童自由交谈的机会，目的在于调动学前儿童有关谈话话题的知识储备，运用已有的经验交流个人见解。这一步骤的内容是与活动目标相对应的，但并非本次活动的重难点部分，因此无须详写。在自由交谈前，教师应注意交代清楚交谈的基本要求与学前儿童的活动形式。

例如，在中班谈话活动"谈谈动画片中的人物"中，教师要求学前儿童围绕看过的动画片的名称、人物、情节进行自由交谈，和自己喜爱的同伴说说自己看过哪些动画片，说清楚它们的名称、动画片里有哪些人物、哪些情节很有趣。学前儿童可以自由分组，自由交谈。

教师在组织这一步骤的活动时，基本做法如下。

1. 放手让学前儿童实现自由交谈

教师可以组织学前儿童一对一自由交谈，也可以几人组成小组进行交谈，他们可以表达任何与话题有关的想法与见解。此时，只要学前儿童的谈话围绕话题进行，教师就不需要做示范，不用给他们任何提示与指导，而是让他们充分运用已有谈话经验说出自己想说的话。

2. 鼓励每位学前儿童都参与谈话，形成双向或多向交流

教师允许学前儿童选择自己喜欢的交谈对象进行一对一交谈，也鼓励他们自由结合成小组进行交流，这样更有利于发挥每位学前儿童的积极性，使他们有更多的机会进行表达，和更多的交谈对象进行交流，也能保证谈话的气氛更加宽松、融洽。

3. 适当增加学前儿童亲身实践的机会

口头交谈虽是谈话活动的基本方式，但教师可以根据学前儿童的特点，在活动中适当增加一些其他方式，为学前儿童创造亲身实践的机会，这样既有助于他们积累经验，也更有利于引起他们的兴趣，增强其说话的积极性。

例如，在谈话活动"我喜欢的水果"中，教师在此环节让学前儿童通过感官来进一步了解水果，如看、摸、闻、尝，以增强他们的体验感，加深他们的记忆。

4. 注意学前儿童语言发展的个体差异

自由交谈虽然给了学前儿童开口说话的机会，但由于每位学前儿童的语言发展水平存在差异，有些语言能力较差的学前儿童可能得不到很好的锻炼，他们常常光听不说。因此，教师在坚持"自由选择交谈对象"原则时，要有意识地指导语言能力较差的学前儿童与语言能力较强的学前儿童组成一组，让他们互相促进、互相影响。此外，对语言能力较差的学前儿童，教师要给予他们更多的鼓励与支持，以增强他们的自信心。

5. 注意自身职责与任务的完成情况

当学前儿童进入自由交谈时，教师不能袖手旁观，或者去做与谈话无关的事情。在此阶段，教师必须在场，可以作为参与者、倾听者、观察者随时指导活动。

教师可以作为观察者，观察、倾听各组学前儿童的谈话，到每一组中巡视学前儿童的谈话情况，并用微笑、点头、拍手等体态语言给予他们鼓励，也可以用提示、凝视、抚肩等动作暗示那些未能很好进入谈话状态的学前儿童。

教师通过观察并记录学前儿童的谈话情况，可以简单地发表个人见解，或者用自己的语言对各组的谈话情况做出反馈；通过了解他们运用原有谈话经验进行交谈的现状，明确学前儿童语言能力的差异，为下一步的指导做好准备。

（三）围绕中心话题拓展交谈内容

在学前儿童运用已有的知识经验充分地交谈后，教师要适时地将学前儿童集中起来，以提问、追问或隐性示范等启发性方式帮助学前儿童学习新的谈话技能和谈话规则，掌握正确的谈话思路和方法。

教师在设计撰写本步骤的内容时应注意4点。第一，此步骤是谈话活动的重点内容和核心部分，因此应详写、分层次撰写。第二，应将对中心话题的拓展通过层次逐步体现出来。教师在设计时应细心体会，精心总结。

例如，在谈话活动"我的妈妈"中，经过自由交谈阶段，学前儿童对妈妈的外形、职业、兴趣爱好等都进行了描述，接下来如何拓展中心话题就需要教师的引导，如对妈妈的情感态度是什么样的、为什么会有这种感受、与妈妈经历了哪些事情等，教师通过提问的方式拓展学前儿童的思路，唤起他们更多的回忆和内心体验，在此基础上帮助他们学习新的交谈技能。

第三，此部分的内容一定要与活动目标相吻合，尤其是总目标，即帮助学前儿童学会运用语言进行交谈的基本规则，提高语言交往水平。第四，教师应结合在上一步骤中的观察和了解，做到预设与生成相结合。

例如，在中班谈话活动"谈谈动画片中的人物"中，教师引导学前儿童围绕重难点话题逐步拓展交谈内容。

（1）集体谈论动画片。请几位在自由交谈中讲得比较好的学前儿童在集体面前谈论。教师可适当帮助他们补充、整理谈话内容，引出对动画片中大段情节的表述。

（2）通过提问逐步拓展谈话范围。教师提问："在你们看过的动画片中，哪些人物是善良、聪明的？哪些人物是凶恶、狡猾的？还有哪些人物是滑稽、有趣的？为什么？"

（3）拓展谈话范围时，引导学前儿童掌握并运用"轮流"的谈话规则进行交谈。

在组织学前儿童拓展交谈内容时，教师应注意考虑以下几点。

1. 正确地看待对谈话技能、态度和规则的学习

谈话技能、态度和规则是需要经过一段时间才能逐渐习得的。经过一次活动就让学前儿童掌握某项谈话技能，对他们来说比较勉强，而且学前儿童有着明显的个体差异。教师在引导学前儿童学习新的谈话技能时，不要有急于求成、立竿见影的思想。教师应清醒地意识到，每一次谈话活动向学前儿童提供的新的谈话经验的侧重点都有所不同；在不同的班级采用同样的话题应有不同的要求；在同一个班级的同一次谈话活动中，也应根据学前儿童的个体差异提出不同的要求。

2. 教师隐性示范新的谈话经验

在通过逐层深入拓展学前儿童谈话内容的基础上，教师可以通过隐性示范向学前儿童提供谈话范例，帮助其获得新的谈话经验，使学前儿童的谈话水平进一步提高。教师的示范可以给学前儿童提供模仿的样板，教师说话的内容和方式直接关系到学前儿童对新的谈话经验的学习。因此，教师要特别注意思考自己"说什么"和"怎么说"。

3. 鼓励学前儿童提出问题并选取有价值的问题进行交流与拓展

在此步骤中，教师也可以将课堂生成的一些话题作为活动内容，将预设和生成有机地结合起来，鼓励学前儿童提出问题，把握学前儿童的需要和兴趣点，选取学前儿童提出的有价值的问题，将其作为拓展话题之一。

例如，在中班谈话活动"我喜欢的动物"中，有学前儿童提出："我很喜欢动物，也喜欢养动物，可是动物常常被我养死，我很难过，我真的怕它们死，可是又想养，该怎么办？"其他学前儿童也纷纷表达了类似的经历与情感，教师根据此情况，临时拓展了一个新的谈话话题——"喜欢的动物该不该养在身边？动物如果会说话，会对我们说什么呢？"

（四）活动延伸

为了保持教学活动的完整性、连贯性，更好地保证学前儿童学习的效果，活动延伸部分的设计必不可少。教师不仅要设计延伸活动，还要关注在教学活动过程中学前儿童提出的问题和活动中出现的问题，这些问题可能是延伸活动最好的内容。延伸活动可以说是对谈话活动的巩固和拓展，它是帮助学前儿童将学到的新谈话经验迁移到日常活动中的重要方法。

教师设计的活动延伸应切实可行，它可以将本次活动延伸到其他教学领域或下一个教学活动，使半日活动或者一日活动成为一个有机联系的整体；也可以延伸到区域活动中去，使区域活动成为教学活动的自然延伸；还可以延伸到家庭和社会活动中，真正实现幼儿园与家庭、社会的密切配合。

例如，大班谈话活动"谈谈动画片里的人物"，其活动延伸如下。

第一，画一画动画片里的人物。

第二，和小区里的小伙伴谈谈动画片里的人物。

第三，在班级表演区扮演动画片里不同的人物，与小伙伴进行合作表演。

第四，和爸爸妈妈一起绘图，将看过的动画片里的人物进行分类。

⚙ 实战训练

（1）请同学们分别与2~3名幼儿进行交谈，要求事先拟定好谈话话题，如"长大后的理想"等，并做好谈话计划，要求每次与幼儿交谈5分钟以上，并撰写谈话记录与反思。

（2）请同学们自由分组，以小组为单位，去附近幼儿园对教师组织的学前儿童集体谈话活动进行调研，将谈话内容、谈话方法、谈话效果等调研结果及建议措施整理出来。

五、客观评析谈话活动

在谈话活动的最后，教师需要对此次谈话活动做总结评析。谈话活动评析就是以谈话活动为对象，收集教育活动过程中的各种信息，然后根据客观标准对谈话活动及其效果做出客观的分析和科学的判断，从而改进活动，不断提高活动效率的过程。

谈话活动评析内容主要包括两个方面，一方面是对学前儿童的评析，另一方面是对教师自身的评析。

（一）对学前儿童主体性发挥及其谈话经验与能力发展的评析

实现谈话活动目标的首要条件是学前儿童积极参与到谈话中，所以谈话活动评析首先应是对学前儿童的评析，从而反映出教师组织本次活动的成效。

评析的第一项是教师是否关注学前儿童参与谈话活动的情况；是否每位学前儿童都参与，学前儿童是否都愿意并喜欢参与，是否积极主动地参与，是否有自己的思想看法，是否有表达自己观点的欲望，是否积极发言。

评析的第二项是评析本次活动的目标是否实现，具体包括学前儿童的谈话经验是否丰富、能力是否提高等。

（二）对教师自身在谈话活动中素质体现的评析

在谈话活动中，对教师的评析主要包括：对教师言语素养的评价；对教师在谈话过程中是否发挥了隐性示范作用的评价；对教师创设情境的能力的评价；对教师设计、组织活动的水平的评价，如谈话活动主题是否明确、活动目标是否合理、活动内容是否符合学前儿童的实际状况、活动形式是否灵活多样、活动方法是否有效、活动过程是否有序、师幼互动是否良好等。

教师在评析学前儿童谈话活动时，需注意以下事项：首先，要从谈话活动的特点出发进行评析；其次，要注意学前儿童的参与情况，以及学前儿童在整个谈话过程中的表现；再次，要借鉴游戏的特点，营造轻松快乐的谈话氛围；最后，要关注谈话活动与其他活动的整合。

六、学前儿童谈话活动案例

大班谈话活动："我乘坐过的交通工具"

活动目标

1. 乐于参与集体交谈活动，感受交谈带来的乐趣。
2. 围绕话题进行交谈，学习借助修补的方法延续谈话，增强对谈话规则的敏感性。
3. 了解更多的交通工具及乘坐它们的感受，进一步增进对交通工具的认识。

活动准备

1. 经验准备：学前儿童认识多种交通工具，并自带乘坐交通工具或在交通工具前的照片。
2. 物质准备：自行车、电动车、摩托车、汽车、公交车、火车、轮船、飞机等常见交通工具的模型。

活动过程

1. 观看模型，萌发交谈兴趣。

（1）教师出示自行车、电动车、摩托车、汽车、公交车、火车、轮船、飞机等常见交通工具的模型，学前儿童欣赏，进入谈话话题。

教师提问："老师给大家带来了许多有趣的图片，看看图片中有什么？"

教师小结："这些图片中的物体有一个好听的名字，叫交通工具。"

（2）教师提问："小朋友们，你们见过这些交通工具吗？乘坐过吗？乘坐它们时有什么感觉？"

2. 观看照片，围绕话题自由交谈。

（1）教师提出话题："请和好朋友说一说'我乘坐过的交通工具'，要告诉好朋友你乘坐过的交通工具是什么，它在哪里行驶，它是什么样的，可以载多少人，你坐上去有什么感觉。"

（2）学前儿童找到自己的好朋友，看着照片，回忆自己乘坐过的交通工具，自由交谈。

（3）学前儿童上台分享交流。

（4）师幼评议兼过渡，评析交谈者的仪态、音量、交谈内容，以及倾听者的专注度。

3. 观看课件，学习借助修补的方法延续谈话。

（1）教师提问："你还到过什么地方？是乘坐什么交通工具去的？你最喜欢乘坐哪种交通工具？为什么？"

（2）展示多媒体课件（出示各种不常见的交通工具的图片），引导学前儿童交流讨论:"你最喜欢哪一种交通工具？它有什么特别的地方？猜一猜，坐在上面是什么感觉？"

（3）教师示范新的谈话经验。

教师："我乘坐过的交通工具是……"

（4）教师提问："如果要你设计一种未来的交通工具，你会怎么设计？"

4. 参与游戏，活动结束。

例如，教师说"飞机飞呀飞""火车轰隆隆"等，学前儿童配合身体动作模仿相应的交通工具，走出活动室。

活动延伸

1. 区角活动：将活动中所用的材料投放到美工区，学前儿童画一画未来的交通工具。

2. 家园共育：回家后和爸爸妈妈一起交流讨论有关交通工具的话题。

实战训练

请同学们针对小班儿童撰写一篇谈话活动方案，要求环节完整，重点突出，目标明确、合理，符合小班儿童的年龄特征，符合谈话活动的特点。写完后以小组为单位进行分享互评，根据其他同学的意见与建议进行修改，最后将方案交由老师点评。

课后习题

一、单项选择题

1. 关于学前儿童谈话活动的特点，下列表述不正确的是（　　）。

　A. 中心话题具有趣味性

　B. 交流方式具有单一性

　C. 谈话氛围具有自由性

　D. 谈话素材具有丰富性

2. 下列选项中不属于学前儿童日常交谈的特点的是（　　）。

　A. 自发性　　　　B. 随机性　　　　C. 计划性　　　　D. 无目的性

3. 学前儿童谈话活动的设计与组织以发展学前儿童的（　　）能力为主要目的。

　A. 书面语言　　　B. 口头语言　　　C. 肢体语言　　　D. 手势语言

4. 下列关于学前儿童谈话活动内容的选择，表述不正确的（　　）。

　A. 选择有一定的新鲜感和能运用创造性语言组织的话题

　B. 选择学前儿童感兴趣的、熟悉的话题

　C. 选择学前儿童生活经验范围内的有关话题

　D. 不能选择以前交谈过的，尽管学前儿童仍有很大兴趣的话题

5. 学做广告是语言专题谈话活动的一种，下列相关表述不正确的一项是（　　）。

　A. 必须准确说出广告词，不可自由创编广告词

　B. 谈论熟悉的广告

　C. 模仿广告表演

　D. 学说广告词

二、判断题

1. 倾听是人们运用语言与他人交流的最基本的方式。（　　）

2. 阅读活动是对学前儿童已有知识经验的巩固,是他们了解世界和周边环境的一种途径。
( )

3. 谈话活动能够促使学前儿童建立良好的同伴关系。( )

4. 活动目标一般围绕情感态度目标、认知目标和能力目标 3 个维度来制定。( )

5. 学前儿童谈话活动通常无须准备,都是由教师发起和主持的。( )

三、简答题

1. 简述学前儿童谈话活动的特点。

2. 简述学前儿童谈话活动的形式。

3. 简述制定谈话活动具体目标的注意事项。

04

第四章
学前儿童讲述活动

知识目标

> ➤ 掌握学前儿童讲述活动的特点与类型。
> ➤ 了解学前儿童讲述活动的作用。
> ➤ 掌握学前儿童讲述活动的设计要点。

能力目标

> ➤ 能够为不同年龄段学前儿童选择并设计恰当的凭借物。
> ➤ 能够运用讲述活动设计的理论要求设计完整的讲述活动方案。
> ➤ 能够有效地组织并实施学前儿童讲述活动。

素养目标

> ➤ 坚定民族自信,将我国优秀传统文化与伟大建设融入讲述活动。
> ➤ 培养自身的语言表达能力,重视榜样、示范的力量。

　　讲述活动是发展学前儿童口语表达能力的重要途径,是幼儿园语言教育中一种颇具特色的活动形式,在学前儿童语言教育中占据着重要的地位。学前儿童讲述活动以锻炼学前儿童的独白语言能力为主,能有效提高学前儿童的讲述能力,发展他们的想象力和思维能力,有效提高学前儿童的语言表达水平,同时讲述活动能帮助学前儿童掌握认识事物的方法,对学前儿童的认知、社会化发展等方面都有积极的影响。

第一节　认识学前儿童讲述活动

引导案例

　　唐老师是幼儿园中一班的教师,本周中一班的晨间活动是小小播报员进行天气播报。今天早上轮到浩浩播报天气,他昨天晚上在家中做了多次演练。晨间活动中,他拿起话筒凭着记忆说道:"今天的气温是18～27摄氏度,天气晴。"

　　旁边有小朋友提醒他:"浩浩,你还没说今天是几月几日呢。"浩浩想了想,说:"哦,今天是星期三。"小朋友又提醒说:"不对不对,不是星期几,是几月几日。"

　　浩浩看了看昨晚记在纸上的信息,又说:"今天是2023年9月6日。"唐老师在旁边指导:"浩浩,我们按照顺序连起来说一说,先说今天是几月几日,再说是星期几,最后说温度和天气。你能试着再完整连贯地说一遍吗?"

　　浩浩整理了一下思路,重新说:"今天是2023年9月6日,星期三。今天的气温是18～27摄氏度,天气晴。"他完整地说了出来,小朋友们一起为他鼓掌。浩浩开心地笑了。

从谈话到讲述，对学前儿童语言能力的要求逐步升级。在讲述时，学前儿童由于知识经验积累不足，需要感知、理解一定的凭借物，借助对这个事物的认识和已有的生活经验，组织自己的独白语言。教师在进行活动设计和组织之前，需要了解学前儿童讲述活动的基本知识，包括学前儿童讲述活动的特点、类型和作用等。

一、学前儿童讲述活动的特点

学前儿童讲述活动是一种有目的、有计划的语言教育活动，要求学前儿童凭借一定的讲述对象，在相对正式的语言环境中独自完成语言表达活动。讲述活动与谈话活动有所不同，讲述活动需要针对一些凭借物来开展，凭借物即学前儿童讲述的对象，这就决定了学前儿童讲述的内容范围和指向。

学前儿童讲述活动的主要特点如下。

（一）有一定的凭借物

凭借物就是讲述的素材、讲述的对象，是教师为学前儿童准备的或学前儿童自己准备的图片、实物、情景等。学前儿童讲述活动一定要有凭借物，这是讲述活动的独特之处。教师通过提供凭借物，给学前儿童划定讲述的中心内容，使他们的讲述语言具有明显的指向性。

学前儿童讲述活动需要一定的凭借物，主要基于以下两个方面。

1. 符合学前儿童讲述学习的需要

学前儿童积累的生活经验有限，头脑中的表象经验不足，长时记忆力有限，具体形象思维占主导，他们很难完全凭借记忆进行连贯、完整的讲述，如果没有一定的凭借物来引导他们进行讲述，他们则有可能因记忆中的材料不足而无法达到讲述要求；或者因集中注意力搜索记忆中的经验，而忽视对讲述内容的组织与表达。具体的凭借物可以给学前儿童提供清晰的形象和讲述的指向，因此，学前儿童在讲述活动中需要有一定的凭借物。

2. 符合集体参与活动的需要

教师应根据凭借物，为学前儿童指出讲述的中心内容。学前儿童可以从个人具体的认识角度来讲述相同或相似的内容，并且产生相互交流和相互影响的作用。

小班儿童主要进行实物讲述或简单的图片讲述；中、大班儿童要在小班儿童的基础上，学习如何利用凭借物进行创造性的讲述。

（二）有相对正式的语境

与宽松自由的交谈不同，讲述活动为学前儿童提供了一种相对正式、规范的语言运用场合。它不仅要求学前儿童在小组中发表自己的见解和观点，还要求学前儿童在集体面前用规范语言大胆地表达自己的认识。

这种正式主要表现在两个方面：一是语言规范，学前儿童讲述时应做到遣词造句准确、合乎语法规则，能够较为完整、连贯、清楚地表达对事物的认知；二是环境规范，讲述活动一般是在专门的教育活动和正式的语言学习环境中开展的。

（三）注重锻炼独白语言能力

讲述活动旨在锻炼学前儿童的独白语言能力。独白是指讲述者在没有他人指导或帮助的情况下，独自构思和表达对某一事物的完整认识。讲述活动要求学前儿童根据凭借物自行选择词语，独立构思完成对语言的组织，并运用完整连贯的语言将自己的感受和体验清晰地表达出来。因此，讲述活动是培养和锻炼学前儿童独白语言能力的特别途径，它有别于其他各类语言教育活动，有着重要的价值。

例如，以"逛超市"为主题的谈话活动可以按照学前儿童你问我答、你言我语的方式展开，而同主题的讲述活动需要学前儿童独自构思，根据叙事性讲述的要求讲述清楚逛超市的时间、地点、人物和事件发生发展的先后顺序。如"昨天，妈妈带我去逛了××超市，超市里有很多东西，有水果、蔬菜，还有很多很多的玩具，我最喜欢的是乐高——火箭。"

（四）发展学前儿童的多种能力

讲述时，学前儿童需要感知、理解一定的凭借物，借助对这一凭借物的认识和已有的生活经验，组织自己的独白语言，从独立完整地"编码"到独立完整地"发码"。而且，不同讲述内容对应不同的思维方式，也有不同的逻辑顺序，这对学前儿童的观察力、记忆力、想象力和思维能力的要求都是很高的。

口语表达并不仅仅是单纯地运用有声语言，还要综合运用表情、目光、身姿、手势甚至空间距离等多种表达手段。总之，讲述活动能够促进学前儿童多种能力的协调发展。教师只有重视学前儿童多种能力的发展与配合，充分调动学前儿童运用多种表达手段的积极性，才能保证讲述活动顺利、有效地开展。

⚙ 实战训练

请同学们自由分组，4 人一组，以小组为单位，完成以下任务。

（1）思考讲述活动与谈话活动的异同点，并在小组内进行讨论。

（2）调查与记录目前幼儿园讲述活动的组织频率，以及教师对讲述活动的评价，并在小组中分享自己的认识与见解。

二、学前儿童讲述活动的类型

学前儿童讲述活动按照不同的分类标准可以分为不同的类型，可以依据凭借物的特点来划分，也可以依据语言的表达方式来划分。

（一）依据凭借物的特点分类

依据凭借物的特点，学前儿童讲述活动可以分为图片讲述、实物讲述、情境讲述、生活经验讲述等类型。

1. 图片讲述

图片讲述是指以图片作为凭借物，启发学前儿童在观察图片、理解图意的基础上，运用恰当的语言，完整、连贯、有条理地讲述图片内容的语言教育活动，是当前幼儿园最常见的一种讲述活动类型。

这类讲述活动适合各年龄段的学前儿童，是一种很重要的讲述活动类型。活动中使用的图片，来源上可以是印刷出版的图画或从网上下载的图片，也可以是教师或学前儿童自己绘制的图片；形式上可以是视频中的截图，也可以是边讲边画的半成品图片；数量上可以是单张图片，也可以是多张图片；内容上可以展示一个实物或一个场景，也可以反映一个完整的故事情节。图片要贴近学前儿童的生活、形象生动、色彩鲜艳、情节有趣，能够引起学前儿童的兴趣，符合他们的思维能力和想象力发展的特点。

图片讲述又可以根据图片特点细分为看图讲述、排图讲述和构图讲述，如表 4-1 所示。

表 4-1　学前儿童图片讲述的类型

类型	具体内容	活动特点
看图讲述	看图讲述是指教师提供给学前儿童的凭借物是现成的、完整的、有序的图片，学前儿童在教师的指导下观察与理解图片，并进行完整连贯的讲述	最简单的是单张图片讲述（见图 4-1），适合小班儿童，以问答形式开展，训练小班儿童说完整句的能力；多张图片讲述是指学前儿童按顺序将多张图片的内容用完整连贯的语句表达出来，适合中、大班儿童。 图 4-1　单张图片讲述
排图讲述	排图讲述是指教师提供多张但没有固定顺序的图片，启发学前儿童根据自己对图片内容的理解，发挥想象力对图片进行排序，将图片内容组成有意义的情节，并用完整、连贯的语言讲述出来	排图讲述能训练学前儿童的判断和推理等思维能力，有利于学前儿童想象力和创造性思维能力的发展，对语言能力和思维能力的要求比较高，适合中、大班儿童，如图 4-2 所示。 图 4-2　排图讲述
构图讲述	构图讲述是指教师为学前儿童提供各种构图材料，如积塑玩具、磁铁图片、立体图片等，引导他们根据一定的主题自由构思，将材料组合成各种各样的画面，然后根据画面创编故事并进行完整、连贯的讲述	这里的"构图"也包括绘画、贴图、折纸、建构等各种手工活动，所以此类活动常和美术活动相整合，如图 4-3 所示。此类活动在锻炼学前儿童讲述能力的同时，还能发挥其主动性和创造性，适合小、中、大班儿童。 图 4-3　构图讲述

2. 实物讲述

实物讲述是指教师以真实的物体作为凭借物，指导学前儿童把握实物的基本特征，运用简单明了、规范准确的独白语言将实物的基本特征等方面的内容讲述清楚的语言教育活动。实物的选择至关重要，教师提供的实物应具有真实可感的特点，要以学前儿童的兴趣为出发点，主要包括日用品、食品、玩具、科技产品、动植物等。

例如，在小班实物讲述活动"我爱吃的小饼干"中，教师要求学前儿童讲清楚饼干是什么形状、什么颜色、什么味道、用什么材料做成的等内容。

又如，在中班实物讲述活动"各种各样的树叶"中，学前儿童可以从树叶的外形特征（椭圆形、心形、掌形、扇形等）、树叶的类别（单叶、复叶、针叶、阔叶等）、树叶的作用（光合作用、药用价值、收藏价值等）等方面展开讲述。

实物讲述可与科学活动相整合，教师要注意先组织学前儿童对实物进行有序的观察，然后引导他们将实物的基本特征、用途、使用方法或其他方面的内容清楚、完整地讲述出来。

3. 情境讲述

情境讲述是指学前儿童凭借对某一段情境表演的观察和理解，运用独白语言完整、连贯地进行讲述的一种语言教育活动。教师提供的情境可以是组织学前儿童开展过的活动，也可以是真人表演的情境，也可以是木偶戏、皮影戏、影视资料等。

例如，在小班情境讲述活动"熊先生生病了"中，3位教师可以分别扮演熊先生、医生、护士的角色，围绕生病就医进行情境表演，引导学前儿童观察了解看病的流程，然后通过提问使他们理解情节，并用情境性的话语进行讲述。

又如，我国民间传统艺术皮影戏《西游记》（见图 4-4），内容生动有趣，形式活泼，能引起学前儿童的注意和兴趣，激发他们讲述的意愿，备受师幼喜欢。

图 4-4　我国民间传统艺术皮影戏《西游记》

4. 生活经验讲述

生活经验讲述是指学前儿童在教师的引导下将零散、片段式的生活感受，或者自己所经历或见过的具有深刻印象及感兴趣的事情，用一段有条理的语言表述出来的一种语言教育活动，如"我最开心的一件事""我去旅游了""我学会游泳了"等。

生活经验讲述对学前儿童的语言表达能力、记忆力和思维概括能力提出了较高的要求，激发了学前儿童观察生活的热情，不仅有利于培养学前儿童积极的生活态度，还能帮助学前儿童形成良好的社会行为。一般生活经验讲述是从幼儿园中班开始进行的。

（二）依据语言的表达方式分类

依据语言的表达方式，学前儿童讲述活动可以分为叙事性讲述、说明性讲述、描述性讲述和议论性讲述。

1. 叙事性讲述

叙事性讲述是指学前儿童将自己的经历或事情的发展过程按一定的顺序用口头语言完整连贯地讲述出来的语言教育活动，要求学前儿童说清楚人物、时间、地点，事件的起因、经过和结果。

叙事性讲述有两种形式，一种是以第一人称"我"把个人见闻和经历讲给别人听，另一种是以第三人称讲述他人经历的事情。叙事性讲述的顺序主要包括顺叙、倒叙和插叙。对于学前儿童来说，他们通常用第一人称按顺序进行讲述，并且所讲的内容简单，篇幅短小，线索明晰，一般不需要有多复杂的情节和跌宕起伏的情绪变化。

2. 说明性讲述

说明性讲述是指学前儿童用简单明了、规范准确的独白语言，把事物的形状、特征、功用、操作步骤与方法等解说清楚的一种讲述活动。说明性讲述能够反映学前儿童对事物性质和功用的判断与认识，例如，讲述"我的房间"时，不追求使用华丽的辞藻、只需使用规范的语言，按照一定的讲述顺序，清楚、简洁地进行介绍即可。

以实物为对象的讲述活动通常采用说明性讲述，讲述内容包括实物的外形特征、构造、类别、功能和用途、操作步骤与方法等，如建筑物、家用电器等。

3. 描述性讲述

描述性讲述指学前儿童在教师的指导下，将人物的状态、动作或事物的性质、特征等用完整、连贯的语言表达出来的语言教育活动。对于人物，可以用生动的语言从人物的容貌、衣着、表情等细节展开描述；对于事物，可以按照一定的顺序用具体、生动、形象的语句进行讲述。

讲述的顺序可以是从整体到局部、从近到远、从上到下等空间顺序，也可以按时间顺序或特定的逻辑顺序进行讲述。在描述性讲述活动中，教师要引导学前儿童尽量使用生动形象的词语，并重点描述事物的主要特征。

例如，讲述"我家的小狗"，可以从它的外形、样貌、性情等细节方面进行。

我家有一只小黄狗，它身上披着金黄色的毛，亮得像搽过油一样；圆圆的、漆黑发亮的眼睛像珠子似的，整天滴溜溜地转；嘴巴长长的，它还有一对很灵的耳朵，如果附近有一丁点响动，它都会把耳朵竖起来；黄色的小爪像4朵梅花，那条尾巴总是悠闲地摇摆着，非常讨人喜欢。

4. 议论性讲述

议论性讲述是以议论为主要表达方式，学前儿童通过亮观点、摆事实，直接表述自己的态度和主张，并阐述理由的讲述活动。例如，学前儿童讲述"喜欢夏季还是冬季"时，要注意观点明确，逻辑清晰，论证有力。

学前儿童的逻辑思维能力比较弱，他们还处于以形象思维为主的发展阶段，议论性讲述对学前儿童具有较大的挑战性，比较适合大班儿童。但是，教师也要鼓励小班和中班儿童敢于表达自己的真实想法，拥有独到的见解，以促进其逻辑思维能力的发展。

实战训练

请同学们自由分组，4人一组，以小组为单位，完成以下任务。

（1）搜集学前儿童看图讲述的图片，对图片内容进行理解与想象，并将自己的想法讲述出来；每人选择一个自己感兴趣的实物，进行实物讲述，然后在小组内进行互评讨论。

（2）开展实践调查，观察并记录幼儿园不同班级都开展了哪些类型的讲述活动，以及教师都选择了哪些活动主题。

三、学前儿童讲述活动的作用

学前儿童讲述活动对学前儿童的要求更高，同时也培养了学前儿童的多种能力。学前儿童讲述活动具有以下几方面的重要作用。

（一）培养学前儿童的讲述能力

学前儿童语言教育的目标之一就是培养学前儿童的讲述能力。在讲述活动中，学前儿童需要独立思考讲述的内容、顺序与重点，考虑如何让听者明白。在教师的引导下，学前儿童能逐渐掌握讲述的基本方法，并提高讲述的清晰性、完整性与连贯性。

（二）锻炼学前儿童的独白语言能力

讲述活动能够发展学前儿童的独白语言能力。在讲述活动中，学前儿童不仅要在头脑中快速组织语言，还要尝试在集体面前将自己的想法独立、大胆地表述出来，学会如何恰当运用自己的音量变化、手势、表情进行表达，在提高言语表达的清晰度、完整性、连贯性的同时，学前儿童的自信心也得以增强，肢体语言的丰富性得以提高。

（三）培养学前儿童掌握认识事物的方法

学前儿童在讲述之前要认识所讲的事物，通过讲述活动，学前儿童能逐渐掌握认识事物的顺序与方法。例如，在看图讲述"风筝飞啦"的过程中，教师要引导学前儿童按照这样的思路讲述：小明和谁在哪里放风筝，小刚是怎么放风筝的，风筝不小心飞到树上后小朋友们是怎样想办法帮助小刚取风筝的，风筝取下来后大家是什么心情。在这样的引导下，学前儿童充分理解了故事情节的变化，并建立了对故事发生、发展和结果的有序认识。

（四）发展学前儿童的多种能力

在讲述活动中，教师需要调动学前儿童的多种能力。不同的讲述内容对应不同的思维方式，也有不同的顺序，这对学前儿童的观察力、记忆力、想象力和思维能力的要求都是极高的。如果学前儿童缺乏这些能力的支撑，那么其讲述水平也不会提高。

以看图讲述为例，学前儿童首先要完整、仔细地观察图片，了解图片中的人物与事件，这就需要学前儿童充分运用观察力；然后要理解画面上的内容，描述人物的动作和事件的主要内容，这就需要学前儿童凭借记忆力加以联想，并做出判断；最后要思考人物的内心世界，对画面进行推想，分析画面中人物、背景和事件等诸多因素之间的联系，这充分调动了学前儿童的想象力与思维能力。

第二节　不同类型学前儿童讲述活动设计

引导案例

　　周老师在看图讲述活动"美丽的小河"中，为小朋友们准备了立体图片，如小熊、小鸭、大白鹅等动物的图片，还有各种花草树木的图片。小朋友们可以选择自己喜爱的动物作为主人公，在"小河"旁边摆上自己喜爱的植物，并挑选特定的天气，如"晴天"来营造情境。

　　自己动手构建好某一场景后，小朋友们可以根据自己的想象，按照自己的思路进行讲述，编出有独特创意的故事。有一位小朋友是这样讲的："今天天气特别好，在温暖的阳光下，小鸭和大白鹅出来玩耍，看到了一条小河，河水特别清澈，他们一起跳进河里，比一比谁游得更快……"还有一位小朋友是这样讲述的："下雨了，河水上涨了，淹没了小桥，大白鹅帮助小熊过河……"

　　小朋友们通过自己的联想和想象讲述了一个个不同的故事。这种灵活的形式为小朋友们提供了极大的创造空间，充分发挥了他们的主动性，促进了他们思维的发展，提高了他们的语言讲述能力。

　　不同类型的讲述活动，在内容选择与设计上也有所不同。下面主要介绍幼儿园常见的图片讲述、情境讲述、生活经验讲述和实物讲述的设计要求。

一、图片讲述

　　学前儿童语言教育与生活密不可分，而图片能直观地呈现生活，其色彩和线条能够帮助学前儿童建立语言与生活之间的联系，所以看图讲述是学前儿童讲述活动中的重要部分。

（一）讲述内容选择

　　图片讲述所使用的材料主要是图片，教师选择怎样的图片内容让学前儿童讲述，对学前儿童讲述能力的发展和讲述水平的提高有着直接的影响。具体来说，教师在选择图片时要注意以下要求。

1. 内容上的要求

（1）内容是否具有教育意义：图片的内容对学前儿童的情感、能力、知识、健康等方面应具有教育意义。

（2）主题是否健康：主题应符合时代要求，有利于促进学前儿童健康成长。

2. 艺术上的要求

教师要考虑表现形式是否具有艺术性，图片中的角色形象是否鲜明，特征是否明显突出，背景是否简单，结构布局是否匀称，情节是否一目了然，色彩是否鲜艳而协调，篇幅大小是否合适（一般单幅图为全开或对开纸，多幅图为四开纸，也可使用一幅固定的背景图，其余角色采用立体形式的插入或贴绒教具）。

3. 年龄上的要求

年龄上的要求主要是按幼儿园不同班级来说明的。

（1）小班。主题明确，线索单一，角色不宜太多；画面大，画面中角色的动作、神态、表情明显，背景简单，色彩鲜艳，主要突出角色特征；图片不应过多，一般为 1~2 幅，如图 4-5 所示。

（2）中班。主题明确，线索较复杂；角色略为增多，形象突出，有一定的动作和表情，学前儿童能从图片中了解角色的心理活动；图片可以选用多幅，但不宜超过 4 幅，前后图片之间存在一定的联系，如图 4-6 所示。

图 4-5　小班儿童看图讲述图片　　　　图 4-6　中班儿童看图讲述图片

（3）大班。主题鲜明生动，图片与图片之间有一定的衔接，图片内容能为学前儿童提供想象的空间，角色的心理活动能从画面中反映出来，图片内容能够提供使学前儿童联想画面以外事物的线索，使学前儿童通过观察分析讲述画面中各个事物之间的相互关系。图片可用多幅，但不宜超过 6 幅。教师也可采用立体（活动）教具讲述，还可进行排图讲述。

（二）分析图片内容

选择图片后，教师要仔细观察和熟悉图片内容，并进行认真分析。分析图片内容时，教师应考虑以下几点。

1. 理解图片的内容，分析主题

首先，教师要仔细观察图片中的时间、地点、情节（人与人、人与事、人与环境间的关系）；其次，根据角色的动态，构想角色会说些什么、想些什么；最后，在理解图片内容的基础上，找出主题思想。

2. 分析讲述图片的重点、难点

在确定主题和讲述范围的基础上，教师要分析哪些图片表现主题，哪些图片在情节发展中起关键作用，应引导学前儿童围绕这样的重点图片讲深、讲透一些；分析哪些图片是一般图片，哪些图片可以一笔带过，然后根据主次分配好围绕每幅图片讲述的时间。

分析讲述图片时应明确重难点，详略分明，相应降低讲述的难度，并且避免讲述时平均用力或出现前松后紧的现象，这样更有利于提高教学活动的效果。

3. 分析讲述中需要掌握的词句

在分析图片内容的同时，教师还要考虑在引导学前儿童观察和讲述图片时，在学前儿童语言培养方面应提出哪些新的要求。例如，应使用哪些学前儿童已掌握的词汇和句式，应引进哪些新词和句式，在促进学前儿童表达方面有何新的要求等，这样才能通过每次的看图讲述不断提高学前儿童使用语言的能力。

（三）设计提问

教师的启发提问是看图讲述教学的重要部分，提问的目的是引导学前儿童仔细观察图片，并用恰当的语言表达图片的内容。问题提得恰当与否关乎学前儿童的讲述质量，所以教师应在分析图片内容的基础上做好充分的提问准备。

教师在设计提问时，必须注意以下 4 点。

1. 提问要围绕主题，突出重点

提问要紧扣主题。有的图片内容需要学前儿童讲清时间、地点、天气等客观因素，所以"这是什么时候？""在什么地方？""天气怎么样？"这一类提问就十分必要。对于有的图片内容，教师应直接提出与图片中的环境、人物相关的问题；对于有的图片内容，则应针对人物的动态、语言进行提问。

2. 提问要有顺序

教师应根据一定的线索，如画面景物的远近、人物出现的先后、事件发生的先后来确定提问的顺序，引导学前儿童有目的、有顺序地观察图片。例如，可以按照从上到下、从左到右、从远到近的空间顺序，也可按照事件发生的时间顺序来观察图片。

一般来说，提问的顺序是从整体到局部，从主要情节到次要情节，从具体（人物形象、动作等）到抽象（人物的内心活动）。一个问题与另一个问题之间是相互联系的，下一个问题往往是上一个问题的延伸，许多问题具有承上启下的作用。

3. 提问要有启发性

学前儿童观察图片一般比较粗略，容易看到外部明显的动作和表情，而对相关内容的内在联系不够注意，这将影响学前儿童对图片内容的表达。因此，教师提问必须有启发性，以调动学前儿童的积极思维，加深学前儿童对图片的理解。

教师可以在出示图片前提出启发性问题，让学前儿童根据图片提供的线索和自己的生活经验积极开动脑筋，并展开讨论，充分表达自己的见解。

教师应避免提出包含答案的选择性问题。对于这样的暗示性提问，学前儿童只会机械地回答"是"或"不是"，而不用动脑，这对思维和语言发展没有明显的促进作用。

4. 针对不同年龄班，提问的要求应不同

小班看图讲述中，提问应具体明确（如图上有什么、是什么等），使学前儿童看了图能够回答。教师通过一个个具体的小问题，启发学前儿童讲述图中人和事物的名称及角色的主要特征，以进行动态和简短的对话为主。

中班看图讲述中，教师应逐渐增加要求学前儿童对图片内容进行简单描述的提问（如是

什么样、怎样做等），帮助学前儿童讲清图中人及事物之间的关系，鼓励学前儿童用不同的词语描述图中同样的人或事物。

大班看图讲述中，教师可以提几个连续性的问题，也可以设计一些较概括的问题（如为什么、说明了什么等），还可以提出一些与图片内容有必然联系但图片没表现出来的事物，让学前儿童思考和回答。

（四）教学方法

看图讲述便于教师集中指导，有利于师幼之间以及学前儿童彼此之间的交流，但由于发言机会有限，难以让每位学前儿童都有充分的讲述机会。因此，在开展看图讲述时，教师可以采取"大图和小图结合"以及"集中与分组结合"的方式进行弥补。

"大图和小图结合"中的大图面向全体学前儿童，便于教师集中指导，小图用于学前儿童的个人讲述，小组或人手一份，促使每位学前儿童积极主动地去看、去想、去说。"集中与分组结合"指集中讲一讲，分组议一议，集中解决共性问题，分组练习实践，两者交叉运用。

此外，教师还可以采用游戏教学法、多媒体教学法、目标任务法等方法迁移重点和难点，让学前儿童在轻松、快乐的氛围中提高讲述能力。

二、情境讲述

情境讲述要求学前儿童用自己的语言讲述表演内容，要求他们必须努力回忆通过观察获得的印象，想象、思考表演动作所表达的意思，并按动作表演的顺序组织语言。因此，情境讲述对培养学前儿童的有意注意、认真观察、记忆、想象、思考的能力和连贯表达的能力都有积极的作用。

情境表演有场景、角色、情节，表演过程中有动作、表情，有时还有对话，富有直观性，其有利于学前儿童对情节进行理解，能够激发学前儿童观察的兴趣和讲述的愿望。

（一）内容选择

情境讲述的内容除了与其他形式的讲述内容有共同之处外，还要符合以下要求。

（1）动作性较强，便于表演。

（2）主题突出，情节简单，角色不宜太多，一般以2～3人为宜。

（3）表演中可以有适当的对话，但对话不宜过多，以免影响学前儿童的想象与思维。

（4）在中、大班，有时还可用哑剧的形式，让学前儿童只靠动作、表情和道具等来表现情节。

（二）场景、道具准备

教师要考虑表演场景和道具的设计。场景、道具应力求生动形象，有助于学前儿童对表演产生深刻的印象。化妆要简单，只要突出人物身份的主要特点，能使学前儿童看懂即可。

（三）表演排练

内容选好后，教师应物色人选来扮演角色，可以由教师表演、学前儿童表演或师幼合演，也可以由教师操作木偶进行表演。

情境表演成功与否，直接影响学前儿童讲述的积极性和讲述的质量，所以大家事先必须认真排练。在排练时，教师应指导学前儿童，使其做到动作准确、熟练且略有夸张，不仅可以自始至终完整地表演，还能分段表演。

（四）设计活动

情境讲述方案设计要求与看图讲述方案的设计要求大致相同，方案包括活动名称、活动目标、活动准备、活动过程。活动过程中的提问要紧扣主题，教师应按人物出场和情节发展的顺序提问，提问应富于启发性，能引导学前儿童通过观察表演产生相关的情绪记忆和运动记忆。

（五）讲述方法

情境讲述一般采用叙事性讲述方法，教师在引导学前儿童讲述时需要注意以下要求。

（1）交代清楚与情境发生有关的时间、地点、人物、事件、原因、结果等方面的内容。当然，交代这些内容可以根据情境灵活处理，对时间、地点的交代可以通过描述自然景物的特征及其变化简洁表示，如"天刚蒙蒙亮""太阳升起的时候"代表凌晨、早上等。

（2）条理清晰，按照事情发展的顺序进行讲述，并做到重点突出。事情的起因、经过和结果是情境讲述中需要特别关注的方面，要重点讲述清楚、明白。

（3）分析情境讲述中的好词、好句。教师应根据情境思考可以运用的词汇和句型，帮助学前儿童清楚、生动地将情境讲述完整。例如，用恰当的名词表述情境中人、事、物的名称和关系，用准确的动词描述任务的行为状态，用形容词表述角色的鲜明特征，用疑问句、感叹句等灵活多样的句型丰富情节。

在学前儿童情境讲述过程中，教师作为观察者、引导者和鼓励者，要引导学前儿童去观察、理解凭借物，讲述时力求言之有物、言之有序、言之有趣。

言之有物是指学前儿童能讲述出情境中的重点内容，如故事中的人物，事物的关系、变化，人物的语言和心理活动，等等。言之有序是指学前儿童的讲述要按照一定的逻辑顺序进行，或是事情发生发展的时间顺序，或是空间方位顺序等。言之有趣是指学前儿童在教师提供的多样的语言情境中，创造性地运用各种词语和句式进行讲述，从而获得语言运用能力。

三、生活经验讲述

生活经验讲述要求学前儿童把自己经历过的、印象最深且最感兴趣的事情有条理地讲述出来，可以训练学前儿童围绕一个中心独立、连贯地说话的能力。同时，学前儿童所经历的事情和社会生活密切联系，可以促使其关心周围事物，正确地理解社会生活，培养从小热爱生活的态度。

（一）生成话题

生活经验讲述的话题主要来自两个方面：一是教师在了解学前儿童生活经验的基础上，为学前儿童预先准备好的话题；二是在生活中学前儿童随机产生的兴趣话题，即教师根据学前儿童对某事物的关注和兴趣点，帮助学前儿童生成的中心话题。

在生活经验讲述中，教师要想得到合适的话题，需要达到以下要求。

（1）教师要对本班学前儿童的发展水平有充分的了解，对学前儿童喜欢的话题具有一定的敏感度，能够随时捕捉学前儿童感兴趣和关注的话题。

（2）教师应根据学前儿童的兴趣点，提前为开展生活经验讲述做好计划和提供各种适宜条件，并遵循学前儿童需要和发展过程，给学前儿童的讲述以直接的帮助。

（二）确定主题

学前儿童生活经验讲述的内容来自他们生活经验范围内的认识，因此丰富学前儿童的生活经验是进行生活经验讲述的重要前提。参观游览、日常生活中的观察、教育活动、游戏、看电影、看电视等皆可为学前儿童讲述积累丰富的生活素材。生活素材越丰富，学前儿童的讲述就越生动、形象。

确定主题主要有以下要求。

（1）选择学前儿童熟悉的、日常生活中喜闻乐见的主题。

（2）所选主题具有新鲜感，能够引起学前儿童的兴趣，激发其参与的积极性。

（3）主题应与学前儿童生活中共同关心或经历过的事情有关，能够引发他们的共鸣。

（4）主题要具体，可以围绕某件事、某个人、某项活动来展开。

确定主题后，教师可以在活动开始前几天将主题告诉学前儿童，让学前儿童做好思想准备，有意识地整理自己的生活经验，以提高讲述的质量。

（三）摸底预约

学前儿童由于生活经验有限，不能像成人那样完全凭记忆讲述。为了使他们顺利表达讲述的内容，进行摸底预约是极为必要的。教师可以通过以下方式进行摸底预约。

1. 提前告知主题

在活动开始前几天，教师可以将主题告诉学前儿童，让其有意识地回忆或整理自己的生活经验。

2. 讲述前谈话

讲述前，教师应找学前儿童谈话，了解他们与所选主题有关的生活经验和词语积累的情况，以及他们对这一事物所持的态度，做到心中有数。

3. 提前预约

教师根据了解的情况可以提前预约个别学前儿童发言。有的学前儿童生活经验比较丰富，语言表达能力较强，教师可以预约其讲述；有的学前儿童胆子较小或在语言表达上有困难，教师也可以事先对其加以适当指导，帮助其把意思表达清楚，并鼓励其大胆发言。

四、实物讲述

实物讲述侧重于实现描述、倾听等语言方面的目标。实物讲述应在学前儿童已经熟悉某种实物的基础上进行，各年龄段的学前儿童均可进行这种活动。教师在指导学前儿童进行实物讲述时，最重要的是帮助学前儿童感知和理解实物，准确把握实物的特征。

（一）实物的选择

实物是实物讲述的凭借物，包括真实的物品、教玩具、动植物等。清晰的讲述能让听者掌握科学知识，认识客观事物。实物的选择非常重要，教师要选择学前儿童感兴趣的、贴近他们生活的实物，如学前儿童喜欢的玩具、喜欢的动植物、爱吃的小零食、日常生活用品、天气景象等，否则难以调动学前儿童讲述的积极性。

（二）实物的观察和分析

学前儿童在进行实物讲述前，教师要引导学前儿童对实物进行观察，分析其主要特征。同时，教师应指导学前儿童掌握讲述该实物的逻辑顺序，分析可以从哪些方面有条理、有顺序地进行讲述。

一般来说，实物讲述可以采用"总—分—总"的讲述顺序：先"总说"，给听者留下整体印象；再"分说"，从不同细节展开讲述实物各方面的特征，突出重点；最后，对实物进行总结。

在"分说"部分，还要选择恰当的讲述顺序，如对于实物的生长变化，可以按照时间顺序讲述；对于实物的外形特征与结构特征、场地的布置等，可以按照空间顺序进行讲述；对于实物的内涵、形式及成因等，可以按照逻辑顺序进行讲述。

例如，小班实物讲述活动"糖画"中，教师可以引导学前儿童从视觉、触觉、嗅觉和味觉的角度对"糖画"进行完整讲述。

（三）讲述方法

实物讲述主要采用说明性表达方式，讲述者使用规范的语言，准确、简明地将实物讲述清楚，不追求生动、形象，只注重规范、准确。例如，植物各部分的名称"根""茎""叶"，时间用词"早上""6 个月""两年"等，程度用词"几乎""可能"等。当然，由于讲述的实物不同，语言风格也有所不同，科技性实物的讲述语言较为平实，动植物的讲述语言较为生动、活泼。

为了把实物讲述清楚，教师要引导学前儿童掌握常用的实物讲述方法——主要有定义法、诠释法。定义法是指为了让听者对讲述的实物有明确的概念，用准确、简单、规范的语言给实物下个定义，揭示实物的本质特征，通常采用"是什么"的判断句式。例如，"糖画"是用糖做成的画，它既是糖又是画，可以观赏，也可以吃。

诠释法就是对实物的概念进行详细说明和解释，具体可以通过举例子、做比较、分类别、打比方等多种方法展开讲述。对不同年龄段的学前儿童，实物讲述的要求也有所区别。小班儿童的实物讲述，只要能将实物的主要特征描述完整清楚就行；中班和大班儿童的实物讲述，则需要尝试超越实物本身进行创造性的讲述。

🔍 实战训练

请同学们自由分组，4 人一组，自选看图讲述、情境讲述、生活经验讲述、实物讲述中的任一类型，列出 3～5 个适合讲述的主题，并阐述主题选择的依据及适合的年龄段。

第三节　学前儿童讲述活动指导

　　夜幕降临时，很多小朋友喜欢仰望星空，看星星眨眼睛，想象月球的样子，幻想登上月球，探索月球的奥秘。在组织大班讲述活动"神奇的飞船"时，郭老师运用视听结合的方法，如展示课件中神舟十六号升空后的画面、神舟十六号飞天时的音频，并提出"你们看到了什么？听到了什么？飞船是怎样飞到天上去的？飞船升空后，你们有什么感受？"等一系列问题，激发小朋友们探索与表达的愿望，引导他们围绕飞船进行讲述。

　　她要求小朋友们用清楚连贯的语言讲述自己在看到飞船升空后的感受，紧接着引进并迁移新的讲述经验，利用"当……时，我觉得很自豪"的句式进一步锻炼小朋友们的语言表达能力。小朋友们踊跃发言，活动气氛热烈，此次讲述活动收到了良好的效果。

　　在组织实施讲述活动之前，教师要设计好讲述活动方案，包括选择讲述内容，制定活动目标，做好活动准备，设计活动流程，等等。

一、选择讲述内容

　　选择讲述内容主要是选择凭借物。凭借物既是讲述活动的教材和教具，也是学前儿童讲述的依据，凭借物的内容和质量对学前儿童讲述能力的发展有着直接的影响。教师在选择凭借物时，需要注意以下几点要求。

　　（1）主题健康、符合时代要求，有利于学前儿童健康成长。例如，"家乡的特色食品""五星红旗""我的祖国"等讲述内容，在锻炼学前儿童讲述能力的同时，可培养学前儿童热爱家乡、热爱祖国的情感。

　　（2）主题明确、形象突出，能够激发学前儿童的讲述兴趣。例如，针对看图讲述，所选的图片中角色要鲜明、形象要突出；针对情境讲述，选择的情境、情节要简单、易于理解，背景简洁，便于学前儿童快速掌握凭借物的主要特征。

　　（3）符合年龄班的特点，针对性强。只有选择学前儿童熟悉的、符合年龄班特点的凭借物，才能引起他们的共鸣和讲述的愿望。例如，小班讲述活动"幼儿园像我家""春天来了"，中、大班讲述活动注重培养学前儿童的创造力和想象力，如"一年四季我知道""假如我是一棵树""我长大了"等。

二、制定活动目标

　　活动目标是教学活动的出发点，也是教学活动的归宿，活动目标制定得恰当与否，对整个活动具有决定性的影响。目标应符合《纲要》和《指南》精神，符合幼儿园讲述活动总目标，符合讲述活动要求和学前儿童年龄段特点，切合学前儿童讲述发展水平和发展需要。

（一）幼儿园讲述活动总目标

幼儿园讲述活动总目标是从认知、能力与情感 3 个维度出发确定的，如表 4-2 所示。认知维度涉及对讲述对象的感知与理解，对讲述要求的理解；能力维度涉及对新的讲述经验的运用，例如，完整、连贯地按照一定的逻辑顺序讲述的能力，运用丰富词句进行讲述的能力，根据材料和环境变化来调节语言的能力；情感维度涉及情感态度的培养，包括兴趣、态度、价值观等方面的变化，例如，养成耐心倾听别人讲述的态度，萌发与讲述内容有关的积极情感，等等。

表 4-2　幼儿园讲述活动总目标

维度	目　标
认知	① 借助各种感官，按照要求感知讲述内容； ② 理解图片和情境中展示的事件的顺序、情境蕴含的主要人物关系和思想感情倾向
能力	① 能根据凭借物的特点和主题，讲述实物、图片、情境或亲身经历的内容； ② 能清晰、完整、连贯、有序地表达自己的想法； ③ 在讲述时语言流畅，用词用句准确，能根据不同场合调节音量和语速； ④ 能将听到的主要内容记忆下来，发现异同，并从中学习好的讲述方法
情感	① 养成先仔细观察，后表达讲述的习惯； ② 安静、耐心、专注地倾听他人讲述，不随便打断他人讲述； ③ 主动、自然、大方地在集体面前讲话

（二）讲述活动年龄段目标

教师在设计学前儿童讲述活动时，除了了解幼儿园讲述活动总目标外，还要把握学前儿童讲述活动的年龄段目标，如表 4-3 所示。

表 4-3　学前儿童讲述活动的年龄段目标

年龄段	目　标
小班儿童	① 乐意运用各种感官，按照指令要求去感知讲述内容； ② 理解内容简单、特征鲜明的实物、图片或情境； ③ 愿意在集体面前讲述，声音响亮； ④ 能正确地说出讲述内容的主要特征或主要事件； ⑤ 能在集体中安静地倾听他人讲述，并用眼睛注视讲述者，不随便打断他人讲话
中班儿童	① 养成先仔细观察，后表达讲述的习惯； ② 逐步学会理解图片和情境中展示的事件的顺序； ③ 能主动、大胆地在集体面前表达自己的想法，声音响亮，完整、连贯地讲述内容； ④ 学习按照一定的顺序讲述实物、图片和情境的内容； ⑤ 能在集体中认真、耐心地倾听他人讲述，发现异同，并从中学习好的讲述方法
大班儿童	① 通过观察，理解图片、情境蕴含的主要人物关系和思想感情倾向； ② 能有重点地讲述实物、图片和情境，突出讲述的中心内容； ③ 能完整、连贯、有重点地讲述，语言表达流畅，没有明显的停顿现象，词语、句式规范、准确； ④ 在集体面前讲话时态度自然大方，能根据场合的需要和他人反应调整讲述的内容和时间，调节讲话的音量与语速； ⑤ 能在集体中专注、长时间地倾听别人讲述，并能记忆倾听的内容

（三）讲述活动具体目标

学前儿童讲述活动具体目标是活动设计的指南针，它既是选择讲述活动内容、活动组织方式和教学策略的依据，也是评价讲述活动的标准。

讲述活动具体目标的制定应遵循的基本要求如下。

（1）符合学前儿童的年龄特征与发展需求。

（2）涉及认知、能力与情感3个维度的目标。

（3）主体统一，目标主语宜从学前儿童的角度出发，表述前后要一致。

（4）目标的设定与表述要具体化，具有针对性，可操作性强。

另外，学前儿童讲述活动的具体目标可与其他类型语言教育活动的目标相互渗透。例如，清楚、连贯地表达离不开学前儿童主动倾听，想说、敢说、愿意说等谈话活动重点培养的能力；完整、连贯地讲述也是学前儿童表达对文学作品和阅读对象的理解的重要方式。

当然，教师还可以在其他领域活动中渗透讲述活动的目标，促进学前儿童的全面发展。例如，在科学活动中渗透实物讲述的目标，在美术活动中渗透图片讲述的目标，在社会活动和健康活动中渗透情境讲述的目标，等等。

例如，大班看图讲述活动"老鼠找房子"的目标如下。

（1）仔细观察画面，根据画面表现的内容进行初步的判断、想象。

（2）能用"因为……所以……"的句式进行完整、连贯的讲述。

（3）乐意参加讲述活动，感受讲述和表演的乐趣；知道遇事要冷静，只有动脑筋想办法才能解决问题。

🔍 实战训练

请同学们自由分组，4人一组，自选看图讲述、情境讲述、生活经验讲述、实物讲述中的任一类型，确定一个具体活动主题，如小班讲述活动"我的妈妈"、大班讲述活动"我最喜欢的节日"等，每人制定3个活动目标，并在组内分享交流与修改，最后交由教师进行评析。

三、做好活动准备

讲述活动的准备包括物质准备、经验准备和环境创设准备。教师在做准备时，需要考虑以下几个方面。

（一）活动的准备应符合实现讲述活动目标的要求

物质准备包括对凭借物和能激发学前儿童讲述兴趣的玩教具、材料和小物件等的准备。物质材料应具体形象，符合学前儿童的年龄特点，并有助于讲述活动的开展，最好能做到人手一份，便于学前儿童去感知理解。

经验准备主要指在活动前丰富学前儿童讲述的相关知识、经验或某种技能等。例如，开展"春天来了"的讲述活动，讲述前应组织学前儿童到户外去观察、感知，这样学前儿童才有话可讲，表达才能更加丰富。

环境创设准备主要涉及场地要求、桌椅摆放要求、墙饰要求等，要求创设能引起学前儿童共鸣、使其乐意讲述的心理氛围和空间安排。例如，采取围坐、小组讨论式的桌椅摆放形式，布置与讲述内容相关的墙饰造型，播放与讲述内容相关的音乐，等等。

（二）物质材料能够满足学前儿童学习、探索、操作的需要

物质材料既要符合学前儿童的年龄特点，色彩鲜艳、生动形象，又不能过分花哨，以免喧宾夺主，分散学前儿童的注意力。对于讲述活动的重点、难点，教师可以借助一定的物质材料让学前儿童在与材料的互动中进行探索与理解。

（三）结合现代化教学手段，适当增加活动的实效性和趣味性

对那些难以现场表现的情境等凭借物，教师可以借助信息技术手段进行再现。例如，在讲述节日活动时，可以再现学前儿童参与活动的照片、视频等，借助多媒体课件让学前儿童感知了解，如让学前儿童观看贴春联、穿新衣、吃饺子等画面。学前儿童讲述时，教师还可以采用游戏化的方式，利用现代化教学手段及时反馈，例如，学前儿童使用了正确的讲述句式会触发掌声的音效等。

四、设计活动流程

讲述活动是一项比较复杂的语言教育活动，虽然类型多样，但其过程设计有固定的特点与规律，一般由 5 个基本步骤和 1 个延伸步骤组成，形成层层铺垫的结构。

（一）创设情境，引起兴趣

此步骤相当于活动的导入部分，导入的方式主要有以下几种。

1. 以教具引入情境

教师可以通过图片、玩具、录像等各种材料，向学前儿童提供与主题有关的可视教具，从而引起学前儿童的讲述兴趣和愿望。例如，看图讲述时，教师可以出示图片，与学前儿童一起观察、讨论图片上有谁、他们在哪里、他们在干什么，这样很快就能让学前儿童把注意力集中到图片上来。

2. 用语言创设情境

教师通过说一段话或提一些问题来引起学前儿童的兴趣，进而进入有关主题的讲述。例如，在讲述活动"森林音乐会"中，教师直截了当地介绍情境："小朋友们，今天小动物们在森林里举行音乐会，邀请我们班的小朋友一起参加。听，音乐会开始了。"由此引起学前儿童参与讲述的兴趣。

3. 以故事引入情境

由于学前儿童年龄小，形象思维占主导，他们对于新奇的故事非常感兴趣，教师巧用故事导入，能够增强情境效果。例如，看图讲述活动"猫医生过河"，其故事情节为：前几天接连下雨，天气一会儿热，一会儿冷，森林里的许多小动物都生病了。猫医生急忙背起药箱，准备去给小动物看病。走到小河边一看，它愣住了，河水涨高了，把小桥冲垮了，怎么过河呢？猫医生急得大声叫起来："喵、喵，谁来帮我过河？谁来帮我过河？"教师通过引入简短的故事情境，引导学前儿童观察图片，进行自由讲述和故事续编。

4. 以游戏或表演导入情境

教师可以通过开展一些游戏或观看角色表演的方式让学前儿童观察并描述情境，引起学前儿童的讲述兴趣。表演者要面向全体，语速适中，表演的内容动作性要强，主题突出、情节简单，表演的角色不宜太多，一般以 2～3 人为宜，表演中可以有适当的对话。在中、大班，有时学前儿童还可用哑剧的形式，只靠动作、表情和道具等来表现情境。

导入情境的方法多种多样，教师可以围绕讲述对象设计一个有趣的开头，通过语言、教具、故事、游戏或表演等方式导入情境，还可以通过猜谜、设置悬念、歌曲表演等方式将学前儿童的注意力吸引到教学活动上，也可以将几种方法综合利用，最关键的是要能引起学前儿童对讲述对象的兴趣。

（二）感知、理解讲述对象

学前儿童讲述活动的特点之一是具有相对固定的讲述对象，即凭借物，所以教师在设计与组织讲述活动时，首先要帮助学前儿童感知、理解讲述对象。感知、理解讲述对象主要通过观察的途径进行。这里所说的观察，大部分是通过视觉汲取信息，但不排斥从其他感觉通道去获得认识，常见的看图讲述、实物讲述、情境表演讲述、听录音讲述、画画编故事等都可以激发学前儿童讲述的兴趣。

教师在指导学前儿童感知、理解讲述对象时，应重点把握以下 3 点。

1. 依据讲述类型的特点感知、理解讲述对象

叙事性讲述应重点感知、理解事件发生的过程、顺序及人物在其中的作用；描述性讲述的观察重点则是物体的形态或人物的状态、动作、特征等。只有从这样的角度把握讲述对象，才能为讲述做好准备。

2. 依据凭借物的特点感知、理解讲述对象

讲述活动中的凭借物是多种多样的，有的是几幅平面的、相互有关系的图片，有的是立体的、固定的实物，有的是活动的、连续动作的情境，还有的是听觉信息组成的活动情境，等等。教师在指导学前儿童感知、理解讲述对象时，要抓住这类讲述对象的特点来组织观察活动。

3. 依据活动的具体要求感知、理解讲述对象

每一次活动的目标要求是不一样的，有时要求学前儿童学习有中心、有重点地讲，有时要求学前儿童有顺序地讲。教师的任务是根据活动的具体要求，指导学前儿童观察，以便为讲述打好认识上的基础。

（三）运用已有经验进行讲述

在学前儿童感知、理解讲述对象的前提下，教师引导学前儿童运用已有的经验进行讲述。这一步骤要求教师尽量让学前儿童自由地讲述，给他们充分的机会和时间，运用已有的经验进行讲述。

组织学前儿童运用已有经验讲述的方式很多，基本上可以归纳为以下 3 种。

1. 集体讲述

这种方式虽然保持了集体活动的状态，但为每个学前儿童提供了围绕讲述对象充分自由发表个人见解的机会。例如，教师在设计与组织中班讲述活动"我带来的玩具"时，可以让学前儿童根据个人经验，向同伴介绍自己带来的玩具，教师不做规定和提示。

2. 小组讲述

采用小组讲述时，一般情况下每组 4 人，学前儿童可有更多的机会围绕同种讲述对象，轮流进行讲述。这种形式具有一定的直接交流的性质，能够保证每个学前儿童均有讲述的机会。

3. 个别交流讲述

个别交流讲述常常是指学前儿童一对一地讲述。教师可以让学前儿童就近与邻座的同伴结成"对子"，轮流讲述，也可让学前儿童对着假想角色讲述。例如，在讲述"我们班的小朋友"这一主题时，学前儿童对着假想角色讲述自己班上的小朋友。这样的讲述方式对学前儿童具有相当大的吸引力。

教师在指导学前儿童运用已有经验进行讲述时，要注意以下几点。

（1）讲述前，教师要交代清楚要求，提醒学前儿童围绕感知、理解的对象来讲述。

（2）教师要注意倾听学前儿童的讲述内容，发现讲述中的闪光点及存在的问题。

（3）在活动中，教师不要过多地指点学前儿童讲述，最多以插问、简单提问等方式引导学前儿童讲述，以免干扰其运用已有经验进行讲述。

运用已有经验进行讲述是一种放手让学前儿童讲述的活动程序，这一开放的步骤对于下一步骤的活动十分必要。经实践证明，如果缺乏这一步骤的活动，讲述活动的效果会受到很大的影响。

（四）教师引进新的讲述经验

新的讲述经验是每次讲述活动的学习重点。在制定活动目标时，教师应总结上次活动的重点、解决的问题和最终的效果，以便在此基础上向学前儿童提供新的讲述经验。新的讲述经验的内容主要是讲述的思路和讲述的方式。

引进新的讲述经验的方式主要有以下 3 种。

1. 教师示范新的讲述经验

教师在学前儿童自己讲的基础上，提出一种新的讲述思路，就同一讲述对象发表个人的见解。例如，大班儿童拼图讲述"城市里的交通工具"之后，教师重新拼图，构成一个合理的画面，并添画街道、花园、楼房等事物，然后将这一完整画面组成现代城市中有情节的内容并讲述出来。

教师的这种示范讲述提供讲述思路中的一种，绝不是学前儿童复述的模本。如果教师误解了示范的作用，要求学前儿童按照教师讲述的内容一字不漏地模仿，学前儿童便毫无趣味可言，这会极大地影响其讲述的积极性和创造性。

2. 教师通过提示引进新的讲述经验

在有些活动中，教师可以用提问、插问等方法引导学前儿童的讲述思路，为他们导入新的讲述经验。在运用这类方法时，教师表面上顺着学前儿童的讲述内容，实际上却通过提问、插问不断改变其讲述思路。例如，在拼图讲述中，当学前儿童自由讲述后，教师可以提问："小朋友，你还可以用拼图拼出什么故事？给我们讲一讲，好吗？"

3. 教师与学前儿童一起讨论新的讲述思路

教师可以从分析某个学前儿童的讲述内容入手，与学前儿童一起归纳新的讲述思路。例如，在讲述"各种各样的玩具"这一主题时，教师可以说："刚才他讲述玩具时，先讲了什么？玩具是什么颜色的？是什么形状的？是用什么做的？"教师边问，学前儿童边答，师幼一起分析讨论，以厘清讲述的顺序，也引进了新的讲述经验。

（五）巩固和迁移新的讲述经验

在讲述活动中，教师仅引进新的讲述经验是不够的，还要为学前儿童提供实际运用新经验的机会，以便他们更好地获得这些经验。因此，讲述活动的最后一个基本步骤是巩固和迁移新的讲述经验。

教师在这一环节给学前儿童提供实际运用新思路和方法的机会，让学前儿童尝试用新的思路和方法讲述，以帮助学前儿童更好地巩固和运用新的讲述经验。其中，迁移主要有以下3种方法。

（1）当学前儿童学习了一种新的讲述经验后，教师立即提供讲述同类话题、不同内容的机会，让学前儿童用新的讲述经验根据上一个讲述者的思路来讲述新的内容。

（2）教师示范新的讲述经验并帮助学前儿童厘清思路后，让学前儿童尝试用新的讲述经验来讲同一件事情、同一情境。

（3）在教师示范过新的拼图添画并引进讲述经验后，进一步要求学前儿童自己独立添画后讲述。

上述这些方法都不能单一使用，只有互相整合、完美组合，才能让学前儿童对讲述活动保持浓厚的兴趣，最终达到活动目标。

（六）做好活动延伸

主体活动结束后，教师要注意做好讲述活动的延伸。延伸活动主要包括以下几种。

（1）延伸到区角活动，例如，让学前儿童在语言区迁移新的讲述经验，在表演区将讲述的故事用动作和言语表演出来。

（2）延伸到亲子活动，例如，让学前儿童给家人讲述学到的新内容。

（3）延伸到其他领域，例如，开展科学活动、艺术活动等。

五、组织讲述活动

教师在组织讲述活动时，为了确保活动的有效性，应注意以下几点。

（一）运用科学的组织方法

教师组织讲述活动时，选择何种组织方法，要由讲述类型的特点、学前儿童的年龄特点及语言的实际水平来决定。例如，看图讲述和实物讲述多运用示范、提问、集体讲述、分组讲述等多种方法；描述性讲述和说明性讲述多运用提供讲述提纲的方法；议论性讲述多运用示范模仿的方法。

对每种不同的方法，教师还要根据学前儿童的年龄特点和现有语言水平的不同、具体活动目标和内容的不同，灵活地加以运用。以看图讲述为例，教师组织活动时，对于单幅图可以一次性呈现，让学前儿童整体观察后再对局部进行仔细观察，也可以先出示一部分（掩盖其余部分），再逐步扩大展示区域（或固定背景、按讲述顺序插入角色）。

对带有一定故事情节的多幅图片，教师可以在开始时全部呈现，使学前儿童对画面内容有一个概括性的印象，然后引导他们逐幅仔细观察，这样有利于学前儿童围绕一个中心观察画面，讲清图意。对内容有可比性的图片，教师可以将两幅或几幅图作为一组对照出示，也可以将可对比的图片依次出示后再对比。

总之，对于多幅图，教师可以一次性全部呈现或逐幅呈现，也可将分步呈现或对比呈现相结合，进而产生多种不同的呈现形式。交替使用几种呈现形式，可以尽量避免或减少学前儿童参与讲述机会少、等待时间长等问题的出现，使学前儿童始终保持参与的兴趣与积极性，同时发挥想象力，以提高学前儿童的思维和讲述能力。

（二）提出的问题要恰当

学前儿童讲述活动需要教师通过层层点拨，引导学前儿童积极应答、探究和质疑，才能有效地促进他们语言运用能力的提高和发展。那么，在这样的师幼互动中，提问是教师、学前儿童和活动内容三者间互动的关键途径，是决定活动是否有效的关键因素。

准确、恰当的问题可以激发学前儿童的学习兴趣，启发他们积极思考，调动他们学习的积极性与主动性，并促使他们使用恰当的语句进行表达。不同学前儿童的观察、想象、思维和口语表达能力存在着较大的差别。在讲述时，教师的问题要有助于每位学前儿童观察、思考等。教师还要根据不同年龄班的具体情况，设计难度不同的问题，不同程度地帮助学前儿童进行讲述。

以看图讲述为例，教师提出的问题应具有启发性、针对性、顺序性和差异性。教师在设计讲述活动方案时，要提前设计出恰当的问题；在组织实施活动时，可以结合学前儿童回答的具体情况灵活调整，有针对性地加以指导，以提高活动效果。

（三）充分锻炼讲述能力

教师要为每位学前儿童提供"讲"的机会，在讲述活动中教师要做到能够根据学前儿童的个体差异分别提出不同的要求：对语言发展较弱的学前儿童，可以提出较为简单的问题，或者让他们重复回答同一问题，以鼓励他们讲述；对语言发展较好的儿童，可以适当增加提问难度，使他们经过一番积极思考后再讲述，或者请他们做总结性讲述。

这样，不同发展水平的学前儿童通过讲述实践，其语言能力都能在原有的基础上得到有效发展。但是，在集体教学活动中，学前儿童的发言机会往往有限，教师可以在自主讲述的环节安排分组讲述，如两人一组互相讲述，以给予每位学前儿童讲述的机会。

（四）进行科学提示与评价

提示是当学前儿童在讲述活动中遇到困难时教师采取的一种措施。例如，在看图讲述中，教师可以用一个词或一个问题帮助学前儿童讲好开头；也可以在画面上标出讲述顺序，帮助学前儿童理清故事脉络。在讲述过程中，教师可以指图提示，可以用手势和表情提示，也可以提示关键词，帮助学前儿童连贯地讲述下去。

无论是在讲述活动过程中还是活动结束后，教师都需要做出科学、合理的评价。教师在评价时需要注意以下几点。

（1）对学前儿童的讲述内容和水平进行评价时，教师要尊重学前儿童，给予必要的指导和帮助，鼓励和支持他们，帮助他们建立自信心。

（2）评价的着眼点不在于肯定个别学前儿童讲述的优点，而在于对其以后讲述产生的影响。

（3）对讲述的评价一般不放在讲述活动的最后，教师应在学前儿童讲述中及时评价。

（4）评价时教师的语言要具体、简洁，教师要多给学前儿童留出讲述和练习的时间。

（5）在评价主体上，多以教师评价为主。随着年龄的增长，中、大班儿童也可以开展互评。

六、讲述活动案例

（一）特别的糖——糖画（小班实物讲述）

设计意图

幼儿期是语言发展特别是口语发展的重要时期。幼儿的语言能力是在交流和运用的过程中发展起来的。教师要为幼儿创设自由、宽松的语言交往环境，鼓励和支持幼儿与成人、同伴交流，让幼儿想说、敢说、喜欢说并能得到积极的回应。

糖是幼儿爱吃的食物之一，幼儿对于吃的东西充满了兴趣，充满了表达的意愿。糖塑以幼儿感兴趣的糖为材料进行造型，是中国传统民间手工艺之一，被列入中国第二批国家级非物质文化遗产名录。因此，本次活动以糖画作为凭借物，符合幼儿的兴趣，既可以提高幼儿描述性讲述的能力，也能很好地传承中华优秀传统文化。

活动目标

1. 通过观察、触摸等方式感知我国非物质文化遗产——糖画。

2. 能从触觉、嗅觉、视觉和味觉的角度展开对糖画的讲述，并尝试运用"硬硬的""甜甜的"等形容词描述糖画的不同特征。

3. 乐意在集体面前表达自己的想法。

活动重难点

1. 重点：从触觉、嗅觉、视觉和味觉的角度完整讲述糖画。

2. 难点：运用"硬硬的""甜甜的"等形容词描述糖画的不同特征。

活动准备

1. 经验准备：有在集体面前讲述的经验，会倾听，知道软硬和各种形状。

2. 物质准备：未融化的冰糖、糖画制作过程的视频、提前做好的各种造型的糖画（如蝴蝶、兔子、汽车、灯笼等）、多媒体课件，讲述思路提示图（手、鼻、口、眼等各感官的感受）

活动过程

1. 实物导入，激发兴趣。

出示未融化的冰糖，以糖会变魔术的情境引起幼儿的兴趣，并展示糖画制作过程的视频。

教师：小朋友，你们知道这个是什么吗？

教师：对了，它是糖，它的名字叫冰糖。它会融化，还会变魔术呢！

2. 多感官、多途径感知、理解糖画。

让幼儿通过摸一摸、看一看、闻一闻、尝一尝，了解糖画的软硬、外形和味道，并自由讲述。

教师：谁来告诉老师，你发现糖变成什么啦？

教师：你们想尝一尝吗？

教师：制作糖画需要把糖融化成糖浆，用勺子舀糖浆来画画。它既能吃，又像画一样好看，所以我们叫它糖画。糖画是我国的一种传统民间手工艺。

3. 幼儿运用已有经验自由讲述糖画。

请个别幼儿在集体面前讲述，幼儿运用已有经验讲述蝴蝶造型糖画的特征，教师注意倾听，捕捉幼儿讲述的闪光点及需要支持的点。

教师：刚刚我们都摸了、看了、闻了、尝了糖画，谁可以来介绍一下糖画？

4. 多策略梳理新经验，引导幼儿学习新的讲述经验。

（1）教师通过示范、提示、展示图片等方式引导幼儿学习新的讲述经验。

教师：刚刚有小朋友在介绍的时候，说了糖画的味道、软硬、外形特征。（出示手、眼、鼻、口的图片，分别提示讲述要点）

教师：我也来试试介绍糖画。

教师：这是糖画，它摸起来硬硬的，闻起来香香的，吃起来味道甜甜的，看起来像一只蝴蝶。

（2）幼儿运用新经验再次讲述蝴蝶造型糖画。

教师：谁来学一学老师，说一说糖画摸起来怎么样，闻起来怎么样，吃起来味道怎么样，看起来怎么样？

5. 创设情境游戏，巩固和迁移新经验。

（1）情境创设：糖画小摊上有各种造型的糖画，幼儿选择自己喜欢的糖画造型，分组自由讲述。

（2）个别讲述：我喜欢的糖画。

（3）教师点评并鼓励幼儿，结束活动。

活动延伸

1. 语言区：通过视频展示各种立体、平面造型的糖画作品，鼓励幼儿再次讲述自己喜欢的糖画。

2. 艺术活动：鼓励幼儿画出自己喜欢的糖画造型。

案例评析

活动内容评价：选择我国国家级非物质文化遗产糖画作为讲述的内容。糖画，可以品尝也可以观赏，符合小班幼儿的需求，也符合时代的要求。

活动目标评价：以发展幼儿的实物讲述能力为重点，尊重幼儿的主体性，能够从3个维度促进幼儿的全面发展。

活动准备评价：从经验和物质上都进行了充分的准备。人手一份的糖画能激发幼儿讲述的意愿，提示图能够提醒幼儿完整讲述糖画，体现了以幼儿为主体的理念。

活动过程与方法评价：活动通过"激发兴趣—感知、理解糖画—自由讲述糖画—学习从触觉、嗅觉、视觉和味觉的角度对糖画进行完整讲述—迁移巩固新的讲述经验"的步骤，围绕实物讲述的能力目标，同时兼顾情感和认知发展，采用摸一摸、看一看、闻一闻、尝一尝、讲一讲等多种方法，运用图片（手、眼、鼻、口）提示幼儿完整讲述的方式，突破活动的重点和难点，符合小班幼儿的认知特点和本次讲述活动的需要。

活动效果评价：活动能让幼儿围绕糖画，提高完整讲述的能力，并允许幼儿有讲述上的失误，尊重幼儿的想法，效果较好。

（二）传统节日——冬至（中班情境讲述）

设计意图

每年的 12 月 22 日前后是冬至。在我国古代，冬至是个重大的节日，不仅有"冬至大如年"的说法，还有庆贺冬至的习俗。北方地区有冬至宰羊、吃饺子、吃馄饨的风俗，南方地区则有冬至吃米团、长线面、汤圆的习惯。汤圆软糯香甜，深受幼儿的喜欢，制作起来也简单。正值冬至之际，多数幼儿在家体验了制作汤圆与食用汤圆的乐趣，对汤圆的制作与食用比较熟悉，回园后纷纷与其他小伙伴分享。

教师从幼儿亲身经历的节日出发，通过谈话调动幼儿的已有经验，展示超市、厨房等场景为幼儿创设讲述情境，引导幼儿根据场景依次来讲述制作汤圆的过程，既能锻炼幼儿的讲述能力，又能让幼儿进一步加深对我国传统节日习俗的了解。

活动目标

1. 认识我国传统的节日冬至，知道冬至的由来，喜欢中国的传统节日。
2. 能够根据事情的发展顺序，运用较完整的语言讲述制作汤圆的过程。
3. 在"打电话"的游戏中，用较完整的句子邀请客人，传递温暖。

活动重难点

1. 重点：根据场景依次讲述冬至制作汤圆的过程。
2. 难点：能用较完整的句子讲述及邀请客人。

活动准备

1. 经验准备：幼儿知道冬至有吃汤圆的习俗，有制作汤圆和吃汤圆的经验。
2. 物质准备：场景图、儿歌《冬至到》、汤圆。

活动过程

1. 以儿歌导入主题——冬至，引起幼儿的兴趣。

教师播放儿歌《冬至到》。

教师：小朋友们，你们听到了什么？歌曲里讲了什么？什么是冬至？

2. 幼儿运用已有经验自由讲述冬至吃汤圆的习俗。

教师：你有没有做过汤圆呢？如果做过，请跟你旁边的好朋友分享一下你是怎么做汤圆的。

教师：冬至是我国一个非常重要的节气，也是一个传统节日，被认为是二十四节气之首，我国有"冬至大如年"的说法。为了庆祝我国的传统节日，北方有吃饺子的习俗，南方有吃汤圆的习俗，刚才老师也知道了有的小朋友已经做过汤圆，并和好朋友分享了做汤圆的过程。

3. 出示场景图，引导幼儿根据情境讲述内容，提高其完整讲述的能力。

（1）教师出示超市图，鼓励幼儿讲述做汤圆的准备过程。

（2）教师出示厨房图，鼓励幼儿讲述汤圆的制作过程。

（3）教师出示汤圆图，鼓励幼儿讲述过冬至的情境内容。

教师引导幼儿完整讲述，并学会关爱家人、感恩他人。

4. "打电话"游戏——邀请好朋友过冬至，迁移巩固讲述经验。

（1）个别幼儿讲述，提高讲述的完整性。

教师：通过小朋友的讲述，我们对制作汤圆的过程又有了进一步了解。现在我们玩一个小游戏，打电话邀请你的好朋友过冬至，完整介绍自己制作汤圆的过程。

（2）幼儿间打电话互相邀请，力求完整、连贯地讲述内容。

5．教师小结，带领幼儿吃汤圆，自然结束活动。

教师：刚才我们用"打电话"的形式较完整地讲述了冬至时自己制作汤圆的过程，对我国的传统节日冬至的习俗有了进一步的了解，希望小朋友们以后也像今天这样用完整的语言讲述内容，把更多有关中华优秀传统文化的知识分享给他人。

走，我们一起去吃汤圆吧……

附儿歌：《冬至到》

冬至到，冬至到，南汤圆，北水饺，暖暖和和吃一碗，保你耳朵冻不掉。

冬至到，冬至到，敬祖宗，把墓扫，会亲访友拜老师，平安幸福乐陶陶。

冬至到，冬至到，这一夜，最长了，甜甜蜜蜜睡一觉，明天太阳会更好。

案例评析

活动内容评价：选择我国传统节日冬至作为讲述的主题，贴近幼儿的生活，既符合中班幼儿的需求，也符合时代的要求。

活动目标评价：将发展幼儿的情境讲述能力作为活动的重点，以幼儿为主体，能够从3个维度促进幼儿的全面发展。

活动准备评价：从经验和物质上都进行了充分的准备。汤圆和场景图能够激发幼儿讲述的意愿，体现了以幼儿为主体的理念。

活动过程与方法评价：活动通过"儿歌导入—幼儿自由讲述—幼儿学习完整讲述—幼儿在游戏中迁移巩固讲述经验"的步骤，围绕情境讲述的目标，采用讲解法、讨论法、游戏法等多种方法，符合中班幼儿的认知特点和本次讲述活动的需要。

活动效果评价：活动能让幼儿围绕过冬至过程中的不同情境完整地进行讲述，并通过游戏的方式对完整讲述的能力进行巩固，活动效果良好。

⚙ 实战训练

请同学们自由分组，4人一组，以小组为单位，设计主题为"多彩的服装"的讲述活动，针对中班儿童的特点进行方案策划，要求步骤完整，目标明确、具体，内容有趣，能够吸引中班儿童的注意力，激发他们讲述的愿望。

课后习题

一、单项选择题

1．学前儿童讲述的对象又称（　　　）。

　　A．图片　　　　　　B．实物　　　　　　C．凭借物　　　　　D．情境

2．和谈话活动相比，讲述活动的语境较为（　　　）。

　　A．正式　　　　　　B．自由　　　　　　C．宽松　　　　　　D．严肃

3．讲述活动的重点是（　　　）。

　　A．培养学前儿童的感知与理解能力

　　B．锻炼学前儿童的独白语言能力

　　C．培养学前儿童的信息调节能力

　　　　D. 培养学前儿童积极的情感态度

　　4. 单幅图，主题明确，线索单一，角色少，背景简单，这样的图片适合（　　）讲述。

　　　　A. 小班儿童　　　　　　　　　　　　B. 中班儿童

　　　　C. 大班儿童　　　　　　　　　　　　D. 各年龄段儿童

　　5. 对于大班儿童讲述活动年龄段目标，下列选项中描述不正确的是（　　）。

　　　　A. 能有重点地讲述实物、图片和情境，突出讲述的中心内容

　　　　B. 能在集体中专注、长时间地倾听别人讲述，并能记忆倾听的内容

　　　　C. 通过观察，理解图片、情境蕴含的主要人物关系和思想感情倾向

　　　　D. 乐意运用各种感官，按照指令要求去感知讲述内容

　二、判断题

　　1. 学前儿童讲述活动是一种较自由的，无计划、无目的的语言教育活动。（　　）

　　2. 实物讲述适于幼儿园中、大班儿童。（　　）

　　3. 能在集体中认真、耐心地倾听他人讲述，发现异同，并从中学习好的讲述方法是中班儿童讲述活动年龄段目标之一。（　　）

　　4. 情境讲述的内容应具有动作性强、便于表演的特点。（　　）

　　5. 生活经验讲述的内容应是学前儿童熟悉的，不能是让他们感觉新鲜的内容。（　　）

　三、简答题

　　1. 简述学前儿童讲述活动的特点。

　　2. 简述学前儿童讲述活动的主要类型。

　　3. 简述学前儿童看图讲述内容选择的要求。

05

第五章
学前儿童听说游戏活动

知识目标

➤ 了解学前儿童听说游戏活动的基本特征与主要类型。

➤ 明确学前儿童听说游戏活动的目标。

能力目标

➤ 能够分辨学前儿童听说游戏活动的类型。

➤ 能够根据理论知识制定听说游戏活动的目标。

➤ 能够设计并组织学前儿童听说游戏活动。

素养目标

➤ 坚定民族自信，将民间传统游戏合理融入学前儿童听说游戏活动。

➤ 尊重学前儿童的身心发展特点，寓教于乐，实现玩中学，学中玩。

➤ 培养仔细观察、认真倾听的良好习惯。

　　听说游戏是一种特殊形式的语言教育活动，一般在游戏规则中对学前儿童听音辨音及语言表达等能力提出要求，因此它含有较多的游戏成分，将游戏的形式与发展语言的任务相结合，能够较好地吸引学前儿童参与语言学习的活动，增强学前儿童学习语言的兴趣，并使学前儿童在积极、愉快的游戏活动中完成语言学习的任务。听说游戏不仅能够较好地帮助学前儿童达成语言教育目标，同时还能成为他们在日常生活中玩的自主游戏，给予他们更多学习和运用语言的机会。

第一节　认识学前儿童听说游戏活动

引导案例

　　在幼儿园中班语言教学活动中，张老师选用了一个听说游戏——"小白兔吃青草"。在这个游戏中，张老师扮演兔妈妈，一位小朋友扮演大灰狼，其他小朋友扮演小白兔。"兔妈妈"带着"小白兔"们到处吃青草，"小白兔"们边跳边唱歌："小白兔，跳跳跳，一跳跳到草地上。吃吃吃，吃青草，吃吃吃，吃个饱。"

　　正在"小白兔"们反复唱歌时，扮演大灰狼的小朋友大喊一声："大灰狼来啦！"扮演小白兔的小朋友们马上跑到"兔妈妈"身边蹲下，代表着他们已经回家，脱离了危险；而没有及时跑到"兔妈妈"身边蹲下的"小白兔"就要被"大灰狼"吃掉了。

　　这首儿歌虽然简单，但小朋友们知道在唱完儿歌后，"大灰狼"会跳出来大喊，这代表着危险即将来临，他们需要到"兔妈妈"这里寻求保护。这种非竞赛性质的活动激励了小朋友们积极地投入活动，从而达到了提高其听说能力的效果。

学前儿童听说游戏是以游戏的形式组织的语言教学活动，是指由教师设计组织的、培养学前儿童倾听和表达能力，以发展学前儿童语言为目的的有规则的教学游戏。它是一种特殊的语言教育活动，具有游戏和教育活动的共同特点。

一、学前儿童听说游戏活动的基本特征

听说游戏是语言教育游戏，为学前儿童提供了语言学习和运用的环境，是一种特殊的语言教育活动。学前儿童听说游戏活动的基本特征如下。

（一）活动蕴含语言教育目标

每一个听说游戏活动都蕴含了对学前儿童语言发展的具体要求，表现为语言形式、语言内容和语言运用中某一方面的要求。例如，小班听说游戏活动"开汽车"的目的是让学前儿童学会与同伴合作，正确使用人称代词"你""我"并敢于在集体面前大胆地进行表达。

在教师设计的活动教案中，教育目标是一个统领课堂教学全局的重要方向标，教师要清楚地考虑什么样的活动要达到什么样的教育目标，包括具体的语言知识、认知，以及情感方面的素质教育目标。

教师需要根据本班学前儿童语言学习的实际需求，结合学前儿童语言教育的总目标和任务，将学前儿童语言教育目标融入听说游戏活动的内容和过程中，从而设计和实施听说游戏活动，促进学前儿童主动积极参与活动，以顺利达到活动目标。

（二）游戏规则与语言发展相结合

教师组织学前儿童参加的语言学习活动都是围绕着既定的教育目标展开的，有具体的规则和明确的要求。教师只有把握了语言教育的目标，才能根据目标的指引来决定语言的练习重点，选择语言内容和确定活动规则；同时，也要通过直观的示范、清楚的讲解使学前儿童理解在活动中的做法，知道怎么听、怎么说。

听说游戏活动的规则可以分为两种类别，如图 5-1 所示。

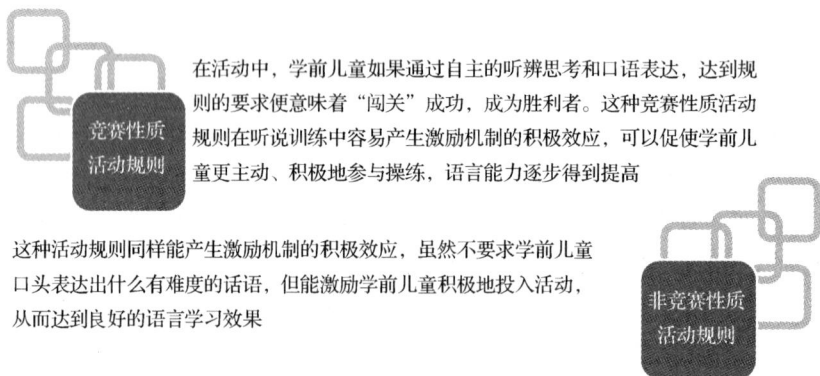

竞赛性质活动规则　在活动中，学前儿童如果通过自主的听辨思考和口语表达，达到规则的要求便意味着"闯关"成功，成为胜利者。这种竞赛性质活动规则在听说训练中容易产生激励机制的积极效应，可以促使学前儿童更主动、积极地参与操练，语言能力逐步得到提高

这种活动规则同样能产生激励机制的积极效应，虽然不要求学前儿童口头表达出什么有难度的话语，但能激励学前儿童积极地投入活动，从而达到良好的语言学习效果　非竞赛性质活动规则

图 5-1　听说游戏活动的规则

（三）在活动中逐步增加游戏成分

学前儿童大多喜欢游戏，这是学前儿童的天性使然。因此，针对学前儿童设计与组织各

种语言教育活动时，借助于游戏这种富有趣味性的活动形式，有助于教师实现"寓教于乐"的教育理念，更好地实现语言教育目标。

从活动组织形式上看，这类活动具有"从活动入手，逐步增加游戏成分"的特征，主要表现在：教师需要通过深入浅出、形象生动的方式，借助口头表达、表情暗示、肢体动作等手段帮助学前儿童理解听说游戏活动情境和要求；教师作为游戏参与者之一，带领学前儿童开展游戏；在学前儿童熟悉游戏规则、融入活动氛围后，教师再放手让他们作为活动的主体独立进行游戏。

在听说游戏活动过程中，教师的主导地位由强变弱，教师将活动主体转变为热衷游戏的学前儿童，让他们更多地感受到游戏的快乐氛围，积极参与游戏。这是将游戏作为语言教育的活动载体并逐步增加其成分、体现其作用的过程，它使学前儿童听说方面的语言能力得到了巩固和发展。

教师在听说游戏活动中"逐步增加游戏成分，将学前儿童转变为活动主体"的过程，涉及以下 3 种转换方式。

1. 由活动目标转换为游戏规则

听说游戏活动不是纯粹的玩乐，必须包含语言教育目标。语言教育目标可以以具体文字书写于教师活动方案中，但需要通过有规则的活动过程来实际体现。教师无须向学前儿童说明活动是为了达到什么目的，只需通过规则说明来让他们理解该根据什么提示做出什么反应，即"听什么、说什么"，在活动中进行听说练习。在这个过程中，游戏规则是控制活动进程的方向标，语言教育目标是活动的最终目的地。

2. 由教师控制转换为学前儿童控制

在听说游戏活动开始时，教师主导创设游戏情境，说明游戏规则、示范游戏玩法。学前儿童只是被动地听讲与思考，当他们对游戏产生兴趣时，就有了主动参与的欲望，就会自然而然地进入游戏角色。

游戏规则在学前儿童大脑中成为无形的行为导向后，学前儿童就会成为游戏主角和活动主体，自主进行听说能力的训练，直至教师发出游戏结束的指令。这一过程实际上是由教师的外部指令控制转换为学前儿童的内部思维控制的过程。

3. 由真实情境转换为假想情境

听说游戏活动开始前，教师对学前儿童说明活动规则，示范游戏玩法，学前儿童作为接受者进行听辨、观察，师幼都处于教室或操场这一真实环境中。随着游戏的展开，学前儿童不知不觉地进入由教师通过语言渲染、道具布置或口令提示等创设的游戏情境中，他们逐渐成为游戏预先设定的特殊角色，并在脑海中以新的思维方向和模式来指挥自己的行动，按规则要求说出相应的话语。在这一过程中，学前儿童进行语言知识的运用及听说能力的锻炼。

二、学前儿童听说游戏活动的主要类型

学前儿童听说游戏活动类型繁多，此处主要介绍以下几种。

（一）语音练习活动

这类活动的目的是为学前儿童提供适量的发音机会，指导学前儿童练习正确的发音，提

高语音辨析能力。它的形式、结构对学前儿童来说都较为简单。在组织活动时，教师可以根据学前儿童语音学习的需要安排以下练习。

1. 困难发音的练习

对于较难发出的语音要素，教师可借助特别的听说游戏活动对学前儿童进行有针对性的训练，结合实际，有的放矢。开展听说游戏是发展学前儿童听觉的一个有效办法，可以培养他们的倾听能力，提高他们的辨音能力，从而提高他们的发音水平。例如，让学前儿童分清 s 和 sh 的发音并重点练习，可以进行说绕口令《画狮子》的游戏，让学前儿童说出"有个小孩子，来到石院子，学画石狮子，天天画石狮子，次次画石狮子，石狮子画成了活狮子"。

教师可以根据学前儿童的实际接受能力，选取某些声母与某些韵母相结合的音节来创编绕口令，帮助学前儿童进行语音练习。

2. 方言干扰音的练习

学前儿童由于出生及生活的区域不同，存在着方言对普通话学习产生干扰的问题。在听说游戏活动中，学前儿童可以在教师的指导下多次练习普通话的标准发音，逐步增强语感，掌握正确的发音方式。

3. 声调的练习

声调是决定普通话发音是否标准的一个重要因素，是学前儿童语音学习的一个重要组成部分。教师应在某些听说游戏活动中以训练声调为目标，让学前儿童熟悉声调，从而准确地掌握声调的运用方法。

4. 用气及节奏的练习

初学语言的学前儿童普遍存在用气不均匀、节奏混乱的现象。例如，吐字急促，停顿随意，这两种现象在其表述复杂句子时尤为明显。教师需要在学前儿童的练习中对其进行用气方法的指导和说话节奏的调整，使其语言表达流利自如。

（二）词汇练习活动

学前儿童在语言学习方面一个重要的目标，就是在听说游戏活动中循序渐进地积累大量的日常词汇，同时丰富口语表达的信息，从而培养听力和语感，实现对语言的熟练使用。将与学前儿童生活息息相关的基础词汇作为集中学习和训练的素材，多向他们提供运用词汇的机会是教师的重要任务。在词汇练习活动中，教师应该着重引导学前儿童积累以下两个方面的词汇学习经验。

1. 同类词组词的经验

同类词组词的经验是指将某种意义范畴的同一类词汇作为具体语言目标，提高学前儿童对这类词汇的熟悉程度与口头表达能力。教师应多设置旨在增加词汇量的语言情境，鼓励学前儿童在活动规则的指引下尝试将相关语言信息进行灵活的组织和表达。

例如，在中班儿童的接龙游戏中，教师让学前儿童以数字顺序进行接龙，即"一心一意、两全其美、三顾茅庐、四面楚歌、五彩缤纷、六神无主、七上八下、九霄云外、十全十美"；或者首尾接龙，即"一心一意、意气风发、发扬光大、大海捞针、针锋相对、对牛弹琴、琴棋书画、画龙点睛"等。

2. 不同类词汇搭配的经验

词汇之间的关系很丰富，学前儿童除了要学会将同类词汇集中起来运用外，还要学会将不同类的词汇进行搭配，以表达符合某种情境的语义，这也是很有必要的听说训练内容。

例如，训练量词与名词的搭配，让学前儿童将"一条"或"一群"和"金鱼"组合，将"一棵"或"一排"和"柳树"组合，形成合理的词组，使学前儿童懂得搭配的规律，熟悉说话的习惯，对其语言要素进行扩展。

（三）句型练习活动

学前儿童在语言学习过程中，接触的语言单位是由简单到复杂的。听说游戏活动除了可以帮助学前儿童实现规范语音、积累词汇外，还可以促使学前儿童对句型进行正确运用。

例如，在扩句训练游戏中，教师说词语，学前儿童造句，如小鸟——小鸟在空中飞——小鸟在空中自由飞翔；小鱼——小鱼在水中游——小鱼在水中欢快地游来游去。

一般来说，学前儿童先懂得使用简单句，再慢慢接触和使用结构较为复杂的合成句，后期还要接触更为复杂的嵌入句。要使学前儿童做到对不同句型进行正确理解与熟练运用，教师需要带领学前儿童开展耐心、细致的主观引导和反复训练，而听说游戏活动是这种训练的有效形式之一。

（四）描述练习活动

描述练习活动也是目前幼儿园常用的一种语言教学活动。描述练习活动通常采用"你问我答"的形式，训练学前儿童用比较连贯的语言，生动形象地描述事物，提高学前儿童的口语表达能力，是一种综合性的练习活动。

例如，中班描述练习活动"猜物品"的玩法是教师准备一个物品，然后选择一位小朋友，请其余小朋友闭上眼睛，请这位小朋友描述物品的特征而不直接说物品的名字，如香蕉可以描述为"金黄色的，弯弯的'两头尖'像小船，脱下黄色的外衣，露出白色的果肉，咬一口，软软的、甜甜的，它是一种好吃的水果"。如果其他人听了描述能够猜出物品的名称，这位小朋友就可以获得奖励。

此类练习活动适合在幼儿园中、大班开展，可以锻炼学前儿童的口语表达能力。对小班儿童而言，描述练习活动以发音游戏和词汇游戏为主，在活动中教师可以直接参与，并担任重要角色。对中班和大班儿童而言，描述练习活动以句子游戏和描述性游戏为主，在活动中教师则一般作为观察者，是环境和材料的提供者，适当给予学前儿童指导。

⚙ 实战训练

请同学们判断下列听说游戏活动分别属于哪种类型。

（1）倒着说：教师说词语，并请小朋友们将词语倒着说出来，如"刷牙""替代"等。

（2）说反义词，例如，教师说"大"，小朋友就要说"小"。

（3）金字塔扩句游戏，例如，教师说"小狗"，小朋友们依次说"一只小狗""一只可爱的小狗""一只金黄色的可爱的小狗""一只金黄色的可爱的小狗在啃骨头""我看见一只金黄色的可爱的小狗在啃骨头"等。

第二节　学前儿童听说游戏活动的目标

引导案例

　　王老师为幼儿园小一班的听说游戏活动制定了目标，即帮助幼儿发准3个卷舌音：zh、ch、sh。首先，王老师出示图片并进行提问，引入新拼音："小朋友们，妈妈在干什么啊？（织毛衣——引出 zh）姐姐在做什么啊？（吃苹果——引出 ch）大门口两边的这是什么啊？（石狮子——引出 sh）"

　　通过提问引出 zh、ch、sh 后，王老师接着进行了阅读示范，要求幼儿仔细观察老师的口型，进行跟读。待其掌握了基本发音后，王老师又让幼儿轮流读，对发音不准确的幼儿及时进行纠正。

　　王老师为了加深幼儿们的记忆，还为儿歌增加了手势动作，将其创编为一个儿歌游戏，既激发了幼儿的兴趣，又巩固了他们的正确发音。儿歌为"妈妈织毛衣，zh、zh、zh；姐姐吃苹果，ch、ch、ch，两头石狮子，sh、sh、sh"。

　　这次听说游戏活动的目标具体、明确，符合幼儿现阶段的学习特点，不仅能使幼儿准确地掌握知识点，还锻炼了幼儿的语言能力、创造力和理解力。

　　目标是行动的指南、前进的导向，教师如果不制定科学、合理的教育目标，学前儿童的语言学习和教育就很难在正确的轨道上进行。教师在教学准备的过程中，要系统、深入地了解学前儿童语言教育的目标，并将其作为自己教育行为的导向，这是促进教师教育效果提升和学前儿童语言能力发展的关键。

一、目标的结构分类

　　很多目标都有总体目标的统领及分级目标的划分与建构。学前儿童语言教育的目标也包含从学前儿童语言能力的构成、语言教育的作用及语言技能分类角度来划分的若干分级目标。就听说游戏活动而言，其目标可以分为以下几个方面的内容。

（一）听的行为培养

　　此处提到的"听"，是对他人口头语言有意识、有分析的"倾听"。倾听是学前儿童感知世界和理解思想的一种主要的语言行为表现。在3～6岁这个学前儿童语言教育的重要启蒙阶段，对学前儿童进行倾听行为的培养、指导的过程，也就是使学前儿童了解语言内容、掌握语言运用技巧及交际能力的教育过程。

　　研究发现，不同年龄段的学前儿童，其听力发展的表现不同，如图5-2所示。

　　上述学前儿童听力发展的表现，决定了对学前儿童倾听行为的培养应着重于汉语语音、语调及语义的基本理解层面。教师应在学前儿童学前启蒙教育阶段，帮助其逐步获得以下倾听技能。

　　（1）意识性倾听：运用语言思维，集中注意的倾听。

　　（2）目标性倾听：根据语言目标，探寻结果的倾听。

（3）辨析性倾听：分析语言内容，具有逻辑的倾听。

（4）理解性倾听：把握语言信息，联系语境的倾听。

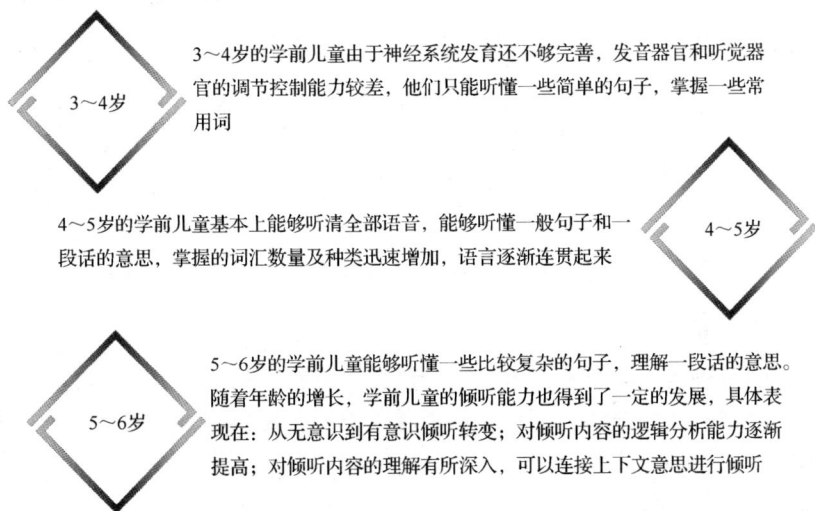

3～4岁的学前儿童由于神经系统发育还不够完善，发音器官和听觉器官的调节控制能力较差，他们只能听懂一些简单的句子，掌握一些常用词

3～4岁

4～5岁的学前儿童基本上能够听清全部语音，能够听懂一般句子和一段话的意思，掌握的词汇数量及种类迅速增加，语言逐渐连贯起来

4～5岁

5～6岁

5～6岁的学前儿童能够听懂一些比较复杂的句子，理解一段话的意思。随着年龄的增长，学前儿童的倾听能力也得到了一定的发展，具体表现在：从无意识到有意识倾听转变；对倾听内容的逻辑分析能力逐渐提高；对倾听内容的理解有所深入，可以连接上下文意思进行倾听

图 5-2　学前儿童听力发展的表现

（二）说的行为培养

学前儿童养成了倾听的良好习惯，在倾听的过程中理解了语言内容，熟悉了语言的表达方式，说的能力也应当得到发展。

学前儿童有意识、有目的、有方法地说，可以称为"表述"。具体而言，表述是包含特定语言内容、语言形式及方法的表达和交流的行为，是学前儿童语言知识学习和语言能力发展的主要表现之一，表述行为培养也是学前儿童语言教育目标的重要组成部分。

学前儿童语言阶段是学前儿童语言能力形成的重要时期。在这一特定时期，学前儿童表述行为能力发展的重点为学习正确恰当的口语表达，即从语音、语法、语义及语用 4 个方面掌握母语的表达。表述能力的发展过程为：从口头到书面、随意到规范（礼貌），从语音到语义、模仿到理解，从词语到句型、零碎到完整，从个人到集体、独白到交谈。

（三）听与说的结合

在教育过程中，听与说两项技能的培养其实是同步进行、互相影响、密不可分的，如图 5-3 所示。

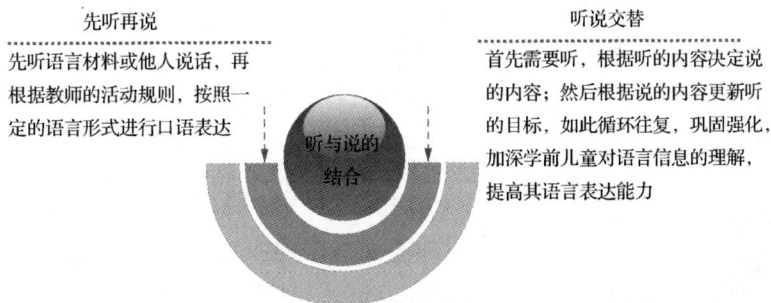

先听再说

先听语言材料或他人说话，再根据教师的活动规则，按照一定的语言形式进行口语表达

听与说的结合

听说交替

首先需要听，根据听的内容决定说的内容；然后根据说的内容更新听的目标，如此循环往复，巩固强化，加深学前儿童对语言信息的理解，提高其语言表达能力

图 5-3　听与说的结合

二、目标的基本要求

作为一种特殊形式的语言教育活动，听说游戏活动的目标需满足以下基本要求。

（一）目标要具体

在一项听说游戏活动中，制定的目标不要笼统、空洞，而要细致、具体，这样才能具有可操作性，也能让人一目了然学前儿童在这一活动中学习哪部分知识和技能。

具体目标虽然小，但"麻雀虽小，五脏俱全"，这样的具体目标在具体的教学过程中同样能够体现出对学前儿童多方面语言学习的要求和指导。听说游戏活动中每个具体的语言教育目标都是组成总体语言教育目标的重要分支，具有不可忽视的教育价值。

（二）目标要含蓄

在语言训练的各种活动中，听说游戏活动最为"含蓄"和"内敛"。肢体游戏需要教师亲身示范讲解，让学前儿童明确动作要领；绘画练习需要教师说明用哪几种色彩完成对哪个图案或区域的填充；而听说游戏活动所包含的活动任务不会直接、清楚地呈现在学前儿童面前，或者表现在教师的教学操作中，而是让学前儿童在特定活动规则约束、交际情境设置和语言信息提供的前提下，在听辨、理解、表达与玩耍的过程中自然而然地实现对语言知识的输入和输出，从而达到预期的语言教育目标。

（三）目标要可行

学前儿童正处于语言启蒙教育的关键时期，可塑性强，发展潜力大。但是，他们毕竟是幼小的、柔弱的，他们需要从力所能及的小事做起，教师要给予积极、正面的鼓励和引导，激发他们的积极性，使其不断进步。因此，教师在确立某个语言教育目标时，必须考虑到它的实际可行性。

此外，教师在设计听说游戏活动时，尽量不要为学前儿童设置新的语言学习任务，而应更多地根据近阶段学前儿童语言学习的重点需求来考虑分析，让他们在简单可行的游戏活动中复习巩固已学的语言内容，增加适当的语言知识，获得基本的语言运用能力，这样才能真正做到让学前儿童"听得懂""说得出"，学有余力，学有所得。

三、目标的具体内容

要使针对学前儿童设计和开展的语言教育活动有章可循、确有成效，教师还需要明确各项活动目标的具体内容。

（一）学前儿童听说游戏活动的总目标

学前儿童听说游戏活动的总目标主要从认知、技能和情感3个方面来阐述。

1. 认知目标

学会正确地发音；养成倾听的好习惯；掌握各类词性及词汇的运用方法；理解并听懂听说游戏活动的规则。

2. 技能目标

理解并遵守各种听说游戏活动的规则；能够根据规则做出及时、准确的反应；能够按照规则说出相应的词汇或语句。

3. 情感目标

积极遵守规则；主动地参与听说游戏活动；乐意运用语言积极与其他人进行交往。

（二）学前儿童听说游戏活动的年龄段目标

学前儿童听说游戏活动的年龄段目标如表 5-1 所示。

表 5-1　学前儿童听说游戏活动的年龄段目标

年龄段	认知目标	情感目标	技能目标
小班儿童	① 准确发音，初步掌握方位词及人称代词，学习正确运用动词； ② 养成在集体活动中倾听别人讲话的习惯	① 乐于参与游戏，在游戏中大胆地讲话； ② 体验与同伴共同游戏的乐趣	① 能听懂并理解较简单的语言游戏规则； ② 尝试按照规则使用简单句说话
中班儿童	① 在游戏中巩固练习发音，正确运用代词、方位词、副词、动词、连词和介词等； ② 学习迅速理解并执行游戏中的语言规则； ③ 遵守游戏规则，养成集中注意力倾听他人说话的习惯	① 主动参与游戏； ② 提高在游戏和交往中运用语言的积极性	① 能说简单而完整的合成句； ② 能听懂并理解多重游戏规则
大班儿童	① 在游戏中运用反义词、量词和连词等，并能说出完整的合成词； ② 养成认真、耐心倾听他人说话的习惯	① 积极参与游戏，主动遵守游戏规则； ② 在游戏中按照规则迅速调整个人已有的语言经验，并迅速地进行表述	① 迅速掌握和理解游戏中较复杂的多重指令； ② 不断提高倾听的精确程度，准确传递有细微差别的信息

（三）学前儿童听说游戏活动的具体目标

活动目标制定得合理与否将影响整个语言教学活动，要想使学前儿童的表达能力得到有效的提升，制定一个恰当的活动目标非常关键。教师只有结合语言教育总目标与各年龄段的具体目标，并依据活动内容与形式的特点，这样才能制定出合理、准确的活动目标，从而锻炼学前儿童的语言能力。

1. 小班听说游戏活动"开汽车"的目标。

（1）能正确使用人称代词"你""我"。

（2）能理解并遵守简单的游戏规则，锻炼在游戏中把握语言信息的能力。

（3）养成与同伴合作的习惯，培养在集体中大胆表现的能力。

2. 中班听说游戏活动"荷花荷花几月开"的目标。

（1）愿意和同伴一起参加游戏，能遵守游戏规则，体验游戏的乐趣。

（2）能仔细倾听同伴的指令，及时做出反应，提高倾听能力和听说能力。

（3）学会用"××花×月开"的句式，大胆、准确地说出各种花及其开放时间的短句，并运用到游戏中。

3. 大班听说游戏活动"金锁银锁"的目标。

（1）学会用简单的词语形容和描述一件事物。

（2）仔细倾听同伴讲话，并能迅速、正确地进行对话，提高语言反应的敏捷性。

（3）能够遵守游戏规则，愉快地进行游戏活动。

以上活动目标都是参照语言教育活动的总目标，旨在从认知、技能与情感方面促进学前儿童倾听和表达能力的发展，并站在学前儿童的角度来制定的，同时也符合学前儿童的年龄特征。

⚙ 实战训练

请同学们自由分组，4人一组，在网上搜集3～5份学前儿童听说游戏的教案，对其活动目标进行分析讨论，判断这些活动目标是否合理，如有不合理的地方，请对其进行修改，通过讨论进一步掌握制定活动目标的方法。

第三节　听说游戏活动设计与组织指导

引导案例

在幼儿园中一班，童童炫耀说："我妈妈买了红裙子。"依依接着说："明天我妈妈还要买一个。"这个对话中引人注目的是依依模仿了童童的话,不恰当地用了"还"，还用错了量词"个"。

幼儿说的话可能错误百出，有的语法不对，没有逻辑、颠三倒四，有的人称代词分不清楚等，因此，杨老师利用"太阳在晚上升起""小鸟在水里游""我玩磁力片陪妈妈，我很开心""今天我在幼儿园夸奖老师了"等句子，组织了一场有趣的听说游戏活动——"改错"。

教师在掌握听说游戏活动的概念、基本特征、目标等基本理论知识后，还要掌握听说游戏活动的实施方法。在教学过程中，教师应以科学合理的设计和操作对学前儿童进行听说能力的培养，遵循听说游戏活动设计与组织的规律，按照正确的步骤来进行，以保证教育目标的实现。

一、创设游戏情境

引起学前儿童对游戏的兴趣，调动学前儿童的情绪，这是开展游戏活动的必要入手点。教师首先需要在教学计划中创设合适的游戏情境，为游戏活动吸引学前儿童的注意力做好准备。情境不能是单一空洞的，教师在实际教学中可以借助以下几种有效的媒介来引入游戏活动。

（一）实物

教师可以使用一些与听说游戏活动有关的物品，如用学前儿童喜欢的玩具、熟悉的日用品等来布置游戏活动环境，营造轻松的氛围，引发其参与游戏活动的兴趣。不过要注意物品的安全性，以避免学前儿童受到伤害。

（二）动作

教师灵活而多变的手势动作能使自己的表情达意更为直观、形象，易于学前儿童理解游戏活动要求，增强游戏活动的乐趣，可以作为必要的辅助表达形式经常性地运用。

（三）语言

教师的教学语言（也称课堂用语）是最基本的表达手段，它需要具有利于学前儿童理解、引发其积极参与游戏活动的感染力。这类语言的特点可以简单地描述为深入浅出、语义简洁、生动风趣、可爱、活泼等，其能够给学前儿童带来亲切、好奇、激动、快乐等丰富的感受。

二、制定游戏规则

让学前儿童掌握游戏规则是顺利开展游戏活动、达到教学目标的关键。要使处于语言学习初级阶段的学前儿童听懂规则要求，需要通过"语言表述为主、肢体动作辅助"的方式来实现。教师介绍游戏规则是学前儿童听说游戏中的一个重要环节，为了使规则表达得清楚、明白，教师在讲解中要注意以下几点。

（一）语言简洁、生动

教师使用的课堂用语要具有简洁性和生动性，教师应多用简短的句子甚至省略句，少用较为书面、专业或超过学前儿童接受范围的复杂词汇。课堂用语应生动、风趣，避免学前儿童因理解困难而产生畏惧、厌倦等心理，丧失参与游戏的兴趣和动力。

（二）游戏步骤清楚

学前儿童的游戏活动再简单，也要按照一定的步骤循序渐进地完成。对于每一步需要说什么、听什么、怎么说、怎么听，教师要耐心说明、分步演示，让学前儿童了解游戏活动的进程，使活动有条不紊地顺利进行。

（三）把握语速和音量

在说明游戏规则时，教师要以较慢的语速进行讲解，不可急于求成、自说自话、滔滔不绝，忽视学前儿童的反应，高估学前儿童的听力。对于较为复杂的地方，教师还要在放慢语速的同时提高声调和音量表示强调，以便学前儿童加深印象。

（四）多种方式辅助

教师引入听说游戏活动的语言表述需要借助多种媒介来实现，教师在说明游戏规则、示范操作方法时，可以借助实物展示、表情暗示、动作提示等其他多种辅助手段，以取得更好的语言表达效果，增强语言说明的感染力，促进学前儿童对规则语义的理解。

三、做好示范与指导

由于学前儿童处于启蒙教育阶段，教师在听说游戏活动的开端部分要承担起指导、示范的重要任务。

如果是规则比较简单的游戏，教师可以选择让能力较强的学前儿童做示范；如果是规则比较复杂的游戏，教师要亲身示范活动的每个步骤的具体做法，还可以邀请少数学前儿童尝试参加合作演示，教师要边给学前儿童讲解规则，边做示范。

在游戏过程中，教师应指导学前儿童遵守游戏规则，同时对个别学前儿童进行指导，掌控好游戏的时间，使每位学前儿童都有机会参与游戏。

例如，某教师撰写的小班听说游戏活动"猜一猜"的步骤如下。

第一次游戏，教师扮演小猫参与游戏，为学前儿童提供观察学习的机会。

第二次游戏，教师请个别能力较强的学前儿童扮演小猫进行游戏。

第三次游戏，教师请全班学前儿童参与游戏，并指导他们在活动中掌握游戏规则。

四、认真观察与监督

在自主活动阶段，教师应扮演旁观者和监督者的角色，让学前儿童投入其中，同时也要做好认真观察与监督的工作。

（1）观察学前儿童的各种表现，并以此作为活动后对学前儿童进行评价的依据。

（2）鼓励性格内向、参与积极性不高的学前儿童，帮助他们及时融入活动中。

（3）及时解决活动中出现的矛盾和纠纷，以使活动顺利进行，达到教育目标。

例如，某教师撰写的小班听说游戏活动"猜一猜"学前儿童自主游戏过程的步骤如下。

学前儿童分成3组，自主游戏。教师巡回观察，重点关注学前儿童按节奏念儿歌及发音的情况，发现问题后要及时提醒。

在学前儿童熟悉游戏规则后，教师可启发学前儿童更换角色，改变应答方式，再次游戏。例如，教师说："请你猜，请你猜，请你猜一猜，小狗小狗在哪里？在哪里？我来猜，我来猜，我来猜一猜，小狗小狗在这里，在这里。"学前儿童应答时改为说："我是小狗，汪汪汪。"

⚙ **实战训练**

请同学们自由分组，4人一组，试着设计有关绕口令《白鹅下河》的游戏的规则。听说游戏既是游戏，又是语言教学活动，请同学们讨论哪些游戏玩法是学前儿童比较喜欢的，在设计听说游戏活动时应注意哪些问题。

附：绕口令《白鹅下河》

东边一条河，西边一群鹅，鹅啊鹅啊唱着歌。

一只狐狸跑出来，鹅啊鹅啊跳下河。

五、听说游戏活动案例

（一）小班听说游戏——"山上有个木头人"

活动目标

1. 会念儿歌《山上有个木头人》。

2．能听懂并理解简单的游戏规则。

3．能听懂指令性语言，训练自身的控制能力。

4．增强与同伴合作的意识，体验游戏的快乐。

5．学会听口令玩游戏，锻炼反应能力和倾听能力。

活动准备

木偶（或手偶）一个。

活动过程

1．教师出示木偶并创设情境，吸引幼儿的注意力。

教师："小朋友们好。"

幼儿："老师好。"

教师："小朋友们，今天呀，我们班上来了一位客人。你们想不想知道他是谁呀？我们一起请他出来好吗？"（拿出木偶）教师以木偶的语气向幼儿做自我介绍。

教师："小朋友们好，我叫木头人，我想和小朋友们玩个游戏，游戏的名字叫'山上有个木头人'。"教师边拉动木偶边念儿歌，让幼儿了解儿歌内容。表演结束，教师用木偶的语气问幼儿："小朋友们，谁想和我玩游戏呢？那你必须告诉我，刚才我说了些什么？"引导幼儿回忆儿歌内容，学会念儿歌。

2．向幼儿介绍游戏规则。

（1）游戏时必须念儿歌，可以自由做动作，念完儿歌后就不许动、不许说话了。

（2）如果谁动了，就必须将手伸向同伴，而同伴则拉住他的手说："本来要打千万下，因为时间来不及，马马虎虎打三下。一、二、三。"

3．游戏时间。

（1）教师和全体幼儿念儿歌、玩游戏。

（2）教师和个别幼儿念儿歌、玩游戏。

（3）幼儿两两一组念儿歌、玩游戏。

活动延伸

教师："小朋友们，除了木头人，你们还见过用什么材料做的人？"（引导幼儿说出稻草人、石头人等）仿编儿歌再进行游戏。

活动评析

这次活动是教师依据幼儿的年龄特点设计的，木偶是幼儿喜欢的玩具，很快就吸引了他们的注意力，为活动的顺利进行打下了良好的基础。此外，幼儿为了和木偶玩，都在练习念儿歌，参与游戏的积极性很高。在游戏过程中，教师发现有些孩子"山""三"不分，及时对其进行了指导与纠正。

附：儿歌《山上有个木头人》

山山山，山上有个木头人，

山山山，三个好玩的木头人，

不许讲话不许动，还有一个不许笑。

（二）大班听说游戏——"金锁银锁"

活动目标

1．学会用简单的词语形容和描述一件事物。

2．仔细倾听同伴讲话，并能迅速、正确地进行对话，提高语言反应的敏捷性。

3. 能遵守游戏规则，愉快地进行游戏活动。

4. 能用已有的生活经验解决问题。

活动准备

两把钥匙，一把贴有苹果图案的锁，一个玩具娃娃。

活动过程

1. 示范操作。

（1）出示一把锁和两把钥匙，接着边操作教具边念儿歌："金锁锁，银锁锁，两把钥匙一把锁，咔嚓咔嚓把它锁，小朋友快点来开锁。"

（2）出示玩具娃娃，并以玩具娃娃的口吻问："这是什么锁？"幼儿答："这是苹果锁。"教师又说："苹果，苹果，红彤彤。"同时插入一把钥匙，咔嚓一声将锁打开，接着拔出钥匙，再插入另一把钥匙，说："苹果，苹果，香又甜。"咔嚓一声又打开了锁。

（3）带领幼儿念2~3遍儿歌，从而使幼儿对整个游戏活动有一个初步、完整的印象。

2. 讲解游戏规则。

教师采用口头讲述的方式，向幼儿交代游戏规则。

（1）念完儿歌后，开锁人才能问："这是什么锁？"扮演锁的幼儿必须想出一个锁名来，告诉开锁人："这是××锁。"

（2）开锁的两位幼儿分别代表两把钥匙，这两位幼儿必须用"××，××，×××"的句型来描述××锁。前面重复说名词两次，后面用3个字描述一下这种事物的特点，如"苹果，苹果，香又甜"。

（3）开锁人描述得准确就能打开锁，双方交换角色，否则不能交换角色。

教师在示范过程中采用口头讲述的方法，向幼儿交代游戏规则。由于游戏规则包含了活动目标，所以教师需要用言简意赅的语言向幼儿解释规则，还要边讲解边示范。

3. 教师扮演角色，引导幼儿游戏。

教师先扮演开锁人的角色，幼儿扮演锁的角色，然后双方交换角色。教师参与扮演角色，能够帮助幼儿学习掌握游戏中的对话及描述部分，为幼儿独立开展游戏活动积累经验。在对话过程中，教师鼓励幼儿讲出各种不同的锁名，学习用各种不同的、简单的词语进行准确的描述。

4. 幼儿自主游戏。

幼儿手拉手围成一圈扮演锁，请两位幼儿扮演开锁的人，一个站在圈内，一个站在圈外。游戏开始时，大家边念儿歌边前后摆动拉着的手，两位开锁人同时随着儿歌的节奏依次在各个拉手处做开锁动作。

幼儿念完儿歌后，开锁人停在某处便可指着拉手的两人问："这是什么锁？"扮锁的幼儿回答："这是××锁。"然后，开锁人说："××，××，×××的句型来描述××锁，描述正确即开锁成功。"说对了，开锁人就能轻轻把两人的手分开，然后交换角色，游戏重新开始。若开锁人讲得不正确，扮演锁的幼儿就将手拉紧，开锁人就打不开锁，游戏继续进行。

活动评析

这个活动是一个民间传统的语言游戏，该游戏不仅能让幼儿体验与教师、同伴一起游戏的快乐，还能锻炼幼儿对信号做出反应的能力。

在进行此活动时，教师开始以实物来给幼儿演示锁被锁上的情景，没能引起幼儿太大的兴趣。教师灵机一动，临时改用门房锁把门锁上，把幼儿全都逗笑了，调动了幼儿的积极性。

另外，在这个活动开始时，教师采用示范操作玩具娃娃的形式为幼儿创设了一个良好的游戏情景，这是激发幼儿的参与兴趣、集中幼儿注意力的一种很好的策略。

在教师扮演角色，引导幼儿游戏的环节中，为了保证幼儿自主按规则玩游戏，在幼儿感知、理解游戏规则的基础上，教师需以主角的身份带幼儿多玩几次，并不断变换锁的名称，如"小猫锁""月亮锁"，使幼儿充分理解并掌握游戏规则。

在幼儿自主游戏的过程中，教师要放手让幼儿愉快地玩，必要时指导个别幼儿，解决幼儿之间的冲突，并把握好游戏时间的长短，游戏时间的长短视幼儿的兴趣和疲劳程度而定。

实战训练

请同学们自由分组，4人一组，以小组为单位完成以下任务。

（1）从网上搜集一份学前儿童听说游戏活动教案，对其活动过程进行评析，相互交流，写出评析意见与修改建议。

（2）设计并撰写一份完整的学前儿童听说游戏活动教案，然后在组内交流讨论，修改教案后交由教师点评。

（3）结合听说游戏活动设计与指导相关知识，讨论如何成功组织一次学前儿童听说游戏活动。

课后习题

一、单项选择题

1. 学前儿童听说游戏作为一种特殊形式的语言教育活动，是一种（　　）。
　　A. 教学游戏　　　　B. 表演游戏　　　　C. 规则游戏　　　　D. 结构游戏

2. 听说游戏活动的目标具有具体、可行和（　　）的特点。
　　A. 明确　　　　　　B. 抽象　　　　　　C. 概括　　　　　　D. 含蓄

3. 在进行词汇练习的听说游戏活动中，教师应侧重引导学前儿童积累（　　）。
　　A. 同义词扩词的经验与不同类词汇搭配的经验
　　B. 同义词扩词的经验与不同义词汇搭配的经验
　　C. 同类词组词的经验与不同类词汇搭配的经验
　　D. 同类词扩词的经验与不同义词汇搭配的经验

4. 学前儿童听说游戏活动的基本步骤为（　　）。
　　A. 教师引入导游戏－交代游戏规则－创设游戏情境－学前儿童自主游戏
　　B. 创设游戏情境－交代游戏规则－教师引入游戏－学前儿童自主游戏
　　C. 创设游戏情境－教师引入游戏－交代游戏规则－学前儿童自主游戏
　　D. 教师引入游戏－创设游戏情境－交代游戏规则－学前儿童自主游戏

5. 学前儿童听说游戏中，教师创设游戏情境时，常用实物、动作和（　　）。
　　A. 语言　　　　　　B. 歌曲　　　　　　C. 话题　　　　　　D. 故事

二、判断题

1. 学前儿童听说游戏的教育目标以培养学前儿童的倾听和表达能力为主。（   ）

2. 学前儿童听说游戏活动设计与组织的第一个步骤是交代游戏规则。（   ）

3. 在学前儿童自主游戏阶段，教师处于主导者地位。（   ）

4. 教师在听说游戏活动中"逐步增加游戏成分，将学前儿童转变为活动主体"的过程，涉及的转换方式之一是由假想情境转换为真实情境。（   ）

5. 学前儿童听说游戏活动具有游戏和教育活动的共同特点。（   ）

三、简答题

1. 简述学前儿童听说游戏活动的基本特征。

2. 简述学前儿童听说游戏活动目标的基本要求。

3. 简述教师在讲解学前儿童听说游戏活动规则时的注意事项。

06

第六章
学前儿童阅读活动

知识目标

> ➢ 了解学前儿童阅读活动的内涵与教育价值。
> ➢ 了解学前儿童阅读活动的特点与类型。
> ➢ 掌握学前儿童阅读活动的目标与内容。
> ➢ 掌握学前儿童阅读活动的设计流程。

能力目标

> ➢ 能够分辨学前儿童阅读活动的类型。
> ➢ 能够自主设计学前儿童阅读活动方案。
> ➢ 能够自行组织学前儿童进行阅读活动。

素养目标

> ➢ 坚定文化自信，将中华优秀传统文化融入学前儿童阅读内容。
> ➢ 培养创新意识，将多媒体技术与学前儿童阅读活动相结合。

从人类的生存和发展上讲，阅读是人一生中重要的学习能力，也是学前儿童学习的必要内容。对学前儿童来说，凡是与阅读活动有关的行为，都可视为阅读行为。教师应以看、听、说的有机结合为主要手段，从兴趣入手，激发学前儿童热爱图书的情感，丰富学前儿童的阅读经验，提高学前儿童的阅读能力。

第一节　认识学前儿童阅读活动

引导案例

夏老师为了培养幼儿们的早期阅读能力，组织了"符号阅读"活动，她要求幼儿在日常生活中收集新衣服上的各种标志、标签、小卡片等，通过阅读活动教大家认识每个符号代表的意义。

课堂上，夏老师让每位幼儿将自己收集到的标志、标签、小卡片等展示出来并与其他幼儿进行交流。通过交流，大家都能"读出"哪些符号表示"干洗"，哪些符号表示"水洗"，哪些符号表示"不能使用熨斗"。夏老师告诉大家，这些都属于服装的洗涤说明。另外，一般服装的吊牌上还会注明品牌、品名、尺码、等级、安全技术类别、成分等内容。总之，通过"阅读"服装吊牌，幼儿们可以获得大量的有关衣服的信息。

这次"符号阅读"活动为幼儿提供了一种新的阅读方式，扩展了幼儿的阅读资料，取得了良好的效果。其他班级的老师也开始模仿夏老师的做法，积极寻找生活中具体、形象的阅读材料来增加幼儿的阅读兴趣。

学前儿童阅读活动不是单纯的看书、识字活动，而是一种结构相对完整、体系相对独立，能促进学前儿童全面和谐发展的活动，是通过对文字、符号、标记、图片、影像等材料进行认读、理解和运用，对学前儿童施加影响的一种有目的、有组织、有计划的活动。学前儿童通过阅读，不仅可以获得丰富的知识，还可以启迪智慧，活跃思维，诱发创造灵感。

一、学前儿童阅读活动的内涵与教育价值

阅读是学习的基础，是获取知识、增长智慧的重要方式，也是教育的核心，是传承文明、提高国民素质的重要途径。阅读活动能够培养学前儿童良好的阅读习惯、浓厚的学习兴趣，能够提升其观察能力、想象能力、语言表达能力等，促进其健康成长。

《纲要》指出："培养幼儿对生活中常见的简单标记和文字符号的兴趣。利用图书、绘画和其他多种方式，引发幼儿对书籍、阅读和书写的兴趣，培养前阅读和前书写技能。"

《指南》也提出："为幼儿提供丰富、适宜的低幼读物，经常和幼儿一起看图书、讲故事，丰富其语言表达能力，培养阅读兴趣和良好的阅读习惯，进一步拓展学习经验。"

早期阅读正在成为学前儿童语言教育中极其重要的内容，不管是幼儿园还是家长，都应高度关注学前儿童的早期阅读。

（一）学前儿童阅读活动的内涵

学前儿童阅读活动是指 3～6 岁学前儿童凭借变化的色彩、图像、文字或教师生动形象的讲解来理解以图画为主的读物的活动，它是一种融观察、记忆、思维、表达等于一体的综合过程。它向学前儿童提供集体学习的环境，帮助学前儿童接触书面语言，发展学前儿童学习书面语言的行为，培养他们对书面语言的敏感性，为学前儿童进入学龄期后的正式书面语言学习打下良好的基础。

（二）学前儿童阅读活动的教育价值

开展学前儿童阅读活动可以引发学前儿童对图书、符号等进行阅读和书写的兴趣，培养学前儿童前阅读、前书写和前识字的技能，能促进学前儿童的全面发展，具有多方面的教育价值。

1. 扩大生活、学习的范围

早期阅读可以使学前儿童的生活和学习范围逐渐扩大。一方面，它使学前儿童交流的范围从面对面的口语交流扩大到通过图画、文字符号实现读者和作者的间接交流；另一方面，它使学前儿童可以突破现实的限制，走进想象的世界。

2. 获得接近书面语言的机会

学前儿童通常从读写游戏开始他们的阅读活动，如涂鸦等，他们可以看自己想看的图书、写自己想写的字、画自己想画的画。这些读写游戏不仅可以帮助学前儿童建立初步的读和写的信心，还有助于他们进行有关读写活动的思考和尝试，激发他们学习读写的欲望，使他们在正式学习书面语言时不会产生畏惧感。

3. 增长书面语言的相关知识

在早期阅读过程中，学前儿童可以逐步了解书面语言的特点，增长有关书面语言的知识，掌握有关的阅读知识和技能，懂得"读"和"写"的初步规则，为日后进入学校正式学习读

写打好基础。

4. 提高自我调适能力

相关研究提出，早期阅读可以培养学前儿童的自我调适能力，提高学前儿童的阅读水平，并且该研究还强调了培养学前儿童自我调适能力的重要性。实践也证实，学前儿童可以在早期阅读中掌握一种自我纠正、自我调适的技巧，这对于他们进入学校后的书面语言学习有很好的帮助。

5. 享受分享阅读的乐趣

幼儿园早期阅读产生的效果不同于学前儿童在家自学的效果。在阅读活动中，教师与学前儿童之间的相互作用可以帮助他们获得更好的阅读效果；学前儿童在集体环境中学习阅读，可以与同伴一起分享阅读的快乐，从而提高参与阅读的积极性。

二、学前儿童阅读活动的特点

学前儿童阅读活动的特点主要体现在以下几个方面。

（一）符号性与多维感知

符号是社会全体成员共同约定的用来表示特定意义的记号或标记。阅读活动中的符号是指丰富多彩的阅读素材。阅读素材涵盖图文并茂的图书和画报，还包含日常生活中经常出现的文字、图案、标记等各种符号内容。

多维感知是指利用感官获得的对多种因素影响下的物体有意义的印象，即通过视觉、听觉、触觉、嗅觉、味觉等感官获得的对不同因素影响下的符号有意义的印象。

学前儿童阅读行为中的感知是一种特殊的"看"，特别是他们的"发现"与"辨别"层次的心理活动需要多种感官的加入。学前儿童采用以视觉为主的阅读，同时动用其他多种感官并采用动手和动脑相结合的阅读方式，并逐步发展起多维感知。多维感知强调对学前儿童观察能力、搜索和选择信息等的能力的培养。

（二）理解性和情感体验

学前儿童阅读活动是一种伴随着特有的情感体验的理解活动。学前儿童阅读活动中的理解活动是多种多样的，其思维基础包括逆向思维、顺向思维、聚敛思维、发散思维等。因此，学前儿童阅读活动可以培养学前儿童以理解为核心的良好思维品质。

教育心理学研究表明，阅读过程是智力因素和非智力因素共同参与的过程，阅读过程中伴有动机、兴趣、情感、意志等。学前儿童可以借助具有客观意义的阅读材料来了解他人的思想感情，也可以借助自己创作的阅读材料表现自己的兴趣与情感。

⚙ 实战训练

在幼儿园主题活动"各行各业的人"中，幼儿把他们在生活中观察到的建筑工人、服装店老板、卖菜的农民、环卫工人、交通警察等，用照片、图画等形式收集起来，注上文字说明，制作成图书《可爱的人》，或者依据自己父母的工作制作出读物《了不起的爸爸妈妈》，并标上作者姓名。

请同学们自由分组，4人一组，结合以上案例，讨论学前儿童阅读活动的特点。

（三）活动性和创造实践

学前儿童阅读活动实际上是学前儿童与人、物、事的交际活动，这种交际的过程具有很强的活动性。同时，这种活动性还体现在通过阅读活动帮助和促使学前儿童感知、感受其周围世界。

我国学者朱作仁认为："阅读活动是从看到的言语向说出的言语的过渡。"因此，可以这样理解，学前儿童阅读行为的特性之一是不能停留于表面单纯的"看"，而要强调活动形式的多样性，以及活动过程中学前儿童的创造性与实践性。

三、学前儿童阅读活动的类型

按照不同的标准，学前儿童阅读活动可以划分为不同的类型，例如：按照阅读目标的不同，分为认知性阅读、理解性阅读、欣赏性阅读、批判性阅读；按照阅读场所的不同，分为幼儿园阅读活动、家庭阅读活动、社会阅读活动；按照阅读形式的不同，分为集体阅读活动、区角阅读活动、渗透性阅读活动等。

这里按照学前儿童语言教育活动的内容，将学前儿童阅读活动分为专门性的阅读活动和渗透性的阅读活动。

（一）专门性的阅读活动

专门性的阅读活动主要指教师有目的、有计划、有组织地开展的，面向全体学前儿童的集中性阅读活动，又可细分为集体阅读活动和区角阅读活动。

1. 集体阅读活动

集体阅读活动（见图6-1）是指教师组织开展的图画书阅读、前识字和前书写等活动，它可以有意识地培养学前儿童的阅读兴趣、阅读习惯和阅读能力。开展此类活动，教师需要提前设计好活动方案，做好活动准备，选择经典、优秀的图画书。学前儿童参与图画书阅读活动时既能享受阅读的快乐，也能在集体活动中获得语言能力和其他领域的综合能力的发展。

集体阅读活动是幼儿园中非常重要的阅读活动方式。在教师与学前儿童的共同作用之下，集体阅读活动能够帮助学前儿童获得极佳的阅读效果。学前儿童可以与同伴分享阅读的快乐，最大限度地激发阅读兴趣。

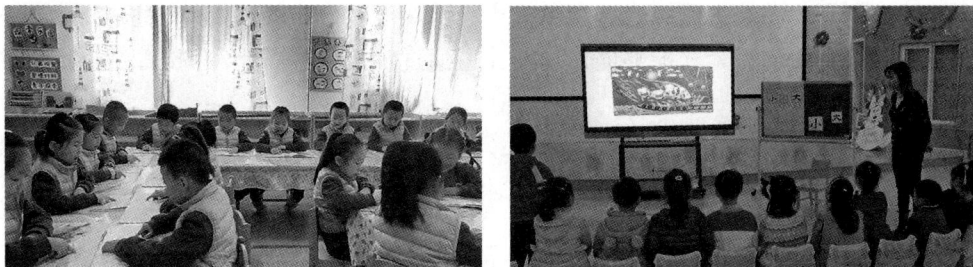

图6-1 集体阅读活动

2. 区角阅读活动

区角阅读活动是指教师在幼儿园内或班级内创设阅读区域，定期更新阅读材料，指导学前儿童自主阅读的活动，如图6-2所示。在区角阅读活动中，虽然学前儿童是自主阅读，但在阅读环境的创设和布置、材料的投放和更新、区域规则的制定和执行、对学前儿童的全面观察和个别指导等方面，教师都发挥主导作用。区角阅读活动能够有效地培养学前儿童的阅读兴趣、阅读习惯和阅读能力，因而被纳入专门的阅读活动中，有其特别的教育意义。

图 6-2　区角阅读活动

（二）渗透性的阅读活动

渗透性的阅读活动指在集体阅读活动和区角阅读活动之外的，与日常生活、游戏活动、领域教育、家庭生活等相互结合和渗透的活动。这类活动更多的是随机性和融合式的阅读，具体类型有以下几种。

1. 日常生活中的阅读

日常生活中的阅读（见图 6-3）是指学前儿童在幼儿园一日生活中自由自在、随机开展的阅读活动，即在幼儿园的日常生活环节，包括晨间接待、早谈、早操、早餐、集体活动、区域活动、午餐、午睡、午间活动、户外活动等各环节之中和环节之间自然结合、随机开展的阅读活动。例如，在晨间接待时间，学前儿童可以自由到阅读区拿书阅读；早餐和午餐后，学前儿童可以自由看图画书；户外活动之后，学前儿童可以自由阅读；等等。

2. 游戏活动中的阅读

游戏活动中的阅读（见图 6-4）是指教师在各类游戏中渗透阅读的内容，或者利用阅读的手段，结合阅读的要素，强化阅读教育功能的活动。例如，在角色游戏中让学前儿童玩"书店""书吧"的游戏；在表演游戏中，让学前儿童根据图书的内容进行表演；在结构游戏中，让学前儿童按照建构设计图开展主题建构活动；等等。而在游戏活动中，各区域标志图、区域规则、游戏主题标志、角色标志、游戏场所分布图等则体现了游戏结合阅读要素、利用阅读手段的因素，能够促使学前儿童通过辨识各种图示和图标，顺利地开展游戏活动。

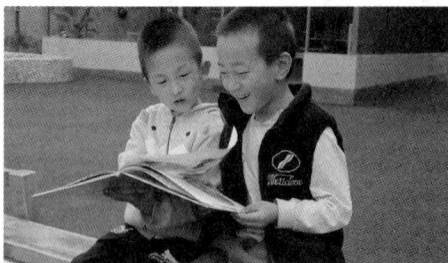

图 6-3　日常生活中的阅读　　　图 6-4　游戏活动中的阅读

3. 其他领域活动中的阅读

学前儿童早期阅读可以渗透到健康、社会、科学以及艺术等领域的教育中，与各领域教育相互结合，促进各领域教育活动的开展和学前儿童阅读能力的提高。例如，学前儿童通过阅读和观看有关健康、社会、科学和艺术的图书、画报、视频或展板等，可以获得各领域的教育内容，从中受到全面的教育。教师可以通过阅读与各领域教育活动的相互转化，延伸领域教育的内容和阅读的内容，增强领域教育的成效。

4. 家庭生活中的亲子阅读

亲子阅读是早期阅读的一种有效形式。在家庭中开展的亲子阅读对学前儿童语言教育有着非常重要的作用。亲子之间亲密地共同进行阅读活动，如一起阅读图画书（见图 6-5）、一起讲述图书的内容、一起看图画书玩游戏、一起制作图画书或画报等，既能促进亲子间的情感交流，又能有效培养学前儿童的阅读能力，促使学前儿童学习和模仿家长热爱阅读的行为，从小与书为伴，热爱阅读。

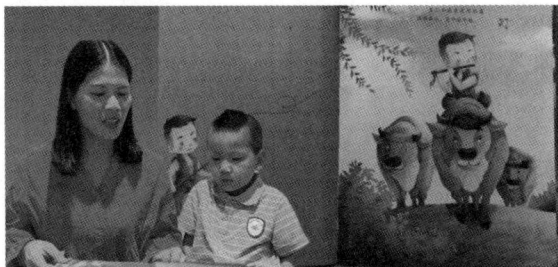

图 6-5　亲子阅读

幼儿园要倡导亲子阅读，让家长在家中重视开展亲子阅读，并持之以恒地进行，以温暖的亲情陪伴学前儿童参与阅读活动，给学前儿童的童年生活增添更多的快乐体验，促进学前儿童健康活泼地发展。

5. 社会生活中的阅读

除了亲子阅读，教师或家长还可以利用社会资源为学前儿童开展多样化的阅读活动。学前儿童作为社会中的一员，教师或家长可以带他们到图书馆、博物馆、科技馆、青少年宫、儿童活动中心等公共场所进行丰富的阅读活动，如图 6-6 所示。这些社会资源如果能得到有效利用，不仅能开阔学前儿童的阅读视野，还能促进学前儿童与外界交往的能力和积极情感的发展。

图 6-6　教师组织的图书馆参观阅读活动

第二节　学前儿童阅读活动设计

　　李老师担任蓝天幼儿园小一班的主班教师，为了激发小朋友们上幼儿园的兴趣，训练他们的口语表达能力，教会他们使用礼貌用语，李老师组织小朋友们进行集体阅读。李老师选择的阅读素材是《三只小猪上幼儿园》这个绘本故事。

　　绘本的封面就很吸引人，因为它的画面明亮、温暖，小猪的造型也十分可爱。在接下来的画面中可以看到，在幼儿园里，许多小猪都在忙着玩它们爱玩的游戏。它们有的看小鸟，有的玩球，有的拉小火车……玩得好开心！三只小猪也加入其中，它们做操、赛跑、玩游戏……等到猪妈妈来接它们时，三只小猪已经喜欢上幼儿园了，它们很高兴，体验到了上幼儿园的快乐。

　　李老师通过故事和画面，为小朋友们营造了轻松的故事情境。这个故事可以帮助小朋友们认识到幼儿园是可以玩好多游戏的地方，在幼儿园里可以和许多小朋友一起玩，从而感受到上幼儿园的快乐。李老师组织的阅读活动很好地实现了她在教案中设计的活动目标。

　　附：活动目标
　　（1）观察画面，理解绘本故事的内容，培养阅读兴趣。
　　（2）学习简单的礼貌用语，如"老师好""小朋友们好""早上好""再见"等。
　　（3）愿意参加阅读和游戏活动，感受上幼儿园的快乐。

　　作为教师，想要设计出恰当的学前儿童阅读活动，需要明确学前儿童阅读活动的目标，选择合适的阅读内容，采用恰当的活动形式，只有这样才能收到良好的教学效果。学前儿童阅读活动并不是要求学前儿童学会认多少字，能直接去看文字、写汉字，而是让学前儿童了解一些有关书面语言的信息，培养其学习书面语言的兴趣，使其懂得书面语言的重要性，养成良好的阅读习惯，提高对书面语言的辨别能力。

一、明确学前儿童阅读活动的目标

　　早期阅读活动的目标之一是为以后开展高级的阅读活动做准备，所以人们确定的早期阅读活动的总目标通常是从情感和态度上培养学前儿童的阅读兴趣，从技能上培养其阅读理解能力，并使学前儿童对口头语言和书面语言的对应与转换关系有所认识，使其懂得书面语言学习的重要性。

（一）学前儿童阅读活动的总目标

　　阅读教育的总目标应是以阅读能力目标为核心的多项目标的综合，它可以有多种构成形式。学前儿童阅读活动应着重从情感、认知和能力 3 个方面来培养学前儿童学习书面语言的能力。

1. 情感目标

　　增强学前儿童学习书面语言的兴趣，使学前儿童热爱书籍、爱护图书，喜欢观察书面信息（包括印刷材料呈现的各种色彩、图像、符号及文字等），对认读汉字感兴趣，对文字有好奇心和探索愿望，能够自觉、自主地参与阅读活动。

2. 认知目标

引导学前儿童认知图书的结构，学习阅读的方法，懂得按顺序逐页翻阅图书，养成良好的阅读习惯，初步了解图画符号与语言符号、口头语言与书面语言的对应及转换关系。

3. 能力目标

培养学前儿童对书面语言信息的观察模拟能力，预期猜测、自我调适以及连贯表述的能力，培养学前儿童前阅读、前书写的技能。

（二）学前儿童阅读活动的年龄段目标

下面根据《指南》对学前儿童"阅读与书写准备"的要求，结合情感、认知和能力 3 个目标维度，总结出学前儿童阅读活动的年龄段目标，如表 6-1 所示。

表 6-1　学前儿童阅读活动的年龄段目标

年龄段	目　标
小班儿童	① 喜欢看图书，愿意关注生活中的符号和标志； ② 喜欢用涂涂画画表达一定的意思，在活动中以描画图形的方式练习基本笔画； ③ 认识图书的结构，了解图书是由封面、内页、封底等构成的； ④ 能在成人的帮助下认识简单的汉字和自己的名字； ⑤ 懂得如何正确拿书和翻阅图书，知道看图画书时要一页一页地从前往后翻； ⑥ 能初步看懂单幅图画的主要内容，能理解图画书上的文字和画面是对应的； ⑦ 能用口头语言讲述图画书上的主要内容
中班儿童	① 喜欢阅读图画书，愿意指认符号、标志和文字； ② 喜欢描画图形和符号，愿意模仿制作图画书； ③ 知道图书的结构，了解图书中的环衬和扉页； ④ 学习按页码有顺序地看图书，会专注地逐页翻阅图书； ⑤ 初步了解汉字的由来和简单的汉字认读规律，有主动探索汉字的愿望； ⑥ 喜欢描画图形，尝试用有趣的方式练习汉字的基本笔画； ⑦ 能有顺序和比较性地观察画面，看懂单页多幅图画书的内容； ⑧ 能大胆预测和预想图书的内容，并能清楚地讲述阅读的内容
大班儿童	① 喜欢阅读各类书籍，会自觉阅读图书； ② 喜欢修补图书，会分类整理图书； ③ 喜欢描画和临摹汉字，喜欢书写自己的名字； ④ 能与同伴合作制作图画书，进一步了解图画书的构成； ⑤ 知道基本的书写姿势，在有趣的图形练习中做好写字的准备； ⑥ 能仔细和全面地观察画面，理解图书的内容； ⑦ 能预想图书的内容，并随着阅读的过程进行调整； ⑧ 能完整、连贯地讲述阅读的内容

（三）学前儿童阅读活动的具体目标

活动目标作为课程实施的纲领，具有决定课程价值走向和基本内容的重要作用。教师在拟定学前儿童阅读活动的具体目标时，需参考《纲要》与《指南》提出的目标，同时还要参考某一类型教育活动的总目标和年龄段目标，以及具体的活动内容和学前儿童的语言发展水平，等等。

1. 重视核心经验

教师在制定活动目标时，应把握每个素材的特点，重视学前儿童语言学习核心经验方面的知识。早期阅读的核心经验包括前阅读、前识字和前书写。明确这些核心经验，以支持学前儿童发展书面语言能力，是教师设计活动目标的基本前提。

例如，大班阅读活动——阅读《纸真好玩》的目标如下。

（1）学习阅读折纸说明书，了解说明书的阅读顺序、折纸的制作步骤。

（2）理解图文中常见的符号和标识的意义。

分析：大班儿童面对一般的图画书已经具备了初步的阅读能力，但初次面对工具类说明书时，对其阅读方法、顺序还不太了解，对书中出现的各种表达特殊意义的符号还需要进行系统认知，这是开展自主学习阅读的基础。因此，只有熟悉和掌握学前儿童阅读发展的关键经验，教师才能提取有关信息，拟定出体现阅读特点的活动目标。

2. 结合文本特点

明确了早期阅读的核心经验后，教师在拟定活动目标时还应明确阅读对象的特点。学前儿童阅读的图画书包括故事类、散文类、诗歌类和知识类 4 种，它们对学前儿童阅读能力的发展具有不同的影响。教师在设计活动目标时，要注意体现不同文本的特点，使学前儿童的书面语言能力获得均衡的发展。

具体来说，故事类图画书应强调对叙事经验和能力的发展，散文类图画书应关注学前儿童对优美的书面语言表达和独特的句式、词汇的学习，诗歌类图画书着重让学前儿童学习富有音韵感和节奏感的句子，知识类图画书则关注学前儿童对学术性语言的使用，以及对关键词汇、概念的学习。

例如，中班阅读活动——阅读《昆虫躲猫猫》的目标如下。

（1）仔细观察图画书的画面细节，对阅读知识类图画书感兴趣。

（2）运用适当的说明性语言描述观察到的情境。

（3）初步了解动物自我保护的一些方法和现象。

分析：图画书《昆虫躲猫猫》属于知识类图画书，其内容包含自然和社会的真实信息。知识类图画书结构清晰，内容一般以对知识和方法的罗列、比较居多，语言则以平实的说明性文字为主，生词和专用词汇较多。活动目标融合了学前儿童学习知识类图画书的核心经验，体现了知识类图画书对学前儿童书面语言发展的作用。

3. 确定表述方式

教师对活动目标的表述应从学前儿童的角度出发，采用行为目标的表述方式，语言要简洁明了。教师最好直接明确地提出活动能够达到的理想状态和效果，以学前儿童为主体提出各项目标的要求，避免使用以"引导""帮助""教会"等词语开头的句式。

例如，小班阅读活动——阅读《小鸭子吃星星》的目标如下。

（1）理解故事内容，讲述画面中的角色和发生的事情。

（2）感受故事的趣味性，能够表演故事中小鸭子的动作和语言。

（3）学习一页一页地翻阅图画书。

又如，大班阅读活动——阅读《长颈鹿好长哟》的目标如下。

（1）自主阅读观察，寻找长颈鹿的各种"长"。

（2）交流分享对长颈鹿的长的部位的作用的认识。

（3）尝试互相合作，用道具拼搭完整的长颈鹿。

分析：以上活动目标均是从学前儿童的角度出发，采用行为目标的表述方式，简洁明了地提出了活动期望达到的理想状态。

⚙️🔍 实战训练

请同学们根据所学理论知识，评析下面的小班阅读活动——阅读《你好，你好》的目标是否合理恰当，如果有不恰当的地方请进行调整修改。

（1）理解故事内容，欣赏故事情节。

（2）教师通过游戏的方式教会学前儿童用对话表演的方式讲故事。

（3）教会学前儿童一页一页地按顺序阅读，使他们体验阅读的快乐。

二、选择学前儿童阅读活动的内容

当前早期阅读教育不仅局限于以阅读图书和识字为目的，也不仅局限于成人发起的阅读识字活动，还包括学前儿童发起的对周围的人、事、物的观察和阅读行为，学前儿童和成人共同发起、共同参与的多种类型的早期阅读活动。因此，学前儿童阅读活动的内容应包括一切与书面语言学习有关的内容。

学前儿童阅读活动的内容来源于以下方面。

● 游戏中的阅读：在游戏活动中，为了顺利开展游戏，学前儿童自己绘制图加文的游戏规则和流程图，仔细阅读并理解其意义的活动。

● 生活中的阅读：学前儿童对生活中经常出现的各种图案、文字、数字、标识等符号认真阅读并理解其意义的活动。

● 环境中的阅读：学前儿童在拥有文字、图案、标识、影像等符号的环境中观察、认识并理解的活动。

● 儿童图画书：儿童图画书是学前儿童阅读的主要材料。其内容形式丰富，学前儿童可进行欣赏和讲述童话故事，朗诵儿歌、诗歌，阅读和理解科学知识，欣赏儿童散文，以及绘制图画书等活动。

学前儿童阅读活动的内容涉及前阅读、前识字、前书写3个方面的活动。在内容选择上，要兼顾这3种经验，用"前"来表示是为了强调这些属于学前期特有的语言学习经验，与上小学后的正式语言学习存在着质的区别。

教师在选择活动内容时，需要考虑以下3个方面。

（一）为学前儿童提供前阅读经验

教师为学前儿童提供前阅读经验不是单纯利用图书阅读来培养学前儿童的阅读能力，而是通过生活中常见的菜单、说明书、广告纸、图书等多种多样的阅读材料来丰富学前儿童与阅读相关的经验。

前阅读经验主要包括以下方面。

（1）翻阅图书的经验，包括图书的阅读规则和阅读方法。

（2）读懂图书内容的经验，包括能够从图画中发现人物表情、动作等的变化，感知阅读背景，学会串联情节。

（3）理解故事内容、讲述主要情节的经验。

（4）理解画面与文字、口语与文字之间关系的经验。

（5）制作图书的经验等。

（二）为学前儿童提供前识字经验

教师为学前儿童提供前识字经验不是让他们集中、快速、大量地认识文字，而是通过早期阅读活动帮助学前儿童获得与识字相关的经验，提高学前儿童对文字的敏感度。

前识字经验主要包括以下方面。

（1）把文字、口语及概念对应起来的经验，例如，知道文字有具体意义，知道书面文字和语音的对应关系。

（2）理解文字的功能与作用的经验。

（3）初步了解文字的来源等相关知识的经验。

（4）了解汉字识字规律的经验。

（5）了解世界上的文字和语言具有多样性的经验等。

（三）为学前儿童提供前书写经验

学前儿童未被要求写字，所以前书写经验并不是真正的书写，而是教师通过游戏化的书写活动帮助学前儿童获得与汉字书写相关的前书写经验。前书写经验的获得有助于学前儿童在进入小学后正式进行书写学习。

前书写经验主要包括以下方面。

（1）了解书写初步的规则，学习按照规则写字，如从左到右、从上到下等。

（2）了解汉字的基本间架结构，如左右结构、上下结构。

（3）了解汉字的独特书写风格，如以图代字。

（4）了解汉字有哪些书写工具，如铅笔、钢笔、毛笔等。

（5）学会书写的正确姿势，如坐姿、握笔姿势等。

教师在为学前儿童选择阅读内容时，应根据以上经验进行筛选。同时，还要考虑到阅读主题的多样化，既要有传统叙事类的文学作品，又要有说明性或纪实性等科学类的内容。阅读内容既要考虑到儿童性，与学前儿童的身心发展特点相匹配，又要考虑到发展性，还要注意与其他领域的融合等。

三、设计学前儿童阅读活动的流程

早期阅读活动是有目的、有计划地发展学前儿童的阅读能力，培养学前儿童良好的阅读习惯和阅读态度的活动。只有科学、合理地设计早期阅读活动，才能调动学前儿童的积极主动性，使其投入充满欢乐的阅读活动中。在这里，学前儿童阅读活动主要是指学前儿童集体阅读活动。

学前儿童集体阅读活动的流程如下。

（一）做好阅读准备

阅读前的准备工作直接影响着早期阅读活动的质量，需要引起教师的高度重视。阅读前的准备工作主要涉及阅读材料的选择、呈现及放置问题，阅读环境的创设问题，学前儿童阅读习惯、方法及相关经验的准备问题，以及教师对阅读材料的分析等问题。

在阅读材料选择和阅读环境创设方面，教师需要重点考虑材料的类型、呈现方式、数量、摆放位置及阅读氛围的营造等，同时关注学前儿童的阅读习惯、方法和经验等。在分析阅读材料时，要侧重阅读符号的特点和阅读能力的要求。教师要着重分析书面语言（指印刷材料呈现的各种信息，包括图像、色彩、线条及文字等）并关注相关的观察猜测、思考联想、理解表达等能力的发展。

（二）导入阅读材料

阅读材料是学前儿童阅读的对象和内容。观察感知和理解体验阅读材料可以为学前儿童自主阅读、师幼共同阅读以及围绕阅读重点开展讨论活动等做好充足的准备。

阅读材料的导入方式多种多样，教师可以直接出示、选择重点画面出示、选择主要角色出示，也可以以配合"神秘"的语言或音乐、配合直观的动作或表演、配合有趣的歌谣或谜语、配合好玩的游戏活动等方式出示。教师要选择恰当的阅读材料导入方式，目的是吸引学前儿童的注意力，激发学前儿童的阅读兴趣与好奇心。这一环节的重点在于学前儿童观察、感知和理解阅读材料，初步了解阅读材料。

（三）学前儿童自主阅读

自主阅读是培养学前儿童阅读能力的重要环节，也是阅读活动的重点环节。此环节主要是教师在提出阅读要求后，让学前儿童自己阅读，教师则在旁边观察了解，对学前儿童进行个别指导。在阅读中，学前儿童必须按照一定的要求自主阅读。教师对学前儿童提出的阅读要求应具体、简洁、明确，直接告知学前儿童在阅读中应该做什么、怎么做。阅读要求往往是从阅读目标引申出来的，一般涉及阅读方法、阅读习惯以及阅读理解等方面，例如，按页码一页一页地仔细看、用拇指和食指轻轻翻书、边看边想图书讲了什么事。

自主阅读以学前儿童独自阅读为主。学前儿童自主阅读时，教师应保持环境安静，充分尊重学前儿童个体的阅读需要和节奏，以全面观察为主，着重了解学前儿童在阅读中的具体表现，一般不要随意干预学前儿童的自主阅读或介入学前儿童的阅读过程，若有特殊情况才给予他们必要和急需的个别指导，且在与个别学前儿童交谈时应轻声细语，不干扰其他人。

（四）师幼共同阅读

师幼共同阅读是教师与学前儿童一同阅读，一同分享阅读的快乐的活动。教师和学前儿童通常是边阅读、边交谈、边讲述，这就需要教师围绕阅读的重点进行启发性提问，并组织学前儿童进行讨论和交流。教师要以平等的方式与学前儿童友好交谈，帮助学前儿童梳理自主阅读中的片面理解和个人经验，带领学前儿童共同感受阅读的乐趣，共同理解阅读的内容。

这一环节强调分享阅读的乐趣，教师应避免直接生硬地、说教式地告知学前儿童某些内容、道理，而应带领学前儿童一同感知和理解阅读内容，一同领悟其所揭示的道理，在愉悦的气氛中讨论各自的想法和感受。在共同阅读后，教师可自然地小结阅读主题，与学前儿童一同朗读或讲述阅读内容，增强阅读的情趣。

（五）活动扩展延伸

活动扩展延伸是指阅读后的延伸活动，一般以分组或个别活动的形式开展，主要包括围绕阅读主题，教师组织学前儿童开展的朗读、讲述、扩编、续编、讨论、游戏、表演、制作等活动。将阅读主题延伸到其他领域教育、区域活动、游戏活动以及家庭生活中，以此继续迁移和扩展阅读经验，深化阅读内容，可充分发挥阅读的教育功能。

四、学前儿童阅读活动案例

（一）小班阅读活动——阅读《小蝌蚪找妈妈》

活动目标

1. 在游戏情境中理解故事内容，了解青蛙妈妈的外貌特征。
2. 初步了解图书阅读规则，知道要一页一页地翻书。
3. 愿意与成人共同阅读，有初步独立阅读的意愿。

活动准备

成人大书一本，幼儿小书若干，大图画纸，画笔，小蝌蚪和青蛙手偶，轻柔的音乐。

活动过程

1. 导入。

（1）教师出示小蝌蚪手偶，问："小朋友们，看看这是谁？你们知道它的妈妈是谁吗？"

（2）出示大书，说："小蝌蚪找不到妈妈了，书宝宝会告诉我们它的妈妈在哪里，让我们一起看一看吧！"

2. 师幼共读。

（1）教师逐页朗读故事内容，配合小蝌蚪手偶表演。

（2）讲到鸭妈妈、金鱼妈妈、乌龟妈妈时，将几位妈妈说的青蛙特征画在大图画纸上。

（3）阅读的同时提示翻书时要一页一页地轻轻翻，注意不要折页，等等。

（4）讲到青蛙妈妈要出现之前，问："小蝌蚪最后找到自己的妈妈了吗？小朋友们自己翻书找找答案吧！"

3. 幼儿独立阅读。

（1）教师播放音乐，请小朋友们到指定的位置拿出小书，独立阅读。

（2）巡回指导，提示翻书规则。

（3）鼓励幼儿与成人交流或者互相交流。

4. 总结。

（1）教师让幼儿将小书合起来放在书桌上，回到小椅子上坐好。

（2）表扬认真阅读的幼儿，之后问："小蝌蚪最后找到自己的妈妈了吗？"随幼儿回答出示青蛙手偶。

（3）总结青蛙的特征："原来小蝌蚪的妈妈是青蛙呀，青蛙有大眼睛、4条长腿、白肚皮，穿着绿衣服。"

活动延伸

教师播放音乐《小蝌蚪找妈妈》，幼儿随音乐跟书宝宝和手偶们说"再见"。

案例评析

《小蝌蚪找妈妈》这个故事中，小蝌蚪根据鸭妈妈、鱼妈妈和乌龟妈妈提供的外形线索多次对照、寻找，最终成功地找到自己的妈妈——青蛙。故事中，小蝌蚪3次反复询问，并且有礼貌地说"谢谢"，这些重复的语言对小班幼儿来说既有趣又有节律，很容易理解。

在本次活动中，教师将前阅读经验有意识地渗透给幼儿，让幼儿在观看大书和自主阅读小书之间灵活切换，将习得的翻书经验即刻操作运用，使幼儿了解图书阅读规则，产生初步的独立阅读的意愿，幼儿也获得了自己实际操作的乐趣。

（二）中班阅读活动——阅读《小猪变形记》

活动目标

1. 了解故事中小猪通过模仿改变自己的多种尝试，感受故事情节的趣味。

2. 发挥想象，大胆讲述小猪变形的有趣经历。

3. 理解做自己最幸福的道理。

4. 能简单复述故事内容，并进行角色表演。

5. 在感知故事内容的基础上，理解角色特点。

活动准备

有关《小猪变形记》的PPT。

活动过程

1. 导入。

（1）出示图画书的封面并询问：小朋友们，你们在封面上看到了什么？封面上有什么奇怪的地方？（小猪有翅膀，字变形了……）

（2）小猪装上翅膀、尾巴是想干什么呢？

（3）这几个变形的字你们认识吗？这是这本书的题目，叫"小猪变形记"。

2. 欣赏阅读故事。

（1）引导幼儿观察：你们猜，小猪在干什么？它心里在想什么？请你们学学小猪无聊的样子。

（2）小猪碰到了谁？长颈鹿在干什么？小猪心里会怎么想？

（3）小猪踩着高跷是要学谁啊？它为什么要学长颈鹿呢？它现在的心情怎么样？

（4）小猪现在像长颈鹿一样高了，心里很开心，它迫不及待地出门了，在路上它碰到了斑马。它会跟斑马说什么呢？斑马又会怎么说？

（5）小猪怎么了？你觉得小猪适合做长颈鹿吗？没关系，小猪又有了好主意。它回家拿了刷子和黑色、白色的颜料，它想干什么呢？

（6）小猪又遇到了谁？大象在干什么呢？小猪会对大象说什么？大象会怎么回答它？又会做什么呢？

（7）大象说完，哗啦一下，就用水把小猪的斑马纹冲得一干二净，小猪很生气，可它又有了好主意，猜一猜，这次它想变成谁？为什么小猪会想变成大象？

（8）它会通过什么方式变成大象呢？

3. 大胆想象小猪的变形经历。

（1）如果小猪变大象失败，它还会想变成谁呢？为什么？它会怎么变呢？请你猜一猜。

（2）我们的想法可真多呀，小猪到底又变成了谁呢？我们一起到书中去找答案吧！请小朋友们先安静地看，看完了告诉老师你最喜欢哪一幅图片。

4. 请幼儿集体阅读PPT余下部分。

（1）阅读后讨论：小猪成功了吗？它都变成了谁？它是怎么变的？你们觉得哪一页最有趣？

（2）小猪学变这么多动物都失败了，躺在泥塘里时，它心里会想什么呢？你们有什么话想要对小猪说的吗？

（3）你们想知道小猪最后怎么样了吗？我们一起来看看故事的结局。

（4）教师讲述故事的结局。

5. 明白道理：做自己最幸福。

（1）小猪为什么又做回了自己？

（2）小结："是呀，小猪它一心要改变自己的外形去模仿别人，想从中获得快乐，可是不管它再怎么模仿，别人都说不像，到最后它才发现做自己是最快乐的。我们每个人都有自己特别的地方，学别人是很累的，做自己才是最快乐、最幸福的。"

活动评析

《小猪变形记》是一本著名的图画书，讲述了一只小猪突然觉得百无聊赖，就想体验别的动物的生活的故事。它满脑子奇异的想象，用各种办法模仿长颈鹿、斑马、大象、袋鼠、鹦鹉等动物。但遗憾的是，这些创举都以失败告终。正当小猪被一连串失败打击得失去信心时，它又受到另一只猪的启发，找到了真正属于猪的乐趣。

活动开始时，教师请幼儿看图画书的封面，从而让幼儿知道它讲的是小猪的故事。教师和幼儿从"这一只小猪很不开心"开始了和小猪共同寻找快乐的旅程，了解小猪通过改变自己的形象寻找快乐的过程。在欣赏图画书的过程中发挥想象，猜测故事情节的发展，能够发展幼儿的想象力。在活动中，教师引领幼儿一起阅读，一起欣赏图画书，一起大胆讲述小猪变形的有趣经历。教师营造了平等的师幼关系，再现了幼儿的相关生活经验。

（三）大班阅读活动——阅读《想飞的小象》

活动目标

1. 理解故事内容，能专心倾听故事，对有生活哲理的趣味童话感兴趣。

2. 知道人有各自的本事，别小看自己，树立自信心。

3. 学说完整句："我不会……可是我会……"

4. 养成大胆发言、说完整句的好习惯。

5. 根据已有经验，大胆表达自己的想法。

活动准备

1. 《想飞的小象》故事课件。

2. "我不会……可是我会……"句型图谱。

3. 美工区：绘画操作材料。

4. 经验准备：在活动前，幼儿对动物（小鸟、大象、蛇、老虎、狮子等）的一些本领有所认识和了解。

活动过程

1. 开始部分：观看课件，激发兴趣，引发讨论。

（1）小象为什么想飞？

（2）小象能学会飞这个本领吗？

在活动的一开始，教师通过课件激发幼儿的兴趣，采用开放式的问题让幼儿猜想这只小象能不能学会飞，为幼儿创设了宽松的语言环境。

2. 中间部分。

（1）分段讲述故事，引导幼儿观察讨论，初步理解故事内容，之后提出以下问题：小象爬到树上学飞，发生了什么事？小象遇到了哪些动物？小动物们是怎么对小象说的？爸爸妈妈是怎样说的？小象又是怎样去做的？

在这一环节中，教师通过讲述故事，引导幼儿理解故事中的情节、人物形象和主题倾向，幼儿在自由讨论问题的过程中，对故事内容有初步的理解。

（2）完整欣赏故事。

通过这一环节，教师在幼儿头脑中建立故事内容的完整构架，引导幼儿模仿故事中的对话，使幼儿进一步深入体验故事内涵，加深其对故事的理解。

（3）集体讨论——我的本领。

教师提问："故事中每一个小动物都有自己的本领，小朋友，你们有什么样的本领呢？"

在这一环节中，教师鼓励幼儿大胆、声音响亮地在集体面前说说自己的本领，在轻松、愉快的气氛中提高口语表达能力，知道人有各自的本事，别小看自己。

（4）结束部分：利用句型说自己的本领。

教师启发幼儿用"我不会……可是我会……"的句型，比较完整地进行讲述。

当幼儿对故事内容本身的学习、理解和体验已经达到了较好的程度时，教师应进一步创设机会，让幼儿创造性地运用语言去表达自己的认识。教师还应引导幼儿根据"我不会……可是我会……"句型图谱进行语言表述，并在幼儿取得成功时及时予以肯定，使幼儿获得成功感。

活动延伸

引导幼儿在美工区选择自己喜爱的绘画材料作画，在作画过程中，鼓励幼儿边画边与同伴交流，说说"我不会……可是我会……"。

活动评析

对文学作品的学习是一个系统的、阶梯性发展的过程，是一个从理解到表达、从模仿到创新、从接受到运用的整合过程。此类阅读活动可以循序渐进地培养幼儿对语言艺术的敏感性，锻炼他们的想象力，增强他们的思维能力，促进他们的语言表达能力得到更好的发展。

⚙ 实战训练

请同学们自选一则幼儿绘本故事（提倡蕴含中华优秀文化的故事），根据中班幼儿的阅读特点设计一个合理的阅读活动方案，要求写出活动名称、活动目标、活动准备、活动过程和活动延伸。

第三节　学前儿童阅读活动组织与指导

引导案例

　　赵老师是幼儿园小班的一名教师，今天她组织小朋友们进行阅读活动，她选择的阅读材料是幼儿画册《还有谁要上车》。在导入环节，她将采集到的各种汽车声音合成音频，制作成多媒体课件，在课堂上播放给小朋友们听，吸引他们的注意力，让他们判断这些是什么声音，说说在哪些地方听到过这些声音。平时小朋友们对汽车的声音都比较熟悉，都能快速、准确地说出答案。

　　接下来，她和大家共同阅读，采用 PPT 的形式展示每一幅图片，让小朋友们说出图片上有什么，发生了哪些事情，培养小朋友们的想象力，然后进行总结，还请小朋友们模仿故事中动物上车时发出的声音，帮助他们理解故事中的象声词，并学习"等一等，还有……也要上车"的句式。通过阅读，赵老师还教会小朋友们乘车的规则，如先买票再上车、到站后下车。

　　延伸活动中，赵老师组织小朋友们进行"乘坐公共汽车"的游戏，小朋友们玩得特别开心，并且知道了排队上车、先下后上、上车后要抓紧扶手等注意事项，积累乘车的经验。阅读活动收到了良好的效果。

　　学前儿童在社会中表现出来的很多行为都与自己的早期认知基础有关，教师应指导学前儿童进行阅读的训练，这样有利于他们在未来的生活中遇到相应的问题时，能够从阅读经验中找到解决方法。

一、集体阅读活动组织与指导

　　组织集体阅读活动的步骤如下。

（一）创设情境，引发阅读兴趣

　　在阅读中激发学前儿童的阅读兴趣能够提高阅读活动的效率。在此环节，教师应采用有趣的形式创设情境，引出阅读内容。教师可以采用有趣的谈话，辅以图画书，或者选择运用夸张的动作、直观的教具、自然声响、美术作品、美妙的音乐、媒体课件等手段和形式，或富有激情，或制造悬念，引出阅读材料，还可以引导学前儿童观察图书封面，认识图书名称。

　　例如，在中班阅读活动——阅读《长颈鹿好长哟》中，教师采用图书封面引出阅读内容。

　　教师说："今天老师带来了一位动物朋友。瞧！"（用 PPT 出示"长颈鹿的脸"）接着提问："小朋友们，你们在哪里看到过长颈鹿？"（出示图书封面）然后说："我带来的这只长颈鹿有个好听的名字叫'洁克雅'，这本书会告诉我们关于洁克雅的哪些事情呢？让我们一起来阅读吧！"

　　又如，在小班阅读活动——阅读《大灰狼娶新娘》中，教师采用音乐引出阅读内容，播放唢呐音乐《婚礼曲》，使学前儿童感受结婚的热闹氛围，引出绘本《大灰狼娶新娘》。

在创设情境时，教师要注意以下两点。

（1）调动学前儿童的已有经验。学前儿童的已有经验包括生活经验和阅读经验。教师可以通过提问，引导学前儿童讲述自己与阅读内容相关的经历，激发其阅读兴趣。

（2）提供不同的情境支持。为了激发学前儿童的阅读兴趣，教师可以创设或利用与阅读内容有关的情境，如故事情境、游戏情境等，根据阅读内容选择一定的情境，利用学前儿童的好奇心理，激发学前儿童的阅读兴趣。

（二）按步骤阅读，开展阅读指导

阅读能够促进学前儿童大脑的发育与成熟，对发展学前儿童的观察力、注意力、想象力和思维能力等有很大的帮助。阅读过程中，学前儿童综合运用多种感官对阅读素材进行感知，迁移原有的知识经验，生成新的认识。教师指导学前儿童开展有步骤的阅读，这更符合学前儿童的心理发展过程。

1. 学前儿童自主阅读

阅读活动伊始，教师可以让学前儿童带着任务和问题来阅读，这样能够更好地激发学前儿童的阅读欲望，让他们更加专注地进行阅读。教师交代任务时要做到表述清晰、明确、具体，同时针对不同年龄段的学前儿童要考虑任务的难度。例如，小班儿童的阅读任务可以少一点、容易一点；对于中、大班儿童，教师可以提出总结性、思考性或者理解性的问题，激励其细心阅读。

学前儿童自主阅读时，教师要关注学前儿童的阅读习惯和方法，如是否按顺序阅读等，并给予适当的指导。这个阶段以学前儿童自主阅读为主，教师指导为辅，教师可以通过启发性的问题，引导学前儿童的思路，帮助学前儿童进行有效阅读。

例如，在中班阅读活动——阅读《长颈鹿好长哟》中，教师提出要求："找一找，书中的长颈鹿有哪些部位是长长的？"

又如，在小班阅读活动——阅读《大灰狼娶新娘》中，教师提出问题："大灰狼要结婚啦，它的新娘在哪里？"（引导幼儿猜测大灰狼的新娘会是谁）

2. 师幼集体阅读

在学前儿童自主阅读之后，教师可以采取集体或小组的形式，带领学前儿童共同阅读。教师可以综合利用多种阅读指导方法，如提问法、观察法、复述法、角色扮演法等。在集体阅读的过程中，教师应保证学前儿童的主体地位，充分利用师幼互动和同伴互动，引导学前儿童感受阅读带来的愉悦，调动学前儿童阅读的积极性。

在这个过程中，教师要避免直接将图书内容告知学前儿童，而是要带领学前儿童一起感知图书的画面内容，通过启发、互动、联想等方式帮助学前儿童理解图书内容，鼓励学前儿童说出自己的想法，交流各自的观点，自然体会阅读的乐趣。

（三）围绕阅读重难点开展活动

每一次的集体阅读活动都会有一定的重难点，其或是有关语言的学习，如关键词汇、语法结构等，或是有关比较难理解的情感体验等。教师可以针对阅读重难点组织学前儿童开展活动，如游戏、模仿、表演等，优化学前儿童的阅读体验，帮助他们获得阅读的核心经验。

教师应在尊重学前儿童阅读个性的前提下，有效引导学前儿童对阅读重难点进行理解、思考和拓展，帮助学前儿童对自己在自主阅读过程中获得的零碎经验进行梳理、总结和归纳。

例如，中班阅读活动——阅读《长颈鹿好长哟》的，重点环节是让学前儿童了解长颈鹿身体上长长的部位的具体作用。

（1）教师在展示 PPT 的同时引导学前儿童仔细观察画面细节。

教师："长颈鹿身体上长长的部位都有些什么作用？让我们一起来看看吧。"

① 脖子的作用

教师提问："瞧！长颈鹿伸长脖子在干什么？"

教师小结："是呀，那么高的树上的树叶，只有长颈鹿才能吃到，因为它有长长的脖子。"教师提问："长颈鹿喝水的时候又会摆出怎样的姿势呢？"（教师和学前儿童一起摆出长颈鹿喝水的姿势，体验长颈鹿由于太高，喝水有多么困难）

教师小结："长颈鹿的脖子太长了，它在喝水时必须摆出这种姿势。"

② 舌头的作用

教师："长颈鹿长长的舌头在干什么呢？它是怎么吃东西的？让我们伸出手臂来学一学。"

教师小结："长颈鹿不仅可以用长长的舌头勾住树叶把树叶扯下来，还能把鼻孔舔干净，它很爱干净呢！"

③ 腿的作用

教师提问："长颈鹿还有 4 条长长的腿，它们有什么用呢？"

教师提问："如果你和长颈鹿赛跑，谁会取得比赛的胜利？为什么？"

教师小结："长颈鹿长长的腿不仅跑得快，还非常有力！"

④ 尾巴的作用

教师提问："长颈鹿的尾巴看上去像什么？有什么用处呢？"

教师小结："长颈鹿长长的尾巴甩来甩去，可以赶蚊子。"

（2）教师小结："长颈鹿的身体上有很多长长的部位，它们都有各自的作用。"

（四）归纳总结阅读内容

阅读活动的最后是对阅读内容进行归纳总结，在这一环节中，教师可以带领学前儿童根据读本内容有感情地朗读或完整地讲述和归纳故事，引导学前儿童感受读本画面与文字的对应关系，使他们对读本内容有一个整体的认识。

另外，在集体阅读活动的延伸活动中，教师可以鼓励学前儿童进行个性化交流和分享，引导学前儿童进一步加深对读本的认识，自主构建阅读的经验。这样一来，教师也能更好地了解学前儿童的理解程度和关注点，从而深入挖掘读本的潜在价值。

在实施这一环节时，教师可以和学前儿童一起倾听有疑惑的学前儿童自发提出的问题，将个人的问题变成大家的问题，引起其他学前儿童的关注，然后把问题抛给学前儿童，让他们互相解答，自主构建属于自己的阅读经验，真正成为阅读的主人。个性化分享环节充分体现了学前儿童对读本的理解，也进一步证明了学前儿童天生就是主动的、有能力的学习者。

二、区角阅读活动组织与指导

区角阅读活动是教师根据教育目标和学前儿童的发展水平，有目的、有计划地投放活动材料、创设活动环境，让学前儿童在宽松和谐的环境中按照自己的意愿和能力自主地选择活动内容与活动伙伴，主动地进行操作、探索和交往的活动。区角阅读活动轻松、快乐、自主性强，学前儿童有充分的交流机会，能够实现探究式的学习。

教师在组织区角阅读活动时，可以从以下几个方面着手。

（一）创设适宜的阅读环境

适宜的阅读环境、良好的阅读氛围，有助于吸引学前儿童积极、主动地进行阅读活动。

1. 环境布置

阅读区环境布置要根据幼儿园的条件因地制宜，教师要把握明亮与安静的原则，为学前儿童创设温馨、美观、适宜的阅读环境。同时，教师也可以征求学前儿童的意见与建议，让他们带着参与感和使命感共同设计、布置区角环境，这样学前儿童对阅读区更能产生亲切感和认同感。

2. 材料投放

阅读区材料主要是图书。根据《指南》提出的"提供一定数量、符合幼儿年龄特点、富有童趣的图画书"的要求，教师在进行阅读区材料的投放时应选择适合学前儿童阅读经验和阅读水平的图书。

图书的色彩要协调，能够体现一种美感，有利于图书内容的表达；在构图上，背景内容与主要角色要分明，能够突出重点形象。图书的主题内容应是学前儿童感兴趣的和能够引发学前儿童想象和思考的内容。故事中的角色要鲜明、生动，能够给学前儿童留下真实而深刻的印象。图书的种类应丰富多样，以满足学前儿童多方面的需求。

概括而言，阅读区材料应以色彩鲜明、画面形象、情节生动有趣、文本长度适宜、内容健康且具有启发性的图书为主。

教师可以根据学前儿童的年龄发展特点，为小班儿童选择内容生动、简短的故事书，如《大卫不可以》，或者生活工具书、生活概念书等色彩鲜明、材质结实的图书；为中班儿童选择有一定高潮但情节较为复杂、能够促进他们发挥想象力的故事书，如《猜猜我有多爱你》，同时还可以提供猜谜书、儿歌书、学习工具书、交通工具书等；为大班儿童提供情节相对曲折、内容较丰富且有一定悬念的故事书，如《爷爷一定有办法》《小猪变形记》，以及历史故事书、成语故事书、科学故事书、中外名人故事书，或者可以引发学前儿童思考的智力图书、工具书等。

另外，教师也可以引导学前儿童自己动手制作图书。教师可以让学前儿童用绘画、剪贴等形式自己构思情节并制作图书，还可以采用师幼或亲子共同制作的方式，让学前儿童充分体验自制图书的乐趣。

除了图书外，教师还需要选择书架，同时考虑不同年龄段学前儿童的身高特点。图书可以分类摆放，并配备一些学前儿童容易辨识的书签或书卡，他们能够根据书签或书卡迅速找到自己想看的图书。图书可以按时间进行分类，也可以根据内容分类，学前儿童可以明确知道自己喜欢的图书在哪个区域。

3. 定期更换图书

反复阅读是学前儿童早期阅读的特点之一，但扩大阅读范围同样重要。班级内部的阅读区容量虽小，却是学前儿童每天接触的阅读天地，阅读材料要丰富、新颖。教师应在观察学前儿童阅读情况的基础上及时更新阅读区的图书。教师可以将学前儿童十分熟悉、不再关注的图书换成新书，将新书放在醒目的位置，并制作推荐、介绍新书的小卡片，以吸引学前儿童关注；也可以将大批图书交替、轮流放置在书架上，持续带给学前儿童新鲜感。

4. 设置阅读延伸区

阅读区除了可以用于开展单纯的静态读书活动外，为了满足不同阅读个体、阅读类型、阅读阶段的需要，教师还可以结合实际需要划分一定的空间，延伸、拓展阅读区的活动。

一般幼儿园常用的阅读延伸区有以下几种。

（1）展示区。教师可以在墙面上设置"推荐阅读""故事小明星"等板块。

（2）电子阅读区。教师提供一些点读设备供学前儿童使用，他们可以戴着耳机体验视听立体享受的阅读经历。

（3）操作体验区。教师可以为学前儿童提供预设的学习材料，如背景图、立体小动物、头饰等，让学前儿童在操作中积累相关的阅读经验，如"小小出版社""周周小剧场"等。

（4）修补区。教师可以提供一些修补图书用的双面胶、胶水等工具，以便学前儿童及时修补破损的图书页面。

（二）制定阅读规则

教师可以与学前儿童共同制定阅读规则，培养学前儿童良好的阅读习惯。阅读规则主要包含以下几项内容。

（1）阅读区的进区规则。为了保证学前儿童在阅读区自主活动的质量，教师应规定、限制阅读区的人数。教师可以采用"阅读卡"的形式，持有"阅读卡"的学前儿童可以进区阅读，没有"阅读卡"的学前儿童可以先到其他区角进行活动。

（2）阅读环境的保持规则。在阅读区阅读要保持安静、不能大声喧哗，取书要轻拿轻放，行走时要放轻脚步，交谈要轻声细语；阅读完毕后将图书放回原处；不在阅读区饮食，不乱扔垃圾，保持桌椅摆放整齐；等等。

（3）合作阅读的规则。在合作阅读时，同伴间要友好协商彼此的阅读行为，不能发生争吵。

（4）爱护图书的规则。阅读时要爱护图书，不可乱涂乱画，不可撕扯图书，等等。

阅读规则建立后，教师要明确告知学前儿童，教给他们遵守规则的方法，并监督规则的执行。阅读是伴随人一生的好习惯，学前儿童学会阅读、喜欢阅读，从各类图书中了解更多新事物，学习优美生动的语言表述，有助于提高其认知水平和语言质量。

（三）开展丰富的阅读活动

在阅读区活动中，教师的有效介入十分重要。教师在仔细观察的基础上掌握学前儿童的阅读情况，有针对性地组织和指导学前儿童的阅读活动，是帮助学前儿童发展语言能力的重要途径。教师可以根据不同年龄段学前儿童的特点，组织丰富多彩的阅读区活动，例如，故事复述、角色扮演、图书制作和修补、读书会等。

小班儿童可以开展辨识书中的人名和物体的活动，中、大班儿童可以讨论书中的情节，修补损坏的图书，树立爱护图书的意识。教师可以组织各种形式的学前儿童讲述图书的活动，帮助学前儿童巩固习得的新词汇，锻炼口语表达能力。同时，教师也要针对学前儿童的疑问适时地做出解答，并对图书内容进行拓展，鼓励学前儿童各抒己见，畅所欲言。

三、渗透性阅读活动组织与指导

渗透性阅读活动主要包括一日生活中的阅读与其他领域活动中的阅读，以及家庭生活中的亲子阅读。

（一）一日生活中的阅读组织与指导

日常生活是对学前儿童进行早期阅读指导的好时机。研究表明，在学前儿童的日常生活及自由游戏之中融入早期阅读教育，让学前儿童得到充分的自主阅读机会，参与探索文字材料等活动，能够有效促进他们早期阅读能力的发展。

在日常生活中，教师可以从以下几个方面随机开展阅读活动。

1. 重视日常生活中阅读环境的创设

语言能力是在运用的过程中发展起来的，除了参加集体活动，学前儿童提高语言能力的关键是拥有一个想说、敢说、有机会说的日常生活环境。教师在日常生活中，应积极为学前儿童创设随处可见的阅读环境。例如，学前儿童在幼儿园都有一个属于自己的柜子，教师可以在柜子上面写下他们的名字，也可以让他们参与设计自己柜子的标志图案，以帮助他们识别。

又如，学前儿童的毛巾、水杯、被子、床等物品上，都可以设计个性化的图标、符号等。教师还可以和学前儿童一起制作值日表，这些方式不仅能帮助学前儿童快速辨认自己的名字，还能帮助他们认识同伴的名字，感知文字的功能。

2. 观察、参与日常生活中的阅读活动

教师应认真观察、积极参与学前儿童日常生活中自发的阅读活动，并给予积极的反馈。教师要关注学前儿童自发的读写活动，在他们遇到困难时提供必要的帮助，示范正确的阅读方法，培养他们良好的阅读习惯，拓展他们对阅读内容的认识。教师在参与学前儿童的阅读和讨论时，要鼓励他们勤于思考、敢于创造，鼓励他们将自己的想法用文字或图画表达出来，让学前儿童共同参与阅读区的创设，等等。

（二）其他领域活动中的阅读组织与指导

将阅读活动渗透到其他领域活动中时，教师需要注意以下几个方面。

1. 树立大阅读观，增强领域的整合意识

《指南》明确提出："儿童的发展是一个整体，要注重领域之间、目标之间的相互渗透和整合，促进幼儿身心全面协调发展。"学前儿童的语言的发展与科学、健康、社会、艺术等领域的活动有着密不可分的联系。领域的互相融合可以为学前儿童提供不断感知和练习语言的机会，帮助他们提高口语表达的熟练度，增强对书面语言的兴趣。教师在不同领域的教学中要积极思考阅读教育实施的可行性。

2. 创设多元阅读环境，激发学前儿童的阅读兴趣

良好的多元阅读环境能激发学前儿童的阅读兴趣。教师可以结合班级活动主题，将多元"早期阅读"融入各个子活动，提供多层次的操作材料。学前儿童参与环境布置，和环境互动，在互动中阅读，体验阅读的快乐。例如，在主题活动"美丽的春天"中，学前儿童尝试自己创编《春天的图书》，并把自己创编的图书放在阅读区，这既丰富了阅读的材料，又美化了环境。

3. 将早期阅读与其他领域活动有机融合

教师要努力挖掘早期阅读材料与其他领域相关的内容，进行分析研讨，正确定位，把握重点和难点，根据学前儿童的年龄特点、身心发展的需要，寻找恰当的融合切入口。例如，在阅读活动——阅读《老鼠娶新娘》中，教师选用迎亲唢呐音乐导入绘本，营造热闹的氛围，激发学前儿童的学习兴趣。

在进行其他领域活动教学时，教师可以从目标、内容等方面找到与早期阅读相融合的要点。科学领域活动目标"对周围的事物、现象感兴趣，有好奇心和求知欲"，蕴含着丰富的环境阅读资源与价值；"能运用各种感官，动手动脑，探索问题"，包含了观察、思考、想象等阅读能力。社会领域教育活动包括调查、参观等实践活动，教师若将早期阅读融入其中，能够有效地促进学前儿童观察、认知、阅读、思考能力的发展。

例如，学前儿童要了解周围的社会生活，可以通过参观博物馆或超市等公共场所来实现，教师可以引导学前儿童对博物馆的名称，超市内的商品、包装、价格牌等进行有目的的观察和阅读，使参观活动更加深入。

（三）家庭生活中的亲子阅读组织与指导

陈鹤琴曾在文章中指出："要孩子学会阅读，我们的家庭，我们的社会，必定要先有阅读的环境。父母要为孩子营造一个读书的环境，重视家庭藏书，可以为孩子建立自己的书架或者在家中建立阅读角，家长也要在家里多读书，给孩子做好榜样，形成亲子共读的家庭氛围。"家长在思想上和行动上都应成为真正的阅读者，这样孩子才更容易成长为一个终身阅读者。

学前教育离不开幼儿园与家庭的共同合作，双方共同的目标是促进学前儿童的全面发展。在早期读写方面，家庭教育起着至关重要的作用，教师可从以下角度指导家庭生活中的亲子阅读。

1. 引导家长参与活动

幼儿园要开展丰富多彩的阅读活动，引导家长参与阅读活动。对小班儿童来说，亲子互动阅读更适合。亲子互动阅读中，教师只扮演指导、建议、协作、帮助的角色，家长则处在主导地位。幼儿园通过各种活动向家长传达先进的教育理念，让家长重视亲子阅读，真正地参与亲子阅读。

例如，图书漂流活动就是一种不错的亲子阅读方式。教师设计漂流记录表，让每个学前儿童都有机会选择喜欢的图书带回家中与父母共同阅读，并把自己的感想记录在表格内。这种活动鼓励家长与学前儿童一起进行阅读和思考，给家庭与家庭之间创造了读书交流的机会，更可贵的是教师可以了解到每个学前儿童阅读的兴趣、能力与方法，为进一步开展阅读研究积累了珍贵的第一手资料。

2. 对家长进行亲子阅读培训

家长对学前儿童教育的重视程度普遍在提高，在早期阅读方面，体现在家长为学前儿童购买图书的投入增加，部分家长也会每天抽时间陪伴学前儿童阅读。但是，家庭成员结构不同，文化知识背景差异较大，家长对早期阅读价值的理解和重视程度不一。此外，现在自媒体发达，家长从移动互联网终端获取了大量信息，这些碎片化、不成系统的信息让很多家长更加茫然，这就容易导致家长有心与孩子共读，却不知从何入手。

幼儿园作为教育主体，应当承担起向家长开展阅读指导和培训的责任。教师可以根据班级学前儿童的年龄特点有针对性地组织开展早期阅读讲座、沙龙等，或者邀请育儿方面的专家开展相关活动，将有关早期阅读的一些科学知识传达给家长，如阅读内容的选择、阅读方法的推介等。教师也可以利用零散的时间与家长随机交流，例如，在家长接送学前儿童或参加幼儿园的主题活动时，通过聊天的方式了解亲子阅读现状，及时地予以正确指导。

⚙ 实战训练

　　请同学们自由分组，4 人一组，阅读绘本《逃家小兔》，理解绘本内容，从学前儿童早期阅读核心经验中选择一两种恰当的经验，以此为重点，自选年龄班，设计一份早期阅读活动方案，并在小组内进行活动试讲。

课后习题

一、单项选择题

1. 学前儿童阅读活动的内容涉及（　　　）。
　　A. 文字　　　　　　B. 图案　　　　　　C. 标识　　　　　　D. 以上全部

2. 在学前儿童早期阅读活动中，能够体现出教师主导作用的环节是（　　　）。
　　A. 亲子阅读　　　　　　　　　　B. 学前儿童自主阅读
　　C. 师幼共同阅读　　　　　　　　D. 区角阅读

3. 某幼儿园将识字作为基本活动，该园的做法（　　　）。
　　A. 正确，有助于学前儿童学习知识
　　B. 正确，有助于提高教学质量
　　C. 不正确，幼儿园不能组织教学活动
　　D. 不正确，幼儿园应以游戏为基本活动

4. 下列不属于按照阅读形式划分的学前儿童阅读活动的是（　　　）。
　　A. 认知性阅读活动　　　　　　　B. 渗透性阅读活动
　　C. 区角阅读活动　　　　　　　　D. 集体阅读活动

5. "喜欢阅读图画书，愿意指认符号、标志和文字"是（　　　）儿童的阅读目标。
　　A. 小班　　　　　　B. 中班　　　　　　C. 大班　　　　　　D. 托班

二、判断题

1. 学前儿童阅读活动的总目标中，能力目标是培养学前儿童的文字书写能力。（　　　）

2. 集体阅读活动是幼儿园中非常重要的阅读活动方式。（　　　）

3. 在集体阅读活动中，教师既要给予学前儿童自主阅读的机会，也要发挥主导作用，对学前儿童进行阅读指导。（　　　）

4. 阅读区环境布置要根据幼儿园的条件因地制宜，教师要把握明亮、安静的原则。（   ）

5. 集体阅读活动主张学前儿童自主阅读，是一项无目的、无计划的尽显学前儿童天性的自由活动。（   ）

三、简答题

1. 简述学前儿童阅读活动的类型。

2. 简述组织学前儿童集体阅读活动的步骤。

3. 简述教师在组织区角阅读活动时如何创设适宜的阅读环境。

07

第七章
学前儿童文学作品活动

知识目标

➤ 了解学前儿童文学作品活动的内涵与教育价值。
➤ 掌握学前儿童文学作品活动的特点与类型。
➤ 掌握学前儿童文学作品活动的设计方法。
➤ 掌握不同类型文学作品活动的组织方法。

能力目标

➤ 学会设计不同类型的文学作品活动教案。
➤ 能够根据不同年龄段学前儿童的需要选择合适的文学作品素材。
➤ 能够组织学前儿童进行不同形式的文学作品活动。

素养目标

➤ 热爱文学，善于写作，能将优秀的文学作品自然融入学前儿童的生活中。
➤ 尊重学前儿童，能站在学前儿童的角度看问题。
➤ 培养创新意识，能够充分激发学前儿童的想象力和创造力。

　　文学作品活动是学前儿童喜闻乐见的一种学习活动，也是教师经常开展的一种语言教育活动。以文学作品为教材而进行的语言教育活动，是学前教育不可或缺的一部分。儿童文学作品包含着种类丰富的题材和内容，具有生动形象、情节有趣、笔法活泼、情感丰富的特点，能够引起学前儿童浓厚的认知兴趣，激发学前儿童对世界的好奇心，是培养学前儿童观察世界、认识世界的好素材。

第一节　认识学前儿童文学作品活动

引导案例

　　10 月 16 日是世界粮食日，这一天，幼儿园大班的刘老师带大家欣赏与学习古诗《悯农》。在活动开始前，刘老师先通过宣传短片，结合生活经验，带领大家了解什么是"光盘行动"。看完宣传短片，刘老师提出问题："短片中的小朋友们说，要把盘中的食物吃干净，不浪费，他们为什么要这么做呢？你们以前有没有过剩菜、剩饭的经历呢？"通过提问引发幼儿思考，吸引幼儿的注意力，使幼儿了解开展"光盘行动"的原因。

　　在古诗学习过程中，刘老师还为大家讲述了袁隆平爷爷的故事，他埋首田间经过数次的科学钻研才培育出颗粒饱满的稻谷。刘老师又通过多媒体课件让幼儿了解到稻谷从播种到收获，再到加工，最后到制作成食品的过程，由此过渡到"粮食来之不易，我们要珍惜粮食，要积极加入'光盘行动'"。

通过参与这次文学作品活动，很多幼儿受益匪浅，看到他人浪费粮食的情景，总是不由脱口而出"谁知盘中餐，粒粒皆辛苦"。

3～6岁的学前儿童有自己的文学需求，生动有趣的文学作品对他们具有莫大的吸引力，所以儿童文学作品在学前儿童语言教育中也极为重要。将寓言、动物故事等巧妙组织起来的儿童文学作品可以培养学前儿童美好的情感、心灵及健全的人格，使他们感受到生活中的真、善、美，满足学前儿童发展的多种需要。

一、学前儿童文学作品活动的内涵与教育价值

学前儿童文学作品是指与3～6岁的学前儿童心理发展水平、接受能力和阅读能力相适应的各类文学作品的总称，包括童话、寓言、神话故事、儿童生活经验故事、儿歌、儿童诗、儿童散文、绕口令、谜语、儿童科学文艺等多种体裁的作品。

学前儿童文学作品活动是以儿童文学作品为基本教育内容设计和组织的语言教育活动，帮助学前儿童理解文学作品生动有趣的主题，感受文学作品中人物的真、善、美，学习丰富形象的语言，结合生活创造性地运用语言。

《纲要》明确指出对学前儿童文学作品活动的一些要求。例如，"语言"领域的目标指出"喜欢听故事、看图书"，相关的"内容与要求"指出教师要"引导幼儿接触优秀的儿童文学作品，使之感受语言的丰富和优美，并通过多种活动帮助幼儿加深对作品的体验和理解"。

学前儿童文学作品活动有着多元丰富的教育价值：引导学前儿童感受语言的丰富和优美，积累文学语言；帮助学前儿童欣赏各类文学作品，提高倾听文学语言的技能水平；让学前儿童学习创造性地运用语言，提高灵活运用文学语言的能力；使学前儿童体验文学作品的情感，满足学前儿童的精神需要，促进学前儿童的社会性发展；帮助学前儿童理解文学作品内容，促进学前儿童认知能力的发展。

二、学前儿童文学作品活动的特点

学前儿童文学作品活动具有以下特点。

（一）围绕文学作品开展系列活动

1. 围绕文学作品教学开展活动

文学作品的学习必须从文学作品教学入手，围绕作品教学来开展活动。与其他语言教育活动相比，学前儿童在文学作品学习活动中感受到的活动内容具有形象生动、信息丰富的特点。

2. 开展一个主题、多种形式的系列活动

学前儿童文学作品活动从文学作品教学出发，常常整合其相关领域的内容，开展多种形式的系列活动，使学前儿童有更多的机会认识作品中表现的社会生活内容，有助于学前儿童感知与理解，这是学前儿童文学活动的一个基本特征。

（二）发展学前儿童的完整语言

完整语言是指听、说、读、写 4 种语言能力的协调发展。学前儿童文学作品活动可以发展学前儿童的完整语言，具体表现在以下几个方面。

（1）发展学前儿童的语言倾听和理解能力。

（2）丰富学前儿童的词汇，规范学前儿童口头语言的表达，提高学前儿童日常交往的语言水平。

（3）培养学前儿童对书面语言的浓厚兴趣，提高学前儿童对艺术性结构语言的敏感性，并使其能用自己特有的书写方式表达对作品的理解。

（4）使学前儿童会听、会说普通话，学会创造性想象和表达语言。

（三）整合、渗透到其他教育领域

在学前儿童语言发展过程中，学前儿童的每一个新词、每一种句式的习得都是整个学习系统调整、吸收与发展的结果。

学前儿童语言教育应与其他方面的教育密切结合，内容上可以与社会、健康、艺术、科学等领域整合，渗透到生活和游戏活动中，即与其他领域的教学活动整合，与生活环节有机结合。

三、学前儿童文学作品活动的类型

一般来说，学前儿童文学作品活动可以分为儿童故事活动、儿童诗歌活动和儿童散文活动。

（一）儿童故事活动

儿童故事活动是指围绕故事而展开的学前儿童语言教育活动。常见的故事包括童话故事和生活故事。童话故事是一种具有浓厚幻想色彩的虚构故事，通过夸张、象征、拟人等手法塑造形象、表现生活，是儿童文学基本的、重要的题材之一。生活故事取材于社会现实生活，以叙述事件为主，反映学前儿童熟悉或需要了解的生活，向学前儿童展示经过提炼、概括或虚构的人物和事件。

（二）儿童诗歌活动

儿童诗歌活动是指围绕学前儿童诗歌展开的语言教育活动，学前儿童诗歌包括儿歌和儿童诗两种类型。

1．儿歌

儿歌是以低年龄段学前儿童为主要接受对象的具有民歌风味的简短诗歌，它是儿童文学古老的、基本的体裁之一。儿歌内容浅显、主题单一，节奏明快、音韵和谐，结构简单、易唱易记，多反映学前儿童的生活情趣，传播生活、生产知识等，主要包括摇篮曲、数数歌、问答歌、绕口令、连锁调、颠倒歌、谜语歌、字头歌、游戏歌等。

2．儿童诗

儿童诗是为学前儿童创作的，符合学前儿童的心理和审美特点，适合学前儿童欣赏、吟诵、阅读的诗歌。它运用凝练的语言和明快的节奏，创造优美的意境，抒发纯真的情感。儿童诗既包括成人诗人为学前儿童创作的诗，也包括儿童创作的诗，大致分为叙事诗、抒情诗、童话诗、讽刺诗、科学诗等。

（三）儿童散文活动

儿童散文活动是指围绕儿童散文组织的语言教育活动。儿童散文以学前儿童生活为题材或以适合学前儿童阅读的材料为内容，在取材、构思、语言等方面都应适应学前儿童的年龄和心理特点，兼具故事性、趣味性和知识性。它不像故事具备完整的情节和生动的人物形象，但可以通过人、事、物来表达特定的思想感情，如《落叶》《爸爸的信》等。

四、学前儿童文学作品活动的目标

学前儿童文学作品活动以大量优秀的文学作品为素材，引导学前儿童积极参与文学作品学习活动、了解文学作品的体裁，激发学前儿童对文学作品的兴趣，培养他们对文学语言的敏感性。学前儿童文学作品活动的目标制定既要与幼儿园语言教育目标紧密相连，也应符合学前儿童的年龄特点，同时还要结合具体活动的素材。

学前儿童文学作品活动的目标包括以下几个方面。

（一）学会欣赏文学作品，感受语言的丰富性和多样性

儿童文学作品题材丰富，体裁多样，为学前儿童学习语言提供了成熟的语言范本，学前儿童通过模仿、记忆并加以创造性地表达，可以体验文学作品中的书面语言，进一步感受文学作品的魅力，提高对文学语言的敏感性。

例如，"呼啦，呼啦！柳枝弯弯柔软的腰，啊，春天是跳着舞来的！"用生动形象的词语勾勒出春天的景象，学前儿童在倾听和朗读诗歌时潜移默化地升华了对春天的喜爱之情。

除此之外，受地域文化等的影响，作家的文学作品有自己的独特印迹，其个性化的语言特点造就了语言风格的多样，能让学前儿童在欣赏文学作品时体验语言的多彩之美。

（二）增加词汇量和句型量，提升语言表达能力

优秀的儿童文学作品能引导学前儿童积累丰富的词汇和多样的句型。学前儿童文学作品活动不仅是讲述故事和朗诵诗歌，还运用不同的词汇和句型表达对文学作品的理解和感受。学前儿童在对文学作品的理解中学习新词，或是在活动中掌握和运用新词。

例如，诗歌《春天是这样来的》中出现了"叮咚""呼啦""哔剥"等拟声词，学前儿童可以根据上下文，联系生活经验掌握这些词的含义，并能通过动作和表情表现它们的含义，积累语言素材。因此，儿童文学作品活动能帮助学前儿童掌握新的词汇和句型，使他们获取更多的语言素材，提升其语言表达能力。

（三）培养倾听技能，提升运用语言交往的能力

在学前儿童语言发展过程中，善于倾听、愿意倾听是他们运用语言交往的重要内容。教师讲述故事和朗诵诗歌都涉及学前儿童的倾听，在学前儿童文学作品活动中，教师要选择优秀的故事和诗歌，采用合适的教学方法培养学前儿童有意识倾听的能力，包括评析性的倾听能力和欣赏性的倾听能力。例如，教师在呈现文学作品时，学前儿童往往会聚精会神，安静地观察教师，倾听教师的语言，这就是有意识倾听的能力。

（四）进行创造性表达，提高灵活运用语言的能力

语言是学前儿童在与人和环境交互作用中创造性地习得的，教师可以通过鼓励他们大胆表达来发展其创造力。例如，在日常生活中可以组织学前儿童开展语言游戏，借用文学故事中的人物特点进行故事表演，仿编诗歌进行朗诵，甚至可以采用音乐和绘画的形式积极、主动地表达对作品的理解。教师通过多种形式的实践性活动可以有效提高学前儿童灵活运用语言的能力。

🔍 实战训练

请同学们自由分组，4人一组，围绕下面的诗歌《月亮和我好》，分析与讨论在设计学前儿童文学作品活动时可以整合哪些相关领域的知识，通过分享进一步掌握学前儿童文学作品活动的特点。

月亮和我好

每一棵树梢，挂一颗月亮，小鸟说："月亮和我好。"

每一湾池塘，漂一颗月亮，青蛙说："月亮和我好。"

每一个脸盆，盛一颗月亮，宝宝说："月亮和我好。"

第二节　学前儿童文学作品活动设计与指导

📖 引导案例

这一天，徐老师根据自己围绕散文诗《风在哪里》设计的活动教案，组织中班幼儿进行文学作品活动。

风在哪里？花儿说："当我的花瓣频频点头的时候，那是风在吹过。"

风在哪里？小草说："当我弯下腰的时候，那是风在吹过。"

风在哪里？小朋友说："风就在我们的身边。"

春天，它带给我们一片花的海洋；

夏天，它带给我们一片阴凉；

秋天，它带给我们一片果香；

冬天，它带给我们一片银装。

在活动中，徐老师通过展示图片和视频、诵读来帮助幼儿理解散文诗的内容，还带着幼儿来到户外感受风，和幼儿一起仿照诗里的句子编了小诗。围绕文学作品，徐老师开展了一系列相关的活动，旨在引导幼儿欣赏、理解散文诗的内容和意境，并鼓励幼儿大胆地表达。

最后，徐老师还将文学作品活动与科学领域相结合，引导幼儿观察风给外界带来的变化，让幼儿知道空气流动形成风，请他们说一说风的好处与坏处等。同时，徐老师结合艺术领域，请幼儿画一画身边的风，用肢体动作表现风来了。

学前儿童文学作品活动的设计环节非常重要，它决定着活动的组织实施与教育效果。学前儿童文学作品活动设计主要包括选择合适的文学作品素材，确定科学的活动目标，做好充分的活动准备，构思翔实的活动过程，以及计划丰富的延伸活动。

一、选择学前儿童文学作品活动内容

学前儿童文学作品活动的选材，首先要符合学前儿童的审美特点、认知方式和思维习惯。因此，教师在选择文学作品时既要考虑文学性，也要考虑教育性，具体体现在以下几个方面。

（一）主题明确，内容健康

教师选择的文学作品应聚焦一个主题，简单明确，易于学前儿童理解。例如，文学故事《花格子大象艾玛》《小猫钓鱼》《小蝌蚪找妈妈》，儿歌《比尾巴》《游戏歌》《小老鼠上灯台》，古诗《咏鹅》《春晓》《静夜思》《悯农》等。

（二）情节生动，结构清晰

情节是文学作品的主体部分，教师所选的文学作品应情节生动有趣，能够吸引学前儿童的注意力，促使他们跟随情节的发展沉浸在作品塑造的场景中，"情"随"景"动。学前儿童往往对新鲜的事物具有强烈的好奇心，但受年龄影响，理解能力有限，因此，教师选择的文学作品结构需简单清晰，可为"总—分"或"总—分—总"形式，这样有助于学前儿童理解和接受。

（三）塑造形象，立体鲜明

文学作品塑造出的主题形象立体鲜明，有利于吸引学前儿童的注意力，并加深他们的记忆。文学作品塑造出的形象一般有两种：一种是具体的形象，如乌龟、兔子、小鸟、狐狸、老鼠等；另一种是通过情节渲染出的心理形象，如《三只小猪》中凶恶的大灰狼、懒惰的猪老大、聪明机智的猪老三等。

（四）语言浅显，通俗易懂

3～6 岁学前儿童语言发展的特点决定了他们还不能很好地理解比较抽象的词汇和一些复杂的语句。因此，教师所选的文学作品在语言上要浅显易懂，在表达形式上应体现生动、形象的特征，多采用简单句和短句来呈现。例如，儿歌《排排坐》："排排坐，吃果果，你一个，我一个，弟弟睡着了，给他留一个。"儿歌朗朗上口，语句简短，浅显易懂。

（五）充满童趣，引发想象

优秀的文学作品往往能引人入胜，激发学前儿童的探究欲。教师为学前儿童选择的文学作品要构思巧妙，富有想象力，同时充满童真童趣。例如，《月亮妈妈和星星娃娃》采用拟人的手法把月亮比作妈妈，把星星比作娃娃，能引发学前儿童的想象。再如，《小老鼠的魔法棒》展现出 3 种想象的立体场景，给幼儿留下想象的空间。

（六）贴近生活，富含教育意义

教师要贴近学前儿童的生活，结合他们的实际情况、思想动态等，选择具有一定教育意义的文学作品。例如，当发现学前儿童不能很好地管理自己的情绪时，可以选择故事《菲菲生气了》加以引导；当发现他们做事不专一时，可以选择童话故事《小猫钓鱼》；春天来临时，可以选择《春晓》；秋天来了，可以选择《秋姑娘》；等等。

（七）注重美感，培养审美能力

教师选择文学作品时，要保证作品的语言美、形象美、意境美等，注意培养学前儿童的审美能力。优美是文学作品重要的审美属性。例如，散文诗《春雨》音韵和谐，意境优美，形象鲜活逼真，充满情趣。又如，童话《灰姑娘》中的灰姑娘勤劳善良、乐观聪慧。

二、明确学前儿童文学作品活动的目标

学前儿童文学作品活动的目标可以分解为总目标和年龄段目标。在制定教育活动目标时，教师首先必须从儿童文学作品的教育功能、教育内容和学前儿童的认知水平、身心发展特点等方面综合考虑，制定出认知、能力与情感 3 个维度的目标。

（一）学前儿童文学作品活动的总目标

学前儿童文学作品活动目标的设计应涵盖认知、能力和情感 3 个维度：认知目标涉及语言、词汇、句型的获得，包括了解不同文学作品的表现形式、情节发展等；能力目标涉及表达能力、理解能力、倾听能力等；情感目标涉及兴趣、态度和价值观等。具体内容如表 7-1 所示。

表 7-1　学前儿童文学作品活动的总目标

认知目标	能力目标	情感目标
① 学会正确发音，增加词汇量，了解各种句式的表达方式，明白书面语言和口头语言的对应关系； ② 知道文学作品分童话、诗歌、散文等体裁，了解语言的丰富性和多样性； ③ 理解作品内容，掌握作品中相关的科学、社会等知识	① 学会倾听，提高对语言的理解能力； ② 会说并能说好普通话； ③ 提高灵活而富有创造性地运用语言的能力； ④ 学会仿编儿歌、续编故事等	① 对文学作品产生兴趣；喜欢并乐意欣赏文学作品，积极参加文学作品活动； ② 体验文学作品中的真、善、美，感受文学作品的情感脉络和语言美，发展艺术想象力和审美能力

（二）学前儿童文学作品活动的年龄段目标

学前儿童文学作品活动目标的拟定首先应符合《纲要》和《指南》的精神，同时要着眼于不同年龄段学前儿童的发展水平和具体特点，适应学前儿童现在的发展需要，逐步提高学前儿童的语言能力。学前儿童文学作品活动的年龄段目标如表 7-2 所示。

表 7-2　学前儿童文学作品活动的年龄段目标

年龄段	目标
小班儿童	① 喜欢欣赏文学作品，愿意参与文学作品活动，对文学作品的语言感兴趣； ② 初步感受文学作品的语言美，知道故事、诗歌和散文是不同体裁的文学作品； ③ 初步理解文学作品的情节内容或画面情境，能用语言、动作、表情等方式表达自己对文学作品的理解； ④ 在文学作品原有基础上发挥想象力，续编故事结局或仿编诗歌、散文中的一句话

续表

年龄段	目标
中班儿童	① 喜欢欣赏不同形式的文学作品，主动、积极地参加文学作品活动； ② 知道文学作品语言与日常生活语言的不同，进一步感受文学作品的语言美； ③ 学习理解文学作品中的人物形象，感受作品的情感基调和主题，能运用较恰当的语言、动作、绘画等形式表现自己对文学作品的理解； ④ 能根据文学作品提供的线索进行想象和创造，仿编或续编一个情节或一个画面
大班儿童	① 乐意欣赏不同体裁、不同风格的文学作品，在文学活动中积累文学作品语言，并尝试在适当场合运用； ② 在理解文学作品的人物、情节或画面情境的基础上，学习理解作品的主题或感受作品的情感脉络； ③ 初步感知文学作品语言和结构的艺术表现特点，开始接触文学作品的艺术语言构成方式； ④ 依据文学作品提供的线索，联系个人已有经验发挥想象力，并创造性地进行表述

（三）目标主体一致，活动目标具体、可操作

活动目标是学前儿童通过活动应该达到的学习结果，这种结果一般需要用可以观测得到的行为表现出来，以便教师根据活动目标的要求设计活动过程，同时也便于对活动的效果加以衡量和评价。另外，活动目标涉及的主体要保持一致，最好从学前儿童的角度来表述。

例如，大班文学作品活动——学习《蒲公英》的目标如下。

（1）在观察与认识蒲公英的基础上，理解散文中"有趣""柳絮""雪花""飞扬""轻盈"等词语。

（2）理解散文中运用比喻和对比手法的句子，能有感情地朗诵它们。

（3）体验蒲公英的轻盈和优美，萌发热爱大自然的美好情感。

三、做好学前儿童文学作品活动准备

学前儿童文学作品活动准备包括物质准备、经验准备和环境创设准备。这些准备应符合实现学前儿童文学作品活动目标的要求，有利于文学作品活动有效开展。

（一）物质准备

物质准备主要包括对小物件、教玩具等材料的准备。材料数量要具体，以保证每位学前儿童都能够操作。例如，《小花籽找快乐》活动中，在角色扮演时每人需要小花籽胸饰一份，教师需要提前准备好。

（二）经验准备

教师要提前要求学前儿童具备一些与该活动相关的知识、技能与能力基础，以便有针对性地开展教育活动。例如，在《秋天的颜色》活动中，教师需要利用家长资源，提前丰富学前儿童对秋天的特征的认知。

（三）环境创设准备

环境创设准备主要指空间环境准备，涉及场地要求、桌椅摆放要求、墙饰要求等。教师

在准备时要和活动有关的文学作品内容相联系，布置好场景，营造文学氛围；可以采取围坐、小组讨论式的桌椅摆放形式；在欣赏文学作品时，可以播放音乐烘托气氛，渲染情感。

四、设计学前儿童文学作品活动过程

学前儿童文学作品活动的过程一般包含学习文学作品—理解和体验文学作品—开展活动、迁移作品经验—创造性地想象和语言表述4个环节。

（一）学习文学作品

学习文学作品是文学作品活动的重要环节。

1. 创设情境，感知作品

作品导入环节的主要目的是通过创设一定的情境，引起学前儿童的兴趣，为其接下来学习、理解文学作品做铺垫。常用的导入方式包括提问、展示直观形象、猜谜语、播放音乐等。

（1）提问导入。教师结合学前儿童的已有经验和作品的内容，设计学前儿童感兴趣的问题，通过引发大家的讨论来引入作品。例如，在学习故事《龟兔赛跑》时，教师通过提问来导入："兔子和乌龟比赛跑步，你们认为谁会取得最终的胜利？说一说原因。"

（2）展示直观形象导入。教师通过出示与作品相关的图书、挂图等，同时结合生动形象的语言，引导学前儿童观察、思考，引发学前儿童学习的兴趣。例如，在学习故事《有朋友真好》时，教师出示小兔子玩偶，说："今天老师带来一个好朋友，你们看，它是谁？小兔子要离开森林，搬到城市里去，森林里的许多朋友都舍不得它，都来送它。"教师打开 PPT 展示各种小动物的图片，引导学前儿童看看小兔子的朋友都有谁。

（3）猜谜语导入。在活动开始前，教师先让学前儿童猜一个谜语，引出作品中的主要形象或主要内容。例如，在学习儿歌《蚂蚁搬豆豆》的导入环节中，教师说："请小朋友猜一个谜语，看谁能猜出来。'排队地上跑，身体细又小，做事最勤劳，纪律第一好。'"

（4）播放音乐导入。播放音乐导入的方式比较常见，教师可以选择与作品主题相关的合适的音乐作为导入材料。音乐应是学前儿童比较熟悉的，教师也可以选择相关的拟声音乐。例如，学习诗歌《春雨》时，教师可以引导学前儿童一起随着音乐《小雨沙沙沙》唱儿歌。

2. 讲述作品

教师通过语言讲述来为学前儿童呈现文学作品。这一环节要求教师普通话标准，发音清楚、准确；讲述生动形象，富有感染力。《指南》明确提出建议："引导幼儿感受文学作品的美。如：有意识地引导幼儿欣赏或模仿文学作品的语言节奏和韵律。给幼儿读书时，通过表情、动作和抑扬顿挫的声音传达作品中的情绪情感，让幼儿体会作品的感染力和表现力。"

（二）理解和体验文学作品

在初步感知作品之后，教师要组织学前儿童围绕作品内容采用多种形式深入理解作品，例如，采用提问、讨论、模仿、表演等方式，引领学前儿童深入挖掘作品蕴含的主题和情感。

在这一环节中，教师可以设计和组织相关的活动，也可以紧接着上一环节的活动开展，但要注意从作品内容出发组织活动，引导学前儿童利用多种感官深入思考和体验作品。

例如，学习诗歌《风在哪里》时，教师可以组织学前儿童到户外散步，观察花草树木与风的关系，或者让学前儿童复述大树、花儿、小草、小朋友们说的话并表演被风吹过的情景。

学前儿童需要进一步理解和体验作品，这时教师可以采用以下方法帮助他们。

1. 讲解法

讲解法是一种传统且实用的方法，教师可以借助教具用生动形象的语言讲解难懂的字、词、句，也可以启发学前儿童迁移经验自己解释。例如，讲解"白毛浮绿水，红掌拨清波"时，教师可以出示大白鹅的图片，或是大白鹅在水中游的场景视频，也可以引导学前儿童迁移游泳的经验模仿大白鹅，理解"浮绿水"和"拨清波"的含义。

2. 提问法

提问法也是教师常用的一种方法，教师可以通过提问层层深入，引导学前儿童深入理解作品。例如，在学习诗歌《太阳和月亮》时，教师可以通过描述性问题"这首诗歌的名字是什么？""太阳出来了，谁醒了？"来帮助学前儿童理解诗歌的大意；通过分析性问题"白天的小花和晚上的小花有什么不一样？"引导他们体会诗歌的主题；通过假设性问题"除了这些，还有哪些小动物呢？"引导他们创造性地表达诗歌的内容。

3. 表演法

有些诗歌、散文中的角色立体鲜明，教师可以指导学前儿童通过扮演不同角色进行表演，深入理解作品的内容，体会其中的感情。例如，在学习诗歌《太阳和月亮》时，诗歌中出现了白天和夜晚这两种不一样的情境，学前儿童可以通过模仿醒着的小鸟和小兔、睡着的小鸟和小兔的动作深入体验白天和夜晚的不同。

4. 游戏体验法

为引导学前儿童更深层次地理解作品内容，教师可以结合作品特点，组织学前儿童用游戏的方式体验作品。例如，对于儿歌中的《问答歌》《游戏歌》《颠倒歌》等，教师都可以通过组织游戏的方式引导学前儿童在玩中诵读，从而深入体验作品内容。

（三）开展活动、迁移作品经验

文学作品向学前儿童展示的是建立在学前儿童生活经验基础上的间接经验，这种经验既让学前儿童感到熟悉，又让他们觉得新奇。教师可以围绕文学作品内容，整合学前儿童相关经验，开展可操作的或具有游戏性质的活动，帮助学前儿童提高语言理解能力，锻炼动手能力，并为下一步发挥想象力和进行语言表述做好铺垫。活动的形式多种多样，如游戏活动、绘画活动、手工活动等。

（四）创造性地想象和语言表述

开展学前儿童文学作品活动的最终目的是提高学前儿童学习和运用语言的能力。通过前面环节的学习，学前儿童已经对作品内容进行了理解和体验，最后需要进一步总结提升和升华情感。教师要引导学前儿童开阔思路，发挥想象力并进行创造性的表达。

例如，教师可以组织学前儿童续编故事、改编故事、表演故事、仿编诗歌、配乐诗朗诵等。在最后的环节中，学前儿童通过大胆想象、交流讨论，将书面语言创造性地再加工，从而提高口语表达能力和语言交际能力。

五、指导学前儿童文学作品活动延伸

学前儿童文学作品活动的延伸是对文学作品经验的巩固和迁移，也是对文学作品本身内容的拓展和延伸，可以和活动结束环节中的任务布置结合，也可以围绕日常生活、区角活动、环境创设、其他领域活动等进行拓展。

通常情况下，在活动结束后，教师可以在表演区投放相应的表演道具，以激发学前儿童表演的兴趣，加强学前儿童对故事的理解。

例如，大班文学作品活动——学习《理发师的奇遇》结束后，教师可以在表演区布置故事场景、投放"理发师""狮子"等角色头饰吸引学前儿童进行故事表演游戏；也可以在阅读区投放绘本，使学前儿童自主阅读绘本《狮子的理发奇遇》，看一看绘本里的狮子和故事里的有什么不一样；还可以开展亲子活动，让学前儿童回家后请爸爸妈妈拍下自己理发前后的照片，和爸爸妈妈说一说发型的变化。

六、学前儿童文学作品活动案例

大班文学作品活动——学习《小花籽找快乐》

设计意图

大班幼儿已初步具有关心他人的意识，而"给别人带来快乐，自己也能快乐"，则是对"关心他人"的丰富和发展。幼儿的品德教育强调以"情"入手，注重让幼儿在情感体验中形成或增强某种意识，并逐渐养成优良的品德。为此，教师特意设计了有关《小花籽找快乐》的文学作品活动，通过角色表演自然地把幼儿引入故事情节之中，使幼儿随着情节的发展而不断地感知体验，获得比较深入的道德认识。

活动目标

1. 欣赏并理解故事内容，会运用作品中的语言比较连贯、完整地回答问题。
2. 学会使用"我给大家……，大家喜欢我"和"我做……，我很快乐"的句型，表达自己愉快的心情。
3. 懂得为大家做好事，自己也会感到快乐的道理。
4. 积极参与对话，能大胆地与他人交流。
5. 促进创新思维与动作协调发展。

活动准备

1. 小花籽、太阳、小鸟、蜜蜂、青蛙头饰各一个。
2. 课件《小花籽找快乐》。
3. 语言书。

活动过程

1. 教师通过提问引发幼儿的学习兴趣。

教师："在健康课上，我们学过了快乐的秘密，你们觉得什么是快乐呢？"（引导幼儿回忆自己的快乐体验）

教师："有一粒小花籽，它特别想让自己快乐，所以就出去找快乐，它找到快乐了吗？我们一起来看一看，听一听。"

2．教师完整地讲述一遍故事，然后提问。

（1）小花籽离开妈妈后，它看见了谁？（根据幼儿的回答，依次出示对应的图片）它们都快乐吗？为什么快乐？（引导幼儿理解小动物们快乐的原因，体验被人喜爱的愉快心情）

（2）小花籽是如何找到快乐的？它为什么快乐？（引导幼儿重复"大家喜欢我，我真快乐"这句话）

3．教师带领幼儿复述故事，引导幼儿理解作品的内容和情感。（请幼儿翻开语言书）带领幼儿复述小花籽与太阳、小鸟、蜜蜂、青蛙的对话。

（1）小花籽问太阳："太阳，你快乐吗？"

太阳笑呵呵："快乐，快乐，我给大家阳光和温暖，大家喜欢我。"

（2）小花籽问小鸟："小鸟，你快乐吗？"

小鸟叽叽叽："快乐，快乐，我给大家唱歌，大家喜欢我。"

（3）小花籽问蜜蜂："蜜蜂，你快乐吗？"

蜜蜂嗡嗡嗡："快乐，快乐，我给大家采蜜，大家喜欢我。"

（4）小花籽问青蛙："青蛙，你快乐吗？"

青蛙呱呱呱："快乐，快乐，我给大家捉害虫，大家喜欢我。"

教师帮助幼儿分析"我给大家……，大家喜欢我"的含义，让幼儿尝试用这样的句型说话，如"我给大家讲故事，大家喜欢我"。

4．教师小结："故事中的小花籽找到了快乐，因为它让很多人都快乐了。你们在生活中也会有这样的经验，通过帮助别人而获得了快乐。老师相信你们天天都会快乐，天天都会找到快乐。"活动结束，教师带领幼儿到活动室利用头饰进行角色表演，延伸教学活动。

活动评析

大班幼儿由于年龄关系，常以自我为中心，做事情往往只想到自己，而忽视了别人，教师要引导幼儿体验帮助别人的快乐，这种体验对幼儿的成长起着很重要的作用。于是，在这次活动中，教师把"小花籽"寻找快乐的经过描述得形象生动，又通过生动、有趣的角色对话复述，让幼儿充分感受到作品的思想感情，最终升华到懂得为大家服务、帮助别人才是真正的快乐的境界。

━━━━━ 🔍 **实战训练** ━━━━━

请同学们自由分组，4 人一组，围绕下面的诗歌《伞》设计一项适于中班儿童的文学作品活动。要求目标明确，活动有趣，符合中班儿童的年龄特点，能够吸引他们参与；语言简洁清楚，教学方法适宜，有利于中班儿童熟悉与理解诗歌。

伞

公路边的大杨树，

是小喜鹊的伞。

水塘里的大荷叶，

是小青蛙的伞。

山坡上的大蘑菇，

是小蚂蚁的伞。

下雨了，大家都有一把伞。

这首诗歌短小、精美，用比拟手法形象地勾勒出自然界中小动物与其生活环境的关系，形象生动，充满温情，富有童趣。

第三节　不同类型文学作品活动的组织与指导

引导案例

齐老师正带领幼儿学习散文诗《树真好》。

树真好，小鸟可以在树上筑巢。

树真好，能挡住风沙，不让它们乱跑。

树真好，满树花香到处飘。

树真好，挂个秋千摇啊摇。

树真好，树荫下面乘凉睡午觉。

树真好，微风吹来唱歌谣。

齐老师选的这首散文诗意境优美，运用了排比的手法，句句押韵，呈现出人与自然和谐相处的画面，易于幼儿理解。在诗歌讲解过程中，齐老师还运用了讲解、示范、表演等方式，通过生活经验导入、整体朗读、分段理解，帮助幼儿理解字、词、句，使幼儿充分感受到散文诗的韵律美与意境美。

学前儿童文学作品活动丰富多彩，形式多样。学前儿童可以通过诵读故事、诗歌、散文等文学作品，理解文学作品的内容，结合语言信息进行创造性想象，尝试组织语言进行创造性表达。

一、学前儿童故事教学活动

故事是儿童文学作品的重要组成部分，它主题明确、内容浅显、情节与人物形象鲜明生动，寓教于乐，不仅能使学前儿童在欣赏与理解后受到感染和教育，还能使学前儿童的阅读能力得到进一步的提升，所以故事教学活动的开展对学前儿童语言能力的发展具有重要的作用。

（一）学前儿童故事的类型

学前儿童故事以叙述事件为主，是适合学前儿童听和读的文学作品，主要分为以下 4 种类型。

1. 童话

童话是学前儿童文学的一种类型，是通过丰富的想象、幻想和夸张编写成的适合学前儿童欣赏的故事，其典型特征是充满幻想，将物体、人物、事件尽量夸张化来凸显其特征，造成故事情节的冲突，最终达到给予学前儿童快乐的目的。

2. 寓言

寓言是以假托的故事或拟人化的手法说明深刻的哲理、经验、教训或进行劝谕、讽刺的文学作品形式。在寓言中，比喻或借喻是常用的手法，其主要方式是借此喻彼、借小喻大、借古喻今。学前儿童通过对寓言中人物的讨论获得某种经验或教训，掌握某种思维方法，或者习得某种生活和社会交往技能。

3. 生活故事

生活故事是指以学前儿童为主人公，反映学前儿童的现实生活，适合学前儿童倾听的故事，如《大林和小林》《谁勇敢》等。生活故事通过描写学前儿童的生活，使用学前儿童的语言，在情节的重复和变化中展现学前儿童的生活，体现童年的乐趣，并传递某种观念或道理。

4. 传说

传说是由神话演变而来的具有一定历史性的故事。有的传说是夸张的故事，有的传说则是关于某人、某地、某物或某个节日的历史或传闻。学前儿童接触和学习传说，有助于其了解本民族、本地区的文化、传统和习俗。

学前儿童喜欢故事，尤其是优秀的儿童故事。在学前阶段，教师要注意为学前儿童选择优秀的故事。优秀学前儿童故事的文学特征和语言特征如图 7-1 所示。

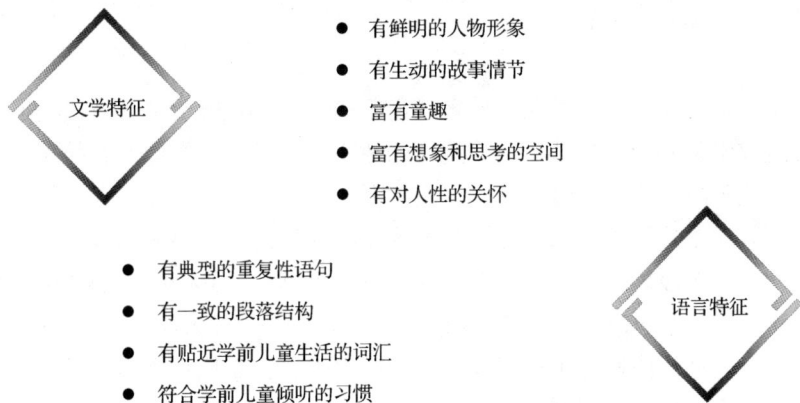

图 7-1 优秀学前儿童故事的文学特征和语言特征

- 有鲜明的人物形象
- 有生动的故事情节
- 富有童趣
- 富有想象和思考的空间
- 有对人性的关怀

文学特征

- 有典型的重复性语句
- 有一致的段落结构
- 有贴近学前儿童生活的词汇
- 符合学前儿童倾听的习惯

语言特征

（二）学前儿童故事的选材

学前儿童故事教学活动的首要问题是选材问题。学前儿童故事教学活动所选的故事除了要考虑文学性、教育性等特点外，还要考虑故事本身的一些条件。

学前儿童故事的选材要点包括以下 4 点。

（1）主题单一明确，有一定的教育意义。

（2）情节具体、生动有趣，有起伏，按一般顺序记叙。

（3）故事要有针对性。教师应针对本班学前儿童的实际情况，关注本班学前儿童的思想状况，及时选择相关主题的故事进行教育。故事要利于训练学前儿童的创新思维，留给学前儿童想象的空间。

（4）故事要体现学前儿童的年龄特征。

① 小班：以帮助学前儿童养成良好的生活卫生习惯、文明礼貌的行为习惯为主。

② 中班：进一步促进学前儿童良好行为习惯的养成，增加知识性要求。

③ 大班：既注重对学前儿童良好个性品质、创新思维的培养，又注重丰富学前儿童的知识。

（三）学前儿童故事学习的核心经验分析

根据学前儿童故事的文学特征和语言特征，结合《指南》在"语言"领域对学前儿童在"听故事"和"阅读理解能力"上的要求，学前儿童故事学习的核心经验分为以下6个方面。

1. 词汇

学前儿童故事因为其叙事性和情节性，在内容上比学前儿童接触的儿歌更长，包括了更多类型的词汇，所以学前儿童在故事学习中能够获得许多新词汇，增进对词汇含义的理解。

2. 结构

学前儿童故事中的结构核心经验包含以下两个方面。

（1）整个故事的线索，如地点线索、时间线索和事件线索。

（2）故事段落中相似的叙事方式，类似于儿歌和散文（诗）中的句子结构。

故事中的结构往往会通过重复性的语句来呈现，所以在故事学习中掌握故事中的结构，不仅有助于学前儿童理解故事内容，通过重复性的语句来猜想故事的进展，还能为学前儿童在学习故事后续编故事打好基础。

3. 情节

在学前儿童文学作品中，学前儿童故事在情节这一核心经验上体现得最为明显和独特，所有的学前儿童故事都必须有情节，而且生动的故事情节是优秀学前儿童故事必备的文学特征。在分析学前儿童故事的情节时，常常采用"三步法"。

第一步：划分故事的段落，通常按照故事的起因、经过和结果来划分。

第二步：归纳每个段落的大意和主旨，找到不同段落大意共同隐含的"中心"。

第三步：将不同段落大意用一句话进行概括。

学前儿童在学习故事的过程中，不仅要理解故事内容，掌握故事中词汇的含义，还要逐步学会概括故事。学前儿童获得了这样的核心经验，今后在倾听或阅读某个故事后，才能用准确、概括的语句向他人讲述故事大意。

4. 运用与表现

学前儿童故事学习中的运用与表现的核心经验与儿歌和散文（诗）中的核心经验基本相同，主要体现在以下几个方面。

（1）对故事内容中人物的表情、动作、对话等的再现。

（2）在故事学习中，能够将自己的想象内容或生活经验按照故事中的结构表现出来。

（3）能在生活中复述学过的故事，用讲故事的方式讲述自己的生活经历。

在学前儿童故事学习中，运用与表现的核心经验的获得不仅可以帮助学前儿童更好地理解故事的内容，掌握词汇的含义，还可以在培养学前儿童文学语言能力的同时，促进学前儿童思维、社会性交往等方面的能力的发展。

5．人物形象

鲜明的人物形象同样也是优秀学前儿童故事必不可少的文学特征。在学前儿童故事学习的过程中，有两个典型问题与人物形象有关，即这个故事讲的是谁的故事和你觉得他是一个什么样的人。学前儿童对这两个问题的回答，就反映了其在故事学习过程中对有关人物形象的理解。

在故事学习中获得人物形象的核心经验，不仅有助于学前儿童形成对类似人物形象的认识，为其在今后的故事学习中理解人物的行为、对话提供知识和经验基础，还有助于学前儿童通过人物形象理解故事的主题，通过故事中正面人物形象的示范习得相应的行为，养成相应的品格。

6．评判性思维

看完一个故事，学前儿童不仅要知道故事的内容，还要能对这个故事的主旨、有趣程度及人物的行为进行评价和判断，能表达自己对某个故事的喜好并说明原因；对故事内容进行思考、质疑、分析与评价，从而形成自己的看法，这就是评判性思维的体现。在学前阶段，获得初步的评判性思维对学前儿童思维能力的培养、独立人格的塑造、良好个性的形成都有着重要的意义。

（四）学前儿童故事教学活动的组织与指导

学前儿童故事教学活动要以学前儿童为中心，充分发挥学前儿童的积极性、主动性和创造性。对于学前儿童故事教学活动，教师可以做以下安排。

1．恰当导入

教师运用一定的手段设置一定的情境，引起学前儿童了解故事的浓厚兴趣。常见的导入手段主要有提问引入、表演引入、猜谜引入和直观教具引入。

2．进行第二遍讲述

教师通过 PPT、录音、木偶表演等形式，生动且有感情地对故事进行第二遍讲述，帮助学前儿童深入地了解故事情节。

3．理解故事

教师通过挂图、教具、故事表演和描述性、思考性、假设性的"三层次提问"等方式，帮助学前儿童理解故事的主题、情节、人物性格特征等。

其中，"三层次提问"的具体内容如下。

（1）教师以提问方式引出故事，第一遍讲完故事后，教师可以进行描述性提问，引导学前儿童对故事的名称、基本情节等进行粗略的了解，帮助他们了解故事的大致内容。

（2）第二遍讲完故事后，教师可以进行思考性提问，帮助学前儿童理解人物的性格特征、故事的主题等。

（3）在学前儿童围绕故事进行表演游戏等活动后，教师可以进行假设性提问，引起学前儿童想象、讨论、迁移和扩展故事经验，使学前儿童懂得在生活中遇到同样的情况时该如何处理。

4．活动延伸

在学前儿童掌握了故事情节、理解了故事中的词汇、分析了故事的结构，同时又发展了运用与表现的能力，对人物形象和故事主旨等进行讨论后，针对故事本身的学习活动就基本结束了，但针对故事外的学习活动还可以继续展开，这就是活动延伸。

在延伸活动中，学前儿童可以把故事讲给爸爸妈妈听，把故事画下来，将创编的故事讲给其他学前儿童听，或进行故事表演等活动。在这个环节中，教师可以鼓励学前儿童开展上述活动，从而慢慢结束整个故事教学活动。

二、学前儿童儿歌教学活动

儿歌也称"童谣"，是学前儿童较早接触到的一种文学样式，比较适用于小班儿童的教学。儿歌音韵和谐，节奏鲜明，通俗易懂，篇幅短小，趣味性、娱乐性强。教师在教学前儿童学习儿歌时，应避免机械性、重复性地朗读，可以通过多种策略来激发学前儿童的学习兴趣，帮助他们更快速地学会儿歌。

（一）儿歌的特点

通过仔细朗读和分析不同类型的儿歌，我们可以发现学前儿童学习的儿歌往往具有以下特点。

1. 音韵和谐

儿歌在句子的结尾通常会采用押韵的方式，并且因一句话中的平仄形成起伏变化而产生音乐感。许多儿歌被谱曲，以被学前儿童传唱，如《小熊过桥》《数鸭子》《排排坐》等儿歌，学前儿童不仅可以念，还可以唱。这种音韵和谐的儿歌往往易记易唱，深受学前儿童的喜欢。

2. 语词浅白

儿歌不仅易记易唱，还容易理解，使用的词汇往往是口头语言，即使采用夸张、比喻等手法，在理解上也不会给学前儿童造成太大的困难。例如，在儿歌《小圆形》中，所有的词汇都是学前儿童生活经验范畴内的，如"太阳""气球""苹果"等。另外，这些词汇即使对于小班儿童来说，理解起来也没有难度。

3. 节奏明快

儿歌中的节奏是指儿歌在念唱过程中声调、语气的变化，节拍是衡量节奏的单位。在念唱儿歌时，正确地划分儿歌的节拍，利用节拍传递和表现儿歌的情绪非常重要，尤其是在绕口令这种类型的儿歌中，不同的节拍能够体现出不同的效果。

4. 表现性强

儿歌内容形象生动，表现性强，学前儿童在学习儿歌的时候可以用动作来表现儿歌中的人物特征和动作。例如，在学习儿歌《小猫小猫你别叫》时，当出现"喵，喵，小猫叫"的时候，学前儿童可以用双手表演小猫伸爪子的样子。

（二）儿歌的选材

学前教育中，同样的主题往往会出现不同的儿歌。由于不同年龄段学前儿童的认知能力不同，记忆水平和语言能力也各不相同，所以教师要依据学前儿童的认知水平来选择儿歌，如图 7-2 所示。

1 小班
　　在小班教学中，儿歌的主题要比较明确，儿歌的内容要比较简单，每句的词量应为 3~5个，而且词汇要浅显易懂，句子之间宜有统一的韵脚

2 中班
　　在中班教学中，儿歌的内容逐渐丰富，儿歌的句子可以传递1~2条相关信息，每句的词量可以为4~6个，词汇逐渐书面化，韵脚可以逐渐有变化

3 大班
　　在大班教学中，儿歌的主题可以更为抽象，内容更加复杂，每句的词量可以为6~8个，词汇可以更加抽象化、书面化和文学化

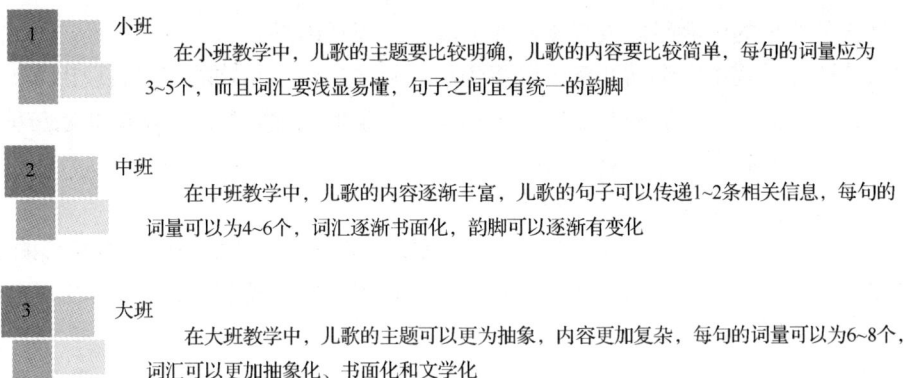

图 7-2　依据学前儿童的认知水平来选择儿歌

（三）儿歌学习的核心经验分析

教师将儿歌学习过程中学前儿童需要获得的核心经验分析清楚，教学活动才会有明确的指向性。根据儿歌的特点，学前儿童在儿歌学习过程中可以获得以下核心经验。

1. 词汇

词汇指所有词的总和，也指某一范围内所使用词的总和。词汇是构成句子的最小单位，分为实词和虚词两大类。在儿歌中，常用的词汇主要是实词，包括名词、动词、形容词、数词和量词等。

2. 结构

结构是指表述、叙述或描述的模式。一首儿歌的结构中，有整首儿歌的结构，也有儿歌中每节或每句的结构。将儿歌中的结构分析出来，不仅可以让学前儿童习得这样的结构，还可以通过图谱的方式帮助学前儿童更好地理解和记忆儿歌，并进行结构仿编。

3. 情节

情节是指事件发生的脉络，常常表现为事件的起因、经过和结果。有些儿歌的内容是一个故事，教师可以通过讲故事的方式把儿歌的内容生动、形象地讲给学前儿童听。对于有情节的儿歌，其分析方法是让学前儿童尝试用一句话把儿歌的故事情节概括出来，并保证这句话中出现故事的主要元素。

4. 运用与表现

运用与表现的核心经验是指学前儿童在儿歌学习的过程中，通过再现儿歌中的人物、动作、表情、节奏等获得的经验。使学前儿童在儿歌学习的过程中将自己的生活经验或想象用儿歌的方式表现出来，并在生活中运用和表现学习过的儿歌，是使学前儿童获得这一核心经验的关键。

运用与表现的核心经验的获得主要体现在以下 3 个方面。

（1）在学习过程中再现儿歌中的要素。

儿歌是生动、形象的文学形式，儿歌内容包含许多人物、动作与表情，所以学前儿童在学习儿歌的过程中，运用自己的动作、语言，并通过游戏的方式将儿歌中的人物特征、动作、情绪等表现出来，用符合儿歌的节奏、节拍，甚至平仄的方式来朗诵儿歌，表现出儿歌的情绪基调，这不仅可以帮助学前儿童理解儿歌，还能提高其对儿歌的运用与表现能力。

（2）将学前儿童的生活经验或想象用儿歌的方式表现出来。

在学习儿歌的过程中，学前儿童可以将生活经验或想象用儿歌的方式表现出来。尤其是在"结构"这一核心经验凸显的儿歌中，根据结构将学前儿童的生活经验或想象仿编、续编出来，是学前儿童儿歌学习中的重要目标。

（3）在生活中运用和表现学习过的儿歌。

学前儿童学习儿歌后，在生活中愿意吟诵儿歌，在遇到与儿歌描述的内容相似的情形时，能够回忆起儿歌，并用儿歌中的词汇或句式表现其看到的情境或事件，这是学前儿童运用和表现儿歌的高级水平。

5. 韵律

韵律是指儿歌中的声韵和节律，具体指儿歌中的平仄格式和押韵规则。学前儿童在儿歌的学习中，要逐步感受到相同的韵脚，尤其是在"一字韵"中，要能指出儿歌中的最后一个字押的韵都是一样的。这种对韵脚的意识是学前儿童文字意识发展的重要基础。除了押韵外，教师还要教学前儿童学会分析儿歌句子中的平仄变化。

6. 节奏

儿歌中有规律地出现一定数量的音节，形成一定数量的节拍，念唱起来有短暂的停顿，这就形成了节奏。一般儿歌都会有符合自身内容和基调的节奏，但绕口令可以变换多种节奏。儿歌的节奏越快，学前儿童在发音过程中越容易出错。调整节奏可以锻炼学前儿童的发音能力，同时能够让其感受到学习绕口令的乐趣。

（四）儿歌教学活动的组织与教学策略

教师要在儿歌教学活动中组织好活动环节，让学前儿童在生动、活泼的氛围中习得相关核心经验，确保教学活动的效率。具体来说，儿歌教学活动的组织通常有以下环节。

1. 激发学前儿童对儿歌学习的兴趣

兴趣是学前儿童学习的原动力，所以教师不仅要根据学前儿童的兴趣来选择相应的儿歌内容，还要在教学活动的首要环节中通过多种策略来激发学前儿童的学习兴趣。常见的策略有以下3种。

（1）提问策略：通过提问调动学前儿童已有的生活经验。

（2）主角导入策略：教师通过导入儿歌中的主角，激发学前儿童的学习兴趣并使其有兴趣听主角的所见所闻。

（3）猜谜策略：教师用猜谜的方式让学前儿童猜测儿歌中的人物。

这个环节主要起到让学前儿童迅速进入学习状态及激发学前儿童学习儿歌的兴趣的作用。这个环节占用的时间不宜太长，如果教师采用提问策略，一般以1～2个问题为宜，在学前儿童充分表达后，让学前儿童迅速调整好状态并进入下一个环节。

2. 分句和分要素帮助学前儿童掌握儿歌内容

在这个环节中，教师往往会分3步完成相关任务。

第一步：完整地朗诵一遍儿歌。

第二步：通过提问、示范、出示图谱等方式帮助学前儿童掌握儿歌内容，理解儿歌中的词汇。

提问是为了了解学前儿童听到了什么并让其进行复述。示范是对学前儿童的回答用儿歌中的句子进行归纳表演。出示图谱是指学前儿童在复述后，教师在归纳和整理的过程中使用图画、图示的方式帮助学前儿童观察、回忆儿歌中的内容。

第三步：让学前儿童讲述自己喜欢的句子，并表现儿歌中的人物形象、动作、对话或表情等。

在学前儿童理解和掌握儿歌内容的过程中，分句理解可以减轻学前儿童的学习负担，这个过程可以通过提问、出示图谱的方式来完成。学前儿童在理解儿歌的时候，往往不能记住全部内容，会遗漏儿歌句子中的部分要素，教师在这个环节要重点帮助学前儿童理解和掌握容易遗漏的儿歌内容。

3. 引导学前儿童分析儿歌的结构

教师在对儿歌进行分析的过程中，发现儿歌有促进学前儿童在"运用与表现"中"将生活经验或想象按照儿歌的结构进行仿编"的作用，则在引导学前儿童仿编前应先引导学前儿童分析并了解儿歌的结构。

教师可以通过提问、出示图谱等方式帮助学前儿童了解儿歌的结构。常用的提问方式是"每一句都是先说什么，再说什么"，教师以此引导学前儿童分析儿歌的内容，在学前儿童回答的基础上概括儿歌的结构。教师要根据学前儿童的年龄特点，采用不同的策略，年龄越小的学前儿童，越需要直观的提示，以及在充分表达后教师的归纳与指导。

4. 激发学前儿童想象，鼓励学前儿童仿编儿歌

在这个环节中，教师要充分鼓励学前儿童回忆生活经验，发挥自己的想象力，然后根据生活经验或想象按照儿歌的结构进行仿编。这个环节有两个关键要素，一是要有仿编的内容，二是要有涉及仿编的表达。

在这个环节中，教师可以采用以下 3 个层次的教学策略。

（1）第一层次：教师出示仿编内容的图片或视频，让学前儿童看着内容说，教师用符合儿歌结构的方式进行总结。

（2）第二层次：教师按要素问学前儿童"变什么""怎么样"，然后鼓励学前儿童用"像儿歌一样好听的句子说出来"，在学前儿童表达后，教师可以进行复述。

（3）第三层次：教师直接鼓励学前儿童按照结构进行仿编和表达，如"小圆形还会变什么，然后怎么样"，教师要根据学前儿童的不同水平采用不同层次的策略。

在学前儿童已经初步学会按照结构进行仿编后，教师要鼓励学前儿童相互表达，或者采用表演、比赛的方式鼓励学前儿童表达自己仿编的儿歌。

5. 在游戏或延伸活动中结束活动

儿歌的结构决定学前儿童在哪一环节完成学习：对于没有明显结构的儿歌，学前儿童在第二个环节可以获得大部分核心经验；对于有结构的儿歌，通过第三个环节和第四个环节可以获得结构的掌握和仿编核心经验。

在这个环节，教师可以通过游戏或延伸活动来结束儿歌学习活动，主要可以采用以下 3 种方式。

（1）引导学前儿童扮演儿歌中的角色或自己仿编的角色，念唱儿歌。

（2）引导学前儿童回到家将学到的儿歌或仿编的儿歌说给爸爸妈妈听。

（3）引导学前儿童把自己仿编的内容画出来。

三、学前儿童散文（诗）教学活动

学前儿童的认知思维特点决定了形象化的语言对学前儿童有极大的魅力。学前儿童在倾听形象化的散文（诗）时，会获得一种愉悦感，并逐步熟悉这样一种成熟的语言状态，逐渐了解运用这种形象化的语言产生的效果。教师在为学前儿童选择散文（诗）作为教学材料时，要紧紧抓住学前儿童的生理与心理特点，选择贴近学前儿童生活的、具有拟人化特点的素材，这样既能吸引学前儿童，又容易让其理解。

（一）学前儿童散文（诗）的特点

优秀的学前儿童散文（诗）往往具有以下特点。

1. 生活化的内容

学前儿童散文（诗）描写的内容应是学前儿童在生活中能够听得到、看得见、摸得着的事物，是学前儿童感兴趣的内容。散文（诗）文学化的语言能将学前儿童的这些生活经验、所见所想系统地表达出来。

2. 重复性的结构

成人散文具有"形散而神不散"的特点，但在幼儿园中，学前儿童接触到的大部分散文（诗）会通过比较一致的结构将学前儿童的生活经验陈列出来，有的甚至在字数、韵律上都有诗歌的特点。因此，幼儿园教育中的散文（诗）往往具有重复性的结构。

3. 文学化的语言

学前儿童散文（诗）虽然描写的是学前儿童的生活经验，但并不是对学前儿童日常的谈话或学前儿童相关生活经验的简单记录。学前儿童散文（诗）使用的语言具有精练、准确、形象等特点，即学前儿童散文（诗）是学前儿童生活经验的文学化表现。在具体的语言表现形式上，学前儿童散文（诗）往往采用拟人、排比、对仗等修辞手法和形象化的语言。

4. 丰富的想象

学前儿童散文（诗）通过形象化、文学化的语言来呈现学前儿童丰富的生活经验，从而在听者或读者的头脑中构建出散文（诗）所描写的时间或空间。同时，学前儿童散文（诗）往往不会把学前儿童所有的生活经验或想象都描写出来，而会在末尾为听者或读者留下一定的想象空间。

5. 优美的意境

意境是作者将思想感情融入语言的形象描写中所表现出来的一种情景交融、物我交融的艺术境界。文学作品的意境往往表现在3个方面：自然之美，真挚之情，万物之灵趣。学前儿童散文（诗）虽然内容不深奥，语言不华丽，但同样富有优美的意境。

概括起来，优秀的学前儿童散文（诗）要体现出4个"童"，如图7-3所示。

（二）学前儿童散文（诗）的选材

在学前儿童散文（诗）教学过程中，教师需要选择合适的散文（诗）作为材料。在选材的过程中，有以下3个原则可供参考。

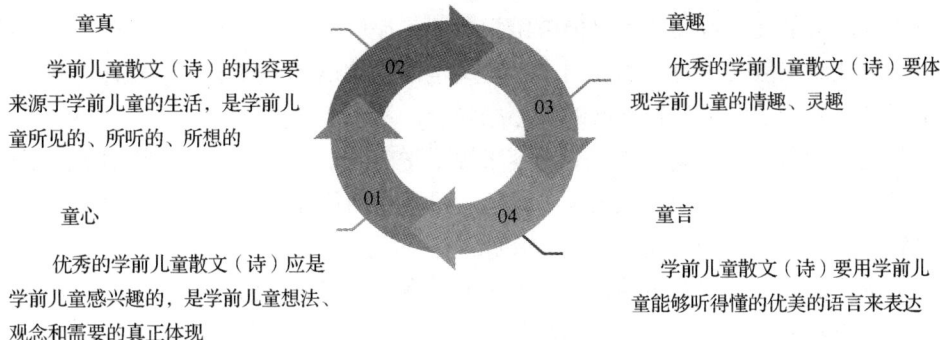

童真

学前儿童散文（诗）的内容要来源于学前儿童的生活，是学前儿童所见的、所听的、所想的

童趣

优秀的学前儿童散文（诗）要体现学前儿童的情趣、灵趣

童心

优秀的学前儿童散文（诗）应是学前儿童感兴趣的，是学前儿童想法、观念和需要的真正体现

童言

学前儿童散文（诗）要用学前儿童能够听得懂的优美的语言来表达

图7-3　4个"童"

1. 根据单元主题进行选择

学前儿童散文（诗）教学活动属于单元主题课程中语言领域的教育内容之一，所以不仅要帮助学前儿童获得散文（诗）学习的相关经验，同时要为整个单元主题的学习服务。因此，教师在选择散文（诗）时，首先要考虑单元主题。

2. 根据年龄段进行选择

教师要根据学前儿童的年龄段（即小班、中班和大班）进行选择。

小班儿童接触的散文（诗）在篇幅上比较短小，往往一个句子就是一个片段；在结构上更加整齐、有规律；在语言上更加生动，重复性较强；在内容上直接与学前儿童的日常生活相关。

中班儿童接触的散文（诗）篇幅可以稍长；在结构上更加灵活；在语言上抒情性的词汇逐渐增多，词汇更加多样化；在内容上可以涉及自然、人际关系、人与自然之间的关系。

大班儿童接触的散文（诗）在篇幅上更长，往往是由多个句子形成的一个片段，在结构上更加松散，在语言上更多地使用比喻、借代等手法，在内容上往往能激发学前儿童进一步展开想象和评判性思考。

3. 根据核心经验进行选择

单元主题下的学前儿童散文（诗）学习不仅要为学前儿童掌握单元主题的相关内容服务，同时要促进学前儿童对学前儿童散文（诗）中学习与发展的核心经验的获得，所以教师要选择能够给学前儿童提供较丰富的语言学习与发展核心经验的散文（诗）。

（三）学前儿童散文（诗）教学活动的核心经验分析

一首优秀的学前儿童散文（诗）可以给学前儿童提供以下6个方面的语言学习与发展的核心经验。

1. 词汇

学前儿童散文（诗）中的词汇通常包括实词和虚词。图7-4所示为实词与虚词的主要内容。

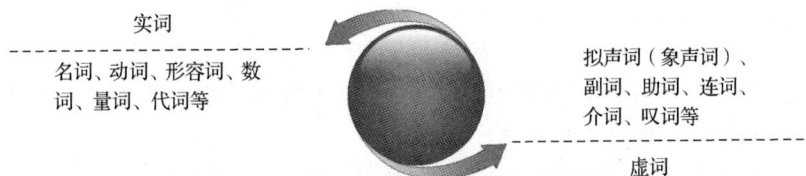

实词

名词、动词、形容词、数词、量词、代词等

拟声词（象声词）、副词、助词、连词、介词、叹词等

虚词

图7-4　实词与虚词的主要内容

　　一首优秀的学前儿童散文（诗）能够给学前儿童提供多样化、丰富、富有美感的词汇，从而帮助学前儿童在散文（诗）的学习中丰富文学性的词语。一般来说，散文（诗）能够给学前儿童提供以下词汇的学习与发展的核心经验。

　　（1）名词。学前儿童散文（诗）的内容来源于学前儿童的生活，所以其中会出现许多学前儿童熟悉的名词，如表示动物、植物、颜色、日常生活用品、交通工具等的名词。对散文（诗）中名词的学习有助于丰富学前儿童的词汇。

　　（2）动词。对散文（诗）中动词的学习一方面有助于丰富学前儿童的词汇，另一方面有助于学前儿童更好地理解其中的动作和情节。

　　（3）形容词。散文（诗）作为一种文学作品，与谈话和讲述相比，一个显著的区别就在于文学作品中有许多形容词，这些形容词往往通过叠词的方式来呈现，如以 ABB 结构来呈现。

　　（4）象声词。象声词是模拟声音的词，也称拟声词。许多散文（诗）中都会出现象声词，例如，描写雨声时，有"沙沙沙""滴滴滴""嗒嗒嗒""哗哗哗"等不同的表示雨声的词汇。对象声词的学习有助于发展学前儿童的语音意识，帮助学前儿童更加形象地理解文学作品中发出声音的物体的动作和状态。

　　（5）助词。助词是虚词的一种，是独立性差、无实义的一类词语，汉语中的助词通常包括结构助词、时态助词和语气助词。许多散文（诗）中通常都会有"啊""呀"等语气助词。

　　散文（诗）中经常出现的比较典型的词汇是名词、动词、形容词和象声词这 4 类。通过对散文（诗）的学习，学前儿童可以丰富自己的词汇，发展语音意识，掌握一些具有文学性的形容词，并在词汇的学习过程中理解散文（诗）的情节、展开想象等。

　　2. 结构

　　结构是指表述、叙述或描述的模式，是文学作品中情节要素的组成方式。学前儿童散文（诗）在形式上往往具有比较稳定的结构，它是散文（诗）中各个要素的特定组成方式。

　　散文（诗），尤其是学前儿童散文（诗），通过结构将描写的景物和情感进行陈列，通过构建想象的空间和语言的意境来形成美感。

　　3. 情节

　　情节是指事件发生的脉络，常常表现为事件的起因、经过与结果。故事中的这一核心经验要素最为突出，散文（诗）中也隐隐可见一些情节性的要素，有些散文（诗）的情节还比较明朗。能用一句话概括出散文（诗）的基本内容，是对散文（诗）进行分析的标志。

　　对散文（诗）中情节的把握是学前儿童理解散文（诗）的重要表现，学前儿童在学习和理解散文（诗）后，首先要能说出这首散文（诗）讲了谁在哪里做了什么。因此，学前儿童在散文（诗）的学习过程中，要通过掌握散文（诗）的情节来理解散文（诗）的内容。

　　4. 运用与表现

　　运用与表现在学前儿童散文（诗）中主要体现在以下 3 个方面。

　　（1）散文（诗）中的动作、表情、姿态，直接对应词汇中的动词和副词。

　　（2）散文（诗）中的情感主要通过朗读散文（诗）时的节奏、语调等来表现，可以表现出散文（诗）中角色的心理状态和意境。

　　（3）学前儿童散文（诗）往往贴近学前儿童的生活经验，符合并能激发学前儿童的想象，所以学前儿童理解了散文（诗）后，就会产生将自己的生活经验或想象进行表达的欲望，但这种表达要具有文学色彩和美感，就需要学前儿童用散文（诗）的结构形式进行表达，这就是仿编。

5. 想象

想象是在头脑中形成形象的过程，可以分为再造想象和创造想象。

（1）再造想象

再造想象是在头脑中形成基于散文（诗）主题和结构的新形象、动作、状态和情节的想象。

（2）创造想象

学前儿童在倾听和理解散文（诗）的基础上，想象不同的动物、不同的地点、不同的颜色等散文（诗）结构中不同的要素。

想象有着重要的意义，它是文学作品的基础，是学前儿童散文（诗）的突出特征之一；想象是连接学前儿童生活经验和散文（诗）的桥梁，学前儿童通过想象理解散文（诗），通过想象将生活经验带入散文（诗）中；想象是学前儿童理解散文（诗）的重要途径，没有想象，学前儿童就难以获得对散文（诗）的词汇和情节，尤其是对意境的丰富理解。

6. 意境

教师只有分析出散文（诗）的意境是什么，这种意境在散文（诗）中是如何体现出来的，才能在教学过程中有意识地引导学前儿童初步感受散文（诗）的意境美。

意境要通过具体的元素来体现，即意境不是空洞的，而是由静态的画面和动态的变化承载的。静态的画面往往包含背景、色彩、基调、情感等要素，动态的变化往往表现为动作、表情、节奏和语调等的变化。

（四）学前儿童散文（诗）教学活动的组织与教学策略

学前儿童散文（诗）中的核心经验往往需要通过 2~3 次的教学活动才能得到充分体现，所以教师可以围绕学前儿童散文（诗）设计和组织 2~3 次教学活动。

学前儿童散文（诗）教学活动的组织重点集中在学前儿童散文（诗）中词汇、情节、结构、运用与表现等方面的核心经验的获取上，教师通过教学活动引导学前儿童了解和掌握散文（诗）的基本内容。这种类型的教学活动的组织主要有以下环节。

1. 生活经验导入

在开展学前儿童散文（诗）教学活动前，教师首先需要丰富学前儿童的生活经验。这个环节旨在连接学前儿童的生活经验，给予学前儿童充分表达已有生活经验的机会，激发学前儿童学习散文（诗）的兴趣。

2. 整体朗读散文（诗）

教师通过配乐，采用符合散文（诗）意境的节奏、语调，用富有感情色彩的语言整体朗读散文（诗）。

这个环节主要培养学前儿童的倾听能力，让学前儿童整体感知散文（诗）的内容，从而初步获取情节这一核心经验。在这个环节中，不建议教师配合图片、挂图或 PPT 进行朗诵，以免分散学前儿童的注意力，提倡教师用配乐朗诵的方式让学前儿童整体感知散文（诗）。

3. 分段理解，聚焦核心经验

在这个环节中，教学关键是通过类似"它说了一个非常充分的理由，你能说一说吗"的提问分段理解散文（诗），帮助学前儿童在获得结构这一核心经验的同时，促进学前儿童词汇、运用与表现等核心经验的发展。

这个环节是教师在教学活动中帮助学前儿童理解散文（诗）内容的关键环节。在这个环节中，有关学前儿童散文（诗）的词汇、结构、运用与表现的核心经验互相交织。通过不断讨论具有相同结构的情节，学前儿童最后能够在教师的帮助下梳理出散文（诗）的结构。

4. 再次整体朗读

通过前3个环节，学前儿童已经基本掌握了散文（诗）的主体内容，理解了散文（诗）中的细节，但还需要获得对散文（诗）的完整的印象和理解，所以这个环节需要教师通过整体朗读帮助学前儿童在整体上再次感知散文（诗）。

这个环节的整体朗读和第一次的整体朗读有着功能上的不同。第一次的整体朗读培养的是学前儿童的意识性倾听，而这个环节的整体朗读不仅能够培养学前儿童的意识性倾听，还能培养学前儿童的理解性倾听和辨析性倾听。

5. 生活经验延伸

在学前儿童整体理解散文（诗）的情节与内容后，教师需要就散文（诗）中的现象、事件等与学前儿童进行讨论，调动学前儿童相关的生活体验或生活记忆，在帮助学前儿童进一步理解散文（诗）的同时，也为学前儿童发展运用与表现中的仿编核心经验做好准备，为学前儿童进一步理解散文（诗）的意境奠定生活经验基础。

实战训练

请同学们自由分组，4人一组，共同完成以下任务。要求目标具体明确，活动生动、有趣，能够吸引学前儿童积极参与，便于学前儿童理解与体验，并设计有意义的延伸活动。

（1）选择一个适合小班儿童学习的故事，并设计该故事教学活动的组织流程。

（2）选择一篇适合大班儿童学习的散文，并设计该散文教学活动的组织流程。

课后习题

一、单项选择题

1. 秋天来了，刘老师组织了语言活动"我喜欢秋天"，带领学前儿童使用"我喜欢秋天的……，因为……"的句式编出一首儿歌，这是学前儿童文学作品活动中的（　　）。

　　A. 诗歌创编　　　　B. 故事创编　　　　C. 诗歌欣赏　　　　D. 古诗欣赏

2. 学前儿童文学作品活动对小班儿童仿编的要求是（　　）。

　　A. 不适合仿编　　B. 仿编一句话　　C. 仿编一个画面　　D. 仿编整部作品

3. 下列选项中属于儿歌特点的为（　　）。

　　A. 题材广泛　　　　B. 音韵和谐　　　　C. 节奏缓慢　　　　D. 结构繁杂

4. 学前儿童文学作品活动内容的选择要点包括（　　）。

    A. 寓意深刻，深奥难懂　　　　　　B. 讲究美感，只追求形式美

    C. 脱离学前儿童的生活经验　　　　D. 主题形象立体鲜明

5. 李老师在围绕《咏鹅》展开诗歌教学活动前，引导学前儿童猜猜看"头戴红帽子，身穿白袍子，脚蹬红靴子，唱歌伸脖子。"描述的是什么动物，李老师采用的导入方式是（　　）。

    A. 讲故事　　　　B. 语言讲解　　　　C. 猜谜语　　　　　D. 提问

二、判断题

1. 学前儿童文学作品活动是以儿童文学作品为基本教育内容设计和组织的语言教育活动。（　　）

2. 教师在组织学前儿童文学作品活动中采用的教具越新奇，令学前儿童越陌生，活动效果越好。（　　）

3. 在学前儿童故事教学活动中，选择的故事应情节生动有趣，含多个主题，具有一定的教育意义。（　　）

4. 儿歌只适用于小班学前儿童语言教学活动。（　　）

三、简答题

1. 简述学前儿童文学作品活动的类型。

2. 简述学前儿童文学作品活动的设计环节。

3. 简述学前儿童儿歌教学活动的组织与教学策略。

08

第八章
学前儿童日常生活中的语言教育

知识目标

➢ 了解日常交谈的特征与表现形式。

➢ 掌握在日常交谈中进行语言指导的方法。

能力目标

➢ 能够创设图书角、视听角、表演角等幼儿园语言活动区域环境。

➢ 能够指导学前儿童在不同区角中的各种语言活动。

➢ 在学前儿童语言教育中，能够对家长的教育行为与方法进行正确指导。

素养目标

➢ 培养细心观察的良好习惯，抓住一切有利于语言教育的机会。

➢ 培养良好的人际交往能力，为了实现教育目标团结一切可以团结的力量。

在日常生活中，学前儿童总是有意无意地与教师、同伴及家长进行语言交往。这种自然的交往情境为学前儿童提供了大量语言交往机会，使学前儿童能够通过实践发展运用语言的能力，同时也为家长、教师对学前儿童进行语言教育提供了良好的机会。

第一节 日常交谈中的语言教育

引导案例

在幼儿园小一班自由活动时间，菲菲跑过来跟张老师说，"张老师，我好热，我要脱外套"。张老师说："可以，那你脱下来吧，还记得我们的叠衣口诀吗？"

菲菲点点头，一边说一边动手叠衣服："衣服宝宝来做操，伸伸手，关大门，抱一抱啊，点点头，最后弯弯腰。"张老师向菲菲投去赞赏的目光，鼓励道："菲菲叠的衣服真整齐，那你去把它放在你的柜子里吧。"菲菲很高兴地走开了。

到了盥洗环节，球球跑过来跟张老师说："阳阳洗完手没关水龙头。"张老师问："那你是怎么做的呢？"球球自豪地说："我帮他关上了。"张老师竖起大拇指肯定球球的做法。

这时几个洗漱完的小朋友围过来，张老师问他们："你们知道水都有哪些用途吗？我们每天都用水来做哪些事情呢？"小朋友们你一言我一语地说着："洗手、洗脸。""洗菜、做饭。""水还可以用来浇花。""水还可以用来洗衣服。"……

张老师又问："那如果没有水，我们的生活会是什么样子呢？今后我们应该怎样节约用水呢？"小朋友们有的思考着，有的回答着……

张老师将语言教育渗透到小朋友们的日常生活中，这些谈话既锻炼了他们的语言表达能力，也培养了他们独立自主节约用水、保护环境等的意识。

日常生活中的交谈具有自发性和随机性，教师应把握随机性谈话的契机，善于挖掘学前儿童感兴趣的话题，鼓励学前儿童主动进行相互间的交流，以帮助学前儿童形成积极的语言交往态度和良好的语言交流习惯，发挥出日常交谈的优势，在不同的情境中不断训练和提高学前儿童的语言能力。

一、日常交谈的特征

日常交谈是在日常生活情境下进行的口语交流。与独白体口语表达相比，日常交谈具有以下特征。

（一）特定的情境性

日常交谈是一种交际行为，其重要特征是具有特定的情境性，这种情境包括交际对象、时间、空间和具体的场景。在日常交谈中，学前儿童所处的场景会有所不同，所扮演的角色也会不断地发生变化，这就要求学前儿童针对不同的对象和场景，针对自己所扮演的角色不断调节自己的语音语调、说话的内容和方式等。

（二）时间的不确定性

日常交谈具有很强的突发性和随机性，它往往是毫无准备的双方自然而然地发生的口语交际。例如，两个学前儿童偶尔在某个地方相遇，便兴致勃勃地攀谈起来；某一事物同时吸引好几个学前儿童共同探究，从而引发他们的随机交谈；教师随机确定某个话题后向毫无准备的学前儿童提出问题，让学前儿童进行应答。

（三）信息的多向性

日常交谈是一种多方位的语言交流。在日常交谈中，成人和众多学前儿童的参与不但为个体带来了丰富多彩的生活经验与感受，使每个学前儿童获取更多的信息，而且使学前儿童表述这些经验和信息的语言形式变得更加丰富多样。同时，成人与学前儿童、学前儿童与学前儿童之间的交谈，还大大丰富了语言交流的方式。

（四）交谈的自主性

日常交谈中的语言教育提倡给学前儿童营造自由、宽松的交谈氛围。交谈的自主性主要体现在两个方面：一是交谈中不要求学前儿童统一答案或有一致的思路，他们可以根据自己的感受自由地发表见解，围绕话题说出自己想说的话；二是不特别要求学前儿童使用规范化的语言，成人在交谈中鼓励学前儿童积极说话，充分表达个人想法，不严格要求他们准确使用词语或句式进行完整表达。

二、日常交谈的表现形式

成人与学前儿童交谈是长幼之间一种有效的言语沟通与交流方式，日常交谈包括集体交谈、个别交谈及学前儿童之间的交谈 3 种表现形式。

（1）集体交谈主要是指教师与全班或小组学前儿童围绕某个或某些话题而展开的语言交流。

（2）个别交谈是教师或家长与个别学前儿童进行的一种有针对性或随机性的语言交流。

（3）学前儿童之间的交谈是学前儿童与同伴之间围绕某一感兴趣的话题进行的一种语言沟通与交流。

三、在日常交谈中进行语言指导

日常交谈具有自发性、随机性和较强的针对性。要想发挥日常交谈在学前儿童语言发展过程中的独特优势，教师可以运用以下指导策略。

（一）把握与创造机会

教师要把握好日常生活中的每一个随机性情境，把握与创造随机性交谈的机会。

1. 日常交往中的语言指导

在各类生活活动中，学前儿童总会自然地同教师、同伴进行语言交往。教师应不失时机地利用发生在每日生活中自然的交往情境，对学前儿童进行语言指导。

此外，教师还要随时发现日常生活中的教育契机，善于挖掘学前儿童感兴趣的热门话题。例如，请外出归来的学前儿童讲讲自己的见闻，请学前儿童说说今天的热门新闻，等等。正是这些日常生活活动和有意挖掘的机会，给学前儿童提供了语言情境，久而久之，学前儿童的语言能力便在这些情境中不断地得到训练和提高。

2. 创造执行语言指令的机会

日常活动的组织离不开生活常规的建立，教师应在帮助学前儿童建立生活常规的过程中，提高学前儿童理解语言并按语言指令行动的能力。例如，在学前儿童入园后，要求学前儿童自己将小椅子抬到餐桌前，先如厕、洗手，再进餐。

在建立生活常规的开始阶段，学前儿童不一定能够理解这些指令，这时教师应该把这些指令与相应的行为训练结合起来。例如，教师发出"请小朋友们依次把手中的皮球放到筐子里"的指令后，就让学前儿童排成队，一个跟着一个往筐子里放球，以帮助学前儿童明白"依次"的含义。

（二）创造情境

人际交往必然伴随着一定的情境和交际双方的互动，教师要因时、因人制宜，努力创设师幼之间、学前儿童之间互动的情境，以激发学前儿童的交谈欲望。

1. 师幼之间的互动

要促进师幼之间的有效交流，教师需要特别注意以下几点。

（1）在平等的基础上与学前儿童进行交谈。教师与学前儿童之间的交流要建立在民主、平等的基础上，让学前儿童感到是在随意、自然地与教师聊天，不能形成"教师总是说，学前儿童总是听"的局面。

（2）为学前儿童提供有效的语言示范。教师是学前儿童一日活动的组织者，教师言谈中的用语、语言习惯及体态语都是学前儿童模仿、学习的对象。教师要充分利用师幼交谈机会，有意识地为学前儿童提供良好的语言样板。

一方面，教师要加强自身的语言修养，对学前儿童的说话技巧产生潜移默化的影响；另一方面，教师要结合学前儿童在日常生活中接触的各种物品及时介绍相关知识，并向学前儿童展示相关的词汇和句式。此外，教师还要通过交谈来调整学前儿童的语言表达方式，帮助学前儿童在交往中积累表达的经验，培养口语表达的良好习惯。

（3）耐心倾听学前儿童谈话，及时给予鼓励和纠正。教师要以母亲般的爱心、耐心和细心倾听学前儿童说话，尤其是当学前儿童主动发起谈话时，教师更应倾注极大的热情倾听学前儿童说话，切不可以冷漠的态度对待学前儿童，破坏学前儿童的说话欲望。

（4）努力提高与学前儿童言语沟通的技能。教师要掌握"关注学前儿童的兴趣并巧妙引入谈话，形成交谈热点"的技能；掌握运用提供信息、提问、评议等方式引导学前儿童持续谈话的技能；掌握适时地结束或转移话题，给学前儿童留下谈话余兴或引出新谈话热点的技能。

2. 学前儿童之间的互动

由于学前儿童之间年龄相仿、认知水平相近，他们交谈起来往往能特别投入。事实表明，学前儿童与邻座之间、玩伴之间、组内同伴之间，用说、问、评、议等方法相互交流，有利于学前儿童主动创造和调整自己的语言，促进语言水平的共同提高。在教育实践中，要促进学前儿童之间的有效交流，教师需要特别注意以下几点。

（1）为学前儿童提供用语言解决问题的机会。学前儿童在交往的过程中产生矛盾和争执是很正常的，这时教师不必因担心或紧张而自作主张，要为学前儿童提供尝试运用一定的语言技巧来协调与解决实际问题的机会，帮助学前儿童在主动的协调中成为语言的建构者。

（2）不要随意打断学前儿童之间的谈话。要使学前儿童说话文明，有礼貌，教师就要力求自己说话文明规范；对学前儿童说话的态度要和善，有耐心，不随意打断学前儿童说话，特别是在个别学前儿童说话不清楚、抓不住重点、不连贯时，不要表现出不耐烦和不想听的态度，甚至打断其说话，这种消极、生硬的态度很有可能被学前儿童模仿而形成一种不礼貌的交际行为。

（3）不要一味强调保持活动室的安静来阻挠学前儿童交谈。教师应提倡学前儿童采取积极说话的态度，以促进同伴间的自发模仿和相互交谈，而不是给学前儿童过多的限制。教师还要充分利用一日活动的过渡环节，鼓励学前儿童三五成群，自由结伴，海阔天空地"聊"，或引导学前儿童就某一话题展开讨论，大胆地发表自己的见解，敢于质疑，充分感受交谈的乐趣。

3. 群体之间的互动

群体之间的互动是指两个或多个学前儿童之间积极、主动地交流与沟通。这是一种层次更高的互动，因而对学前儿童的要求也更高。每个学前儿童都是群体中的一分子，在群体中可以增强集体观念，培养相互关心、相互帮助的品格，增强参与意识、竞争意识和交往能力。

群体之间的互动主要有以下两种形式。

（1）在日常生活中，教师可以采取小组与小组互动的方式，组织学前儿童进行讨论、辩论等。

（2）教师可以组织学前儿童欣赏大学生唇枪舌剑、针锋相对的辩论场面，感受辩论场上的激烈气氛，懂得辩论既要善辩、巧辩，更要以理服人。

这种群体之间的互动会对学前儿童提出更大的挑战，也能使学前儿童在交往语言建构中更多地受益。

（三）观察分析

学前儿童语言学习和发展的过程是一个极具个性特征的过程。不同的学前儿童在语言学习的速度、效果及动用语言进行交往的积极性等方面都表现出不同的特点。为此，学前儿童语言教育必须在顾及同龄群体需要的同时，照顾到个别学前儿童的发展特征。

在日常交往的自然情境中，学前儿童往往能真实地表现自己的语言交际水平，以及语言表达的态度和行为习惯。教师如果留心观察，就能动态地了解每个学前儿童的语言交往能力和交往态度，从而因材施教，做好个别指导。

1. 对语言表达能力较强的学前儿童

教师要向语言表达能力较强的学前儿童提出略高于其现有水平的要求，使其在语言发展上"更上一层楼"。例如，请他们给大家讲述故事和见闻，朗诵或表演儿歌；委托他们转达教师的意见和要求。当他们用词不当或说话不符合语法规范时，教师要及时予以纠正，以不断提高他们的口语水平。

2. 对语言表达能力较弱的学前儿童

对不爱说话、语言表达能力较弱的学前儿童，教师要主动亲近他们，有意识地与他们交谈，解除他们说话的顾虑，鼓励他们大胆说话，以增强他们谈话的兴趣和信心。

3. 对语言发展中出现问题甚至有语言障碍的学前儿童

对这种学前儿童，教师既不可操之过急，也不能听之任之，而是要更加细心地去观察和了解他们语言发展中的实际情况，找出问题，分析原因，并为他们制订合适的语言辅导计划，耐心地、有针对性地进行个别指导，以免因错过关键期而造成学前儿童语言发展的终身问题。

第二节　活动区角中的语言教育

引导案例

许老师在班级内创建了表演角，今天她要和小朋友们玩角色扮演游戏，表演超市购物的情景，涛涛和琳琳扮演售货员，许老师扮演顾客。表演开始了。

许老师走过来了，涛涛和琳琳开始热情地向她打招呼："欢迎光临！请问您想买点什么？"

许老师对着两位售货员诚恳地说："我要去探望老人，你们觉得我应该买点什么呢？"

涛涛说："您应该买八宝粥。"

琳琳说："您可以买牛奶，我妈妈说牛奶有营养。"

许老师说："你们推荐的这两种食品都挺好的，我都想买，只是我今天带的现金不够，怎么办呢？"涛涛和琳琳都希望顾客能买自己推荐的商品。涛涛说："八宝粥很适合老人喝，我的妈妈就给奶奶买过。"琳琳说："牛奶很好，老人和小孩都喜欢。"

涛涛灵机一动，说："我们这里还可以扫码支付。"许老师笑了笑，表示同意。

付款后，两位售货员将食品打包好递给许老师。许老师又犯愁了，说："这两样东西挺大的，不好拿呀，怎么办？"

涛涛提议："那您就买个大包吧。"

许老师说："我不想买包，我家里有很多包呢！"

琳琳想了想，迅速地说："没关系，我们超市提供送货上门服务，您可以留下地址，有专人给您送货上门。"

表演结束了，许老师表扬了两位小朋友。在表演过程中，许老师不仅锻炼了他们的语言表达能力，同时还促进了他们思维能力的发展。

幼儿园的语言教育遍布各个领域。教师可以为学前儿童创设不同的区角，为他们提供具体的运用语言素材的实践活动场所，将幼儿园活动室的空间划分为不同的区域，促进学前儿童与材料、环境、同伴的充分互动，从而使学前儿童获得个性化语言学习与发展的机会与场地。

一、图书角

图书角是很多幼儿园都会创设的区域，对学前儿童的语言发展起着非常积极的作用。

（一）图书角的建设

图书角是以阅读活动为中心而构思设计的活动天地。幼儿园创设图书角可以为学前儿童提供温馨的阅读环境，吸引学前儿童积极、主动地参加阅读活动，增长知识，开阔视野，激发他们对阅读的兴趣。教师可以根据学前儿童的年龄特点及实际情况选择阅读书目，满足他们自主阅读的需求。教师还可以提供必要的指导或与学前儿童共读，使其习得阅读的技巧与方法，培养学前儿童良好的阅读习惯。

1. 环境创设

教师在设计与布置图书角时，应注意以下几点。

（1）要注意保持光线充足，空气清新，环境安静。

（2）墙面和窗帘的色彩以素色为佳，如淡蓝、淡绿。墙面上可以张贴图加文形式的关于阅读的规则要求等。

（3）可以铺上地毯，投放一些软垫、小凳子、小桌子等。

（4）要依据幼儿园实际情况和班级特点，体现多样化的风格。

（5）要根据年龄特点为学前儿童提供多种多样的图书资料，以及制作图书和修补图书的各种材料。

2. 图书资料的选择

在选择图书角的图书资料时，教师可以选择以下几种。

（1）内容多种多样的连环画、图卡、工具书等。

（2）形式多种多样的立体图书、墙面书（使用比较结实的材料，如无纺布、硬纸板等，做成书并粘贴在墙面上）、地面书（设计地面阅读材料，如"跳房子"，引导学前儿童有序地找到画面或文字，说出图片上的人和事物或编讲故事）。

（3）能满足师幼共读需求的大图书。

（4）制作材料多种多样的自制布书、纸盒书等。

教师在选择图书资料时应注意，小班儿童的图书应色彩鲜艳，画幅大，情节简单并贴近他们的生活，书应比较结实，相同的图书要多；中、大班儿童可以考虑人物、情节复杂一些的图书，书的种类要多，投放学前儿童自制的有个性与创意的图书。阅读材料要分类投放，分类的标志可以由教师与学前儿童共同来设计。

（二）阅读指导

在图书角的阅读活动中，教师应充分尊重学前儿童的主体地位，并提供必要的指导。

1. 寻找阅读材料

教师要从生活中寻找阅读材料，如各种食品、玩具的说明书，服装上的标牌、广告、交通安全标志牌等，将这些材料放在图书角，以便学前儿童一一阅读、观察，并为他们提供一定的帮助。慢慢地，学前儿童不断积累，就能够逐渐将语言知识迁移、内化。

教师要根据不同年龄层次的学前儿童语言发展的需要，选择画面生动、色彩鲜艳、语言简单准确、内容短小有趣、贴近学前儿童生活的图书，投放在图书角。需要注意的是，学前儿童的动作仍然比较笨拙，所以教师应尽量提供一些不易撕破的图书。同时，教师要根据学前儿童语言发展的差异性选择多种多样的阅读材料，通过不同的阅读材料满足不同学前儿童的阅读需求。

2. 建立阅读规则

图书角阅读规则的建立有利于学前儿童养成良好的阅读习惯，促进学前儿童阅读活动的顺利开展。图书角阅读规则主要包括以下几个方面。

（1）根据图书角的大小调控人数。

（2）在图书角要走路轻、说话轻，轻拿轻放图书，保持阅读环境的安静。

（3）两人同时选择一本书时，由两人协商，学习轮换阅读和分享阅读。

（4）阅读图书后要将其放回原处。

建立图书角阅读规则的关键是教师要引导学前儿童理解规则、遵守规则。图书角阅读规则可以采用图加文的方式张贴在图书角，并介绍给学前儿童。

3. 及时更换、增添新图书

教师要及时观察、分析学前儿童的阅读情况和阅读行为，根据学前儿童的实际情况引导学前儿童发现图书的趣味，及时更换、增添新图书，增强图书角对学前儿童的吸引力，如图 8-1 所示。

- 除了幼儿园适当购买图书以外，可以由学前儿童定期从家里带图书到幼儿园，放到图书角与大家分享
- 可以与其他班交换图书
- 还可以由学前儿童、家长、教师自制图书等，为学前儿童提供丰富多彩的阅读材料

更换新图书

- 投放图书的位置要醒目，容易吸引学前儿童主动阅读
- 利用图书室（角）的主题墙将新图书的内容、特点展示出来，及时介绍，引起学前儿童的注意，激发他们阅读的兴趣

增添新图书

图 8-1　及时更换、增添新图书

4. 培养学前儿童良好的阅读习惯

教师要注重培养学前儿童良好的阅读习惯，相关措施主要包括：创造条件，引导学前儿童热爱阅读活动，养成每天定时阅读的好习惯；引导学前儿童掌握阅读图书的基本方法；培养学前儿童爱护图书、轻拿轻放图书、阅读完图书后将其放回原处的好习惯。

其中，学前儿童阅读图书的基本方法有以下几个。

（1）要端端正正地把书放在桌上（正置书）。

（2）一页一页地有序看书，避免无序翻看。

（3）两指捻翻书页，避免五指同时抓书页。

（4）阅读时要从左到右、从上到下。

5. 引导学前儿童表达和表现图书内容

引导学前儿童表达和表现图书内容主要有 3 种方式。

（1）引导表达。教师可通过多种方式引导学前儿童表达图书内容。例如，引导学前儿童讲述故事；通过提问让学前儿童理解和表达图书内容；运用讨论的方法引导学前儿童体验图书中的人物情感，理解人与人之间的关系，等等。

（2）提供条件。教师应给学前儿童提供表现图书内容的条件，如头饰、面具、人偶、服装等，支持学前儿童表现图书内容；提供用于自制服装道具的材料，让学前儿童自制服装道具来表现图书内容。

（3）提供材料。教师应提供纸张、彩笔等多种材料，鼓励学前儿童绘制图画，制作图书，等等。

6. 开展有趣的图书角活动

图书角活动主要有以下几种。

（1）分享阅读：学前儿童与学前儿童、学前儿童与教师、学前儿童与家长共同阅读。

（2）故事大王：开展故事会和故事比赛活动，让学前儿童主动阅读。

（3）图书制作：引导学前儿童自己画图书或手工粘贴图书，从学前儿童的实际生活出发，引导学前儿童通过心的体验和手的制作促进语言发展。

（4）图书展览会：可以由学前儿童、教师、家长等收集多种多样的图书，举办一次图书展览会，学前儿童可以向其他同伴介绍图书。

（5）"问题树"墙饰：教师收集学前儿童感兴趣的问题，也可直接让学前儿童提问题，让学前儿童与家长将问题用图加文的方式写或画出来，引导和支持学前儿童自己去查阅图书来解决问题。

（三）实践练习

教师与学前儿童可以制作多种多样的图书，其材料与制作方法如图 8-2 所示。

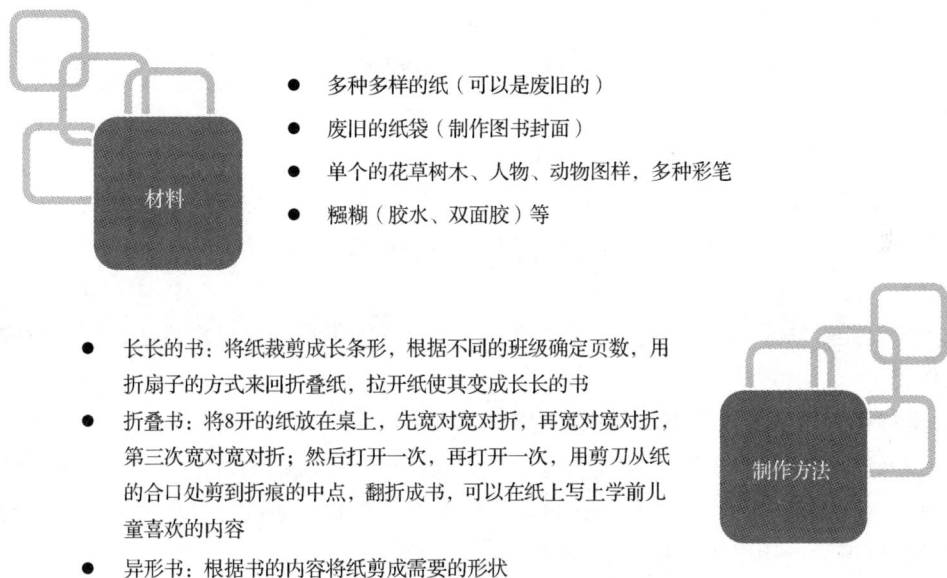

材料
- 多种多样的纸（可以是废旧的）
- 废旧的纸袋（制作图书封面）
- 单个的花草树木、人物、动物图样，多种彩笔
- 糨糊（胶水、双面胶）等

- 长长的书：将纸裁剪成长条形，根据不同的班级确定页数，用折扇子的方式来回折叠纸，拉开纸使其变成长长的书
- 折叠书：将8开的纸放在桌上，先宽对宽对折，再宽对宽对折，第三次宽对宽对折；然后打开一次，再打开一次，用剪刀从纸的合口处剪到折痕的中点，翻折成书，可以在纸上写上学前儿童喜欢的内容
- 异形书：根据书的内容将纸剪成需要的形状

制作方法

图 8-2　自制图书的材料与制作方法

二、视听角

视听角是利用各种现代技术为学前儿童创设视听结合的、发展学前儿童语言能力的活动区角。

（一）设备投放

视听角的设备应体现因地制宜的原则，根据幼儿园的实际情况与学前儿童的自身条件进行投放。

（1）在视听角安置电视、计算机、投影仪、多媒体播放器等设备，播放适合学前儿童欣赏与学习的电影、电视节目等，还可以选择一些家庭录制的影像内容供学前儿童观看。

（2）投放一些学前儿童喜欢的图书，同步配置音频播放，学前儿童可以边听音频边翻阅图书；学前儿童也可以自主录音，将自己讲述的故事、朗诵的诗歌录制下来，将录音放给同伴听，以满足自我表现的欲望，增强参与此类活动的积极性。

（二）视听角建设指导要点

视听角由于采用现代化的视听设备，能够充分激发学前儿童的好奇心与兴趣，参与相关活动的过程能调动他们的多种感官共同作用，使他们接受多种多样的语言与丰富多彩的知识、信息。

1. 选择视听材料

视听材料的质量和内容与学前儿童的成长密切相关，所以教师应精心筛选视听材料。视听材料的选择要求如下。

（1）选择画面优美、轻松活泼的美术片。

（2）选择主题鲜明、短小精悍的故事、诗歌、散文音频。

（3）选择欢快活泼、优美动听的音乐。

（4）选择生动有趣、奇妙动听的自然界或社会中的多种声响。

（5）选择教师、学前儿童、家长自制的视听材料。

2. 学前儿童学习操作视听设备的方法

学前儿童学习操作视听设备的方法有两种，分别是图示法与图文结合法。

（1）图示法是指用图示的方式帮助学前儿童熟悉和掌握视听角中的各种现代化设备的操作方法。

（2）图文结合法是指用图加文的方式给每一种设备提供可视的操作方法，便于学前儿童自由操作。

3. 支持和引导学前儿童主动积极地视听

观看和倾听视听材料不同于阅读图书，其画面和声音是流动的，往往一闪而过，学前儿童有时会忽略一些画面和声音的信息，这会影响其对视听材料的感知和理解。因此，教师可以根据具体情况，运用以下方法来支持学前儿童的视听活动。

（1）连贯视听。连贯放映或播放整段或整部作品（如美术片或故事、诗歌、散文音频），使学前儿童完整观看、倾听，并获得完整印象。这种方法多用在视听活动的开始和结束阶段，帮助学前儿童获得对作品的完整印象。使用连贯视听方法时需要注意两点：一是作品的篇幅不宜过长，以免学前儿童疲劳；二是观看前可以提出观看要求和问题，观看过程中提醒学前儿童应该注意的重点，观看后要求学前儿童讨论和表达。

（2）重复视听。为了满足学前儿童的愿望，也为了学前儿童更好地欣赏连续变化的视听材料，加深学前儿童对作品的理解，教师可以用重复视听的方法。教师可以提出视听的要求，让学前儿童抓住作品中的动作、语言、表情等，清晰地感知视听材料的内容，以促进语言发展。

（3）定格观看。教师让屏幕上的某个画面暂时固定不动，学前儿童可以仔细观察画面，并理解画面的内容。

（4）复述和朗诵。教师让学前儿童在反复倾听故事的基础上，尝试基本按照原文自然地讲述。

4. 开展生动有趣的视听角活动

视听角活动的类型如图 8-3 所示。

复述和
朗诵

- 复述是指学前儿童在反复倾听故事的基础上，尝试基本按照原文自然地讲述故事的活动，复述故事可以全文复述，也可以分段复述
- 朗诵是指学前儿童在反复欣赏或学习诗歌、散文后，尝试自己有感情地复述诗歌、散文

- 引导学前儿童感受作品中的形象、意境、音乐的美，特别是富有特色的语言，多次欣赏后鼓励学前儿童为画面配音
- 鼓励学前儿童即兴给画面配音，发挥其想象力和创造力

声像配乐

听声响，
讲故事

- 为学前儿童播放自然界和社会中存在的声响，然后通过提问等方式引导学前儿童展开想象，把自己对声响的感受编成故事讲给大家听

图 8-3　视听角活动的类型

三、表演角

表演角是学前儿童用动作、表情、语言来表现自己对文学作品的理解和再现作品内容的表演活动区角，学前儿童在这里可以用自己创编的故事及针对自己经历过的事件进行表演。

表演角活动内容主要包括哑剧、故事剧、木偶剧、分角色阅读、皮影戏、主题角色剧及故事表演等。

表演角对学前儿童的语言教育有着积极的意义。表演角的设置能满足学前儿童表现文学作品内容和自己创编故事，以及表现自己经历过的事件的需要；学前儿童能在表演活动中积极主动地运用语言和非语言材料，提高语言表达能力；同时，表演游戏可以激发学前儿童的学习潜能；在表演角活动中，学前儿童不仅可以学习语言，还会涉及对科学、数学、社会、艺术等多个领域的知识的学习。

（一）表演角的建设

表演角的建设主要包括：根据幼儿园和本班实际情况，教师可以设计固定的表演角、小舞台；根据活动室的门厅、过道、走廊等的具体位置和形式设计表演角和可移动的小舞台；投放头饰、面具、人偶等表演材料，学前儿童可以自由地进行表演活动。

（二）表演角活动指导要点

表演角活动的指导要点主要有以下几个方面。

1. 提供丰富的材料，营造表演的氛围

（1）教师应支持学前儿童积极参与表演角的设计和布置，可以和学前儿童一起搭建小舞台，布置墙饰和背景，如图 8-4 所示。

图 8-4　表演角环境布置

（2）教师与学前儿童根据文学作品活动和视听活动的内容制作道具、头饰等，如图 8-5 所示。

图 8-5　表演角的道具与头饰

（3）教师应提供适合作品中角色的服装，同时引导学前儿童利用废旧物品制作服装间、服装道具等，如图 8-6 所示。

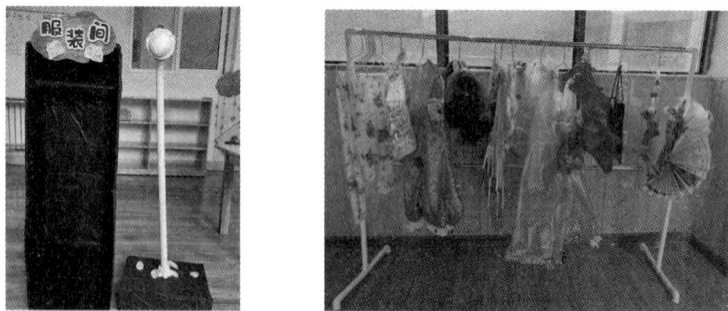

图 8-6　表演角的服装间与服装道具

2. 引导学前儿童理解作品，把握角色的特点

理解作品是学前儿童表演的前提和基础。表演作为文学作品活动的延伸和拓展，要注意与文学作品活动结合。教师既要引导学前儿童理解故事、诗歌、散文、绕口令等作品的内容，也要帮助学前儿童学习运用声调、节奏、速度等来表现角色的特点，有感情地朗诵。

3. 鼓励学前儿童按自己的意愿表演

学前儿童的表演不能停留在模仿上，教师要给学前儿童留出创造空间，鼓励他们自己决定表演内容，自己分配角色，尊重学前儿童对作品的理解和演绎。

4. 活动生成环境，环境支持活动

为了支持和鼓励学前儿童的表演活动，教师可以将表演活动的构思设计过程用图画、实物、照片等记录在墙上，形成动态的活动墙饰，为师幼互动和家园互动提供媒介，并使之成为活动进一步开展的依据和线索。教师应将活动与环境创设有机地结合起来，形成"活动生成环境，环境支持活动"的良性循环。

5. 参与学前儿童的表演活动

教师除了通过提供材料来支持学前儿童的创造性表演活动外，还能以某一角色参与学前儿童的表演活动，间接地引导学前儿童运用语言、表情和动作来表现角色，创造性地再现作品内容。

6. 开展丰富多彩的表演角活动

幼儿园活动室的空间有限，教师在利用时应该因地制宜。由于语言既是学前儿童学习的对象又是学前儿童交流的工具，所以教师要注意发挥其他活动区角的语言教育功能和作用。表演角的创设形式多种多样，教师可以根据本班实际情况设置表演角，如构建讲述角、电话亭、演讲角等。

四、墙面阅读环境

墙面阅读环境是幼儿园环境创设的重要内容，也是推动学前儿童语言发展的重要方式，一般分为幼儿园图书馆、故事墙与诗歌墙、亲子阅读墙。

（一）幼儿园图书馆

在幼儿园图书馆中，学前儿童将日常生活与幻想世界相结合，创造出一个纯真的奇妙世界。学前儿童可以展开想象的翅膀，在浩瀚的文学世界里遨游。

（二）故事墙与诗歌墙

教师依据学前儿童的年龄特征和认知水平，在故事墙与诗歌墙上有选择地分阶段投放故事、诗歌，并将自己、学前儿童或家长为故事、诗歌创作的图画展示出来，帮助学前儿童理解故事、诗歌。

（三）亲子阅读墙

在亲子阅读墙上分享阅读的乐趣是阅读的精髓之一。在亲子阅读墙上分享阅读的快乐，可以为学前儿童日后的学习奠定健康的心理基础。

第三节　家园配合下的语言教育

引导案例

小宇是幼儿园中班的一名小男生，他能使用完整的语句表达自己的想法，但很多时候都令其他小朋友听不清、听不懂，因为他说话时总是带有浓重的地方口音。老师经常单独教小宇说普通话，纠正他的不标准发音，但效果一直不明显。由于小宇是转园过来的，老师不清楚他家的情况，于是老师决定去家访，弄清问题的根源。

通过家访老师了解到，原来小宇的父母、爷爷、奶奶平时交流都用家乡话。虽然小宇白天在幼儿园学习普通话，可在家一直用家乡话与家人交流，这样就难以养成说普通话的习惯。

老师找到这一原因后，和小宇的家长进行了沟通。为了让小宇更好地掌握普通话，老师要求家长给小宇营造说普通话的环境，平时尽量用普通话和小宇交流，为其提供说普通话的实践机会。

听取了老师的建议后，小宇的家长马上就行动起来。一段时间后，小宇的普通话有了很大的进步，家园配合取得了良好的教育成果。

在家庭环境中，学前儿童与家人经常都在交流，家长对学前儿童语言教育的影响很大。如果教师在学前儿童语言教育活动中可以得到家长的支持，或者家长与教师的语言教育目标能够达成一致，这就会大大促进学前儿童语言能力的提高。因此，在教学活动中，教师要与家长保持充分的沟通与交流，共同促进学前儿童语言能力的发展。

一、在家庭中进行学前儿童语言教育

《纲要》强调"家庭是幼儿园重要的合作伙伴。应本着尊重、平等、合作的原则，争取家长的理解、支持和主动参与，并积极支持、帮助家长提高教育能力"。家庭蕴藏着丰富的教育资源，家庭教育多以非正式的、随机的、个别化的方式进行，在学前儿童语言教育方面独具优势。家庭中学前儿童语言教育的优势主要体现在以下4个方面。

（一）亲情关系

父母是孩子最早的启蒙老师，孩子从咿呀学语到出口成章，父母的影响无处不在，孩子的成长凝聚着父母的深情和爱意。因为有亲情，孩子有安全感，这样有利于激发孩子对语言活动的兴趣；因为是个别教育，亲子之间容易产生双向互动，宽松、和谐的心理氛围和及时的应答活动有利于学前儿童语言能力的全面发展。

（二）教育的个别化

孩子由于年龄小，口语表达能力在不断提升的过程中，容易出现发音不标准、用语不恰当和说话有语病等问题，父母及时给予孩子帮助，有利于孩子的模仿学习。在阅读图书时，父母可以与孩子进行分享式的阅读活动，与孩子一起阅读，一边看一边读，一边问一边讲。这种一对一的教育方式可以及时支持和帮助孩子，提高孩子的语言能力。

（三）语言与语境匹配

学前儿童的思维是以具体形象思维为主的，他们理解语言和表达交流都有赖于语言情境，在具体的语言情境中，他们能够较好地理解语义。父母与孩子的语言交谈都有一个客观的语言环境，孩子可以自己发起和控制话题，这些话题是孩子感兴趣的，符合孩子的需要和语言发展水平，而且与当时的语境相匹配。

（四）随机灵活的语言教育

家庭中的语言教育没有固定的大纲和教材，其内容、方法和时间都是随机的。在家庭环境中，亲子间经常都在交流，不受时间、地点和形式的限制，活动空间的流动使双方交流的内容也不断地发展和变化，亲子间有着宽松、自由的谈话氛围。孩子在与亲人的欢聚中同时发展了口语表达能力。

二、家园配合

为了使家园配合更好地发挥作用，教师应注意以下几点。

（一）让家长明确幼儿期是人学习语言的关键期

幼儿期是人一生中掌握语言最迅速的时期，也是最关键的时期。因此，教师应该通过多种有效的途径，将幼儿园、家庭教育结合起来，帮助家长把握好学前儿童学习语言的关键期，使幼儿园和家庭形成一股教育的合力，家园一致地促进学前儿童的语言发展。

（二）让家长明确学前儿童语言教育可以促进学前儿童全面发展

语言智力是用于听、说、读、写的交际和交流能力，也是个人在社会中赖以生存的一种重要能力，与学前儿童的全面发展息息相关。为了开发学前儿童的语言智力，心理学家和教育学家建议家长密切关注学前儿童语言智力的发展。家长的重视和家园一致的创设，对开发学前儿童的语言智力会有很大的帮助。

（三）让家长明确家园配合共同教育的必要性

学前儿童的语言学习大多是在模仿中进行的，语言学习的特殊性要求家庭与幼儿园必须保持高度的连续性和一致性。

家长的参与和支持是非常必要的。虽然幼儿园语言教育是全面教育，有专门的教师，有精心设计的活动，但还需家长积极参与，家园一致地将语言教育渗透到家庭中。

家庭是语言教育活动延伸的重要场所。将语言教育延伸到家庭，让家长成为学前儿童语言学习的指导教师，使家庭教育成为幼儿园语言教育活动中的一种反复或"回放"，能够使学前儿童的学习成果得到巩固。

教师应该让家长知道自己孩子班级的语言教育目标，家庭教育应当与幼儿园教育保持统一的目标。语言教育目标在方向上应该与《纲要》的要求保持一致，重视学前儿童语言运用能力的发展，重视学前儿童早期阅读能力的发展，最终促进每一位学前儿童的语言智能全面发展。

🔍 实战训练

请同学们自由分组，4人一组，完成以下任务。

（1）搜集幼儿园日常生活中的语言教育的案例，讨论日常生活中语言教育的方法。

（2）收集家庭中语言教育的方法，思考如何更好地指导家长对学前儿童进行语言教育，在组内讨论并分享。

课后习题

一、单项选择题

1. 下列选项中对日常交谈的特征描述不正确的是（　　）。
   A. 特定的情境性　　　　　　　　B. 信息的多向性
   C. 时间的确定性　　　　　　　　D. 交谈的自主性

2. 幼儿园日常交谈的表现形式不包括（　　）。
   A. 集体交谈　　　　　　　　　　B. 个别交谈
   C. 学前儿童之间的交谈　　　　　D. 亲子交谈

3. （　　）是以阅读活动为中心而构思设计的活动天地。
   A. 图书角　　　　　　　　　　　B. 科学实验角
   C. 表演角　　　　　　　　　　　D. 视听角

4. 下列选项中对视听材料的选择要求描述不正确的是（　　）。
   A. 选择画面优美、轻松活泼的美术片
   B. 选择主题鲜明、情节曲折的长篇故事
   C. 选择欢快活泼、优美动听的音乐
   D. 选择奇妙动听的自然界的声响，如风声、雨声

5. 表演角活动内容不包括（　　）。
   A. 分角色阅读　　　　　　　　　B. 主题角色剧
   C. 看图写书　　　　　　　　　　D. 木偶剧、皮影戏

二、判断题

1. 日常生活中教师和家长应严格要求学前儿童准确使用词语或句式进行完整表达。（　　）

2. 日常交谈是一种交际行为，它的重要特征是具有特定的情境性。（　　）

3. 教师要把握好日常生活中的每一个随机性情境，把握与创造随机性交谈的机会。（　　）

4. 在师幼互动过程中，教师要注意自身的主体地位，要形成"教师说，学前儿童听"的局面。（　　）

5. 在表演角活动中，教师应鼓励学前儿童按自己的意愿表演，尊重他们对作品的独特理解和个性演绎。（　　）

三、简答题

1. 简述在日常交谈中，教师应如何对学前儿童进行语言指导。

2. 简述幼儿园图书角阅读指导要点。

3. 简述幼儿园视听角建设指导要点。

09

第九章
学前儿童语言教育的评价

知识目标

➢ 了解学前儿童语言教育评价的内涵、作用与原则。
➢ 掌握学前儿童语言教育评价的内容。
➢ 掌握学前儿童语言教育评价的方法。
➢ 掌握学前儿童语言教育评价的途径。
➢ 了解促进学前儿童语言教育评价发展的方法。

能力目标

➢ 能够合理确定学前儿童语言教育评价的内容。
➢ 能够选择合适的方法对学前儿童语言教育进行评价。
➢ 能够根据具体情况选择合适的途径实施学前儿童语言教育评价。

素养目标

➢ 培养法规意识，明晰准则，依法从教。
➢ 践行社会主义核心价值观，把实现中华民族伟大复兴作为己任。
➢ 坚持实事求是，从科学、客观的角度出发实施学前儿童语言教育评价。

教育评价是幼儿园教育工作的重要组成部分，是提高学前儿童教育质量的必要手段。语言教育对于学前儿童的生活与发展具有重要的意义，进行学前儿童语言教育评价可以促进学前儿童语言能力的发展，控制、引导与调节整个学前儿童语言教育活动，为学前教育管理和决策提供依据。

第一节　认识学前儿童语言教育评价

引导案例

冬去春来，万物复苏，这一天阳光正好，微风和煦，杨老师带小朋友在户外开展活动。这时，啪嗒、啪嗒，从杨树上掉落下来几根毛茸茸的杨树花，小朋友们立刻被这些落在地上的杨树花吸引了。子涵大喊道："杨老师你看！我捡到了一只毛毛虫。""我也捡到了，我也有！"小朋友们纷纷喊着。

小萌却不同意他们的说法，她反驳道："不对，它不是毛毛虫，它是从树上落下来的，也不会爬。"杨老师看到小朋友们对杨树花这么感兴趣，便以此为契机，带领小朋友们开始观察大杨树，再找到不同地方的杨树花，启发小朋友们："它是毛毛虫吗？它像毛毛虫在做什么呢？"

有的说："树上的杨树花像毛毛虫在伸懒腰。"

有的说："地上的杨树花像毛毛虫在睡觉。"

有的说："空中的杨树花像毛毛虫在跳舞。"

还有的说："它像毛毛虫在向我们问好。"

……

在杨老师的引导下，小朋友一起创编了一首儿歌《杨树花》。

一根杨树花掉下来，好像毛毛虫在睡觉；

两根杨树花掉下来，好像毛毛虫伸懒腰；

三根杨树花掉下来，好像毛毛虫在问好；

四根杨树花掉下来，好像毛毛虫尾巴摇；

五根杨树花掉下来，好像毛毛虫在舞蹈；

六根、七根杨树花争抢着掉下来，好像毛毛虫投入大地的怀抱。

许许多多杨树花掉下来，好像一群毛毛虫齐欢笑。

小朋友开心极了，非常有成就感，他们一边念儿歌一边跑着，欢快地捡拾着杨树花。

活动中，杨老师还给大家讲解了有关杨树的知识，例如，杨树属于杨柳科，有雌雄之分，掉"毛毛虫"的是雄树，而会漫天飞白色絮状物的则是雌树。活动后，杨老师又引导大家通过绘画、音乐的方式，进一步感悟诗化语言的画面感。

杨老师及时抓住语言教育的时机，引导幼儿观察，拓展幼儿的想象，并结合幼儿语言生动有趣的特点，鼓励幼儿自主创编儿歌，激发他们内在的学习动力和创作的兴趣，使他们成为学习的主体。

杨老师为幼儿营造了宽松、温馨的语言表达、交流的氛围，激发幼儿表达与交流的愿望，引导幼儿主动感知、欣赏自然与生活的多样性，让幼儿充分感受自然界中植物、动物的特点，并通过语言表达出来，只有这样才能收到良好的教育效果，因为语言教育必须是在幼儿真实的体验中实施的。

在幼儿园教育实践中，教师对自己及他人的教育活动进行评价，提出自己的看法，分析教育活动的优点与不足，不仅能让自己获得专业性的发展，还能帮助执教教师从他人的视角来审视活动。因此，在学前儿童语言教育中，学会如何对自己及他人的教育活动进行评价是教师必备的专业技能之一，也是教师专业发展的重要途径。

一、学前儿童语言教育评价的内涵

学前教育评价是在一定的教育价值观的指导下，采取科学的方法对与学前教育活动有关的各个方面进行价值判断的过程。学前儿童语言教育评价是在遵循学前儿童教育规律的基础上，根据《纲要》的要求，采用科学的方法，对学前儿童的语言教育活动情况进行量化与质化，从而获得科学的数据。

实施学前儿童语言教育评价有利于改进学前儿童语言教育，提升学前儿童语言教育质量。学前儿童语言教育评价的内涵如图 9-1 所示。

对教师的"教"与学前儿童的"学"
的过程与结果进行判断

对学前儿童语言发展的状况
进行评价

学前儿童语言
教育评价

对语言教育本身的价值进行判断

对语言教育实体的各个部分进行
分析，判断语言教育活动过程的
实际运行状况

图 9-1   学前儿童语言教育评价的内涵

　　学前儿童语言教育评价是对学前儿童语言教育的价值做出判断的过程，是收集语言教育活动的设计、组织和实施过程中各方面的信息，依据一定的客观标准对教育活动及其效果做出客观衡量和科学判断的过程。

二、学前儿童语言教育评价的作用

　　学前儿童语言教育评价能够鉴定学前儿童语言发展状态与水平，同时为研究学前儿童语言教育活动提供有效的数据材料。学前儿童语言教育评价的作用如下。

（一）提高教育质量

　　评价是为了找出教育存在的问题，提高教育的质量。在收集资料、分析数据的过程中，教师能研究、检查学前儿童语言教育活动的有效性，改善学前儿童语言教育的实施方案，保障学前儿童语言教育的质量。

　　如果方法得当，措施得法，学前儿童语言的发展会有一个质的飞跃。

　　学前儿童在生理上和心理上都处于不断成熟的阶段，其思维在不断地发展，外界语言的正向刺激能对学前儿童思维的完善起到促进作用。

　　教育的本质是提高受教育者的能力，学前儿童语言教育是学前儿童认识世界的重要途径，也是提高学前儿童人际交往能力的重要方式。学前儿童语言教育评价在提高教育质量方面能起到重要的作用。

（二）反馈作用

　　评价作为一种"反馈—矫正"体系，可以反馈与确认教师教育和学前儿童学习的效果，即"激发动机效应"。教师对语言教育活动的设计与组织通过评价被确认存在缺陷和不足时，评价就具有促使教师改进和调整语言教育活动的作用；反之，良好的成果一经确认，将会激励教师在这一方面继续努力。

　　调整效应激发"成功强化效应"，强化教师所选择的成功、有效的教学内容和方法，弱化失败经验的效应，可以促使教师放弃不适当的、经实践证明失败的教学内容和方法，从而提高教师自我教育评价和从事教育工作的能力。

（三）诊断作用

　　诊断学前儿童在语言教育活动前期、中期、后期的语言发展状况，主要是诊断语言教育内容与目标的适合程度、内容与学前儿童语言发展水平的适合程度、内容和方法与学前儿童兴趣点的适合程度，以帮助教师及时调整语言教育内容，改进语言教育方法，并因材施教，有的放矢地进行个别指导。

（四）增效作用

教师通过不断地总结、调整与改进，让每次语言教育活动都能避免零作用或副作用，从而逐渐提高语言教育的教学质量。及时的评价可以避免许多"无效劳动"，有助于及时调整和完善语言教育活动，增强教育的实效性。这种评价还可以为学期或学年总评积累素材。在评价的过程中剖析语言教育实践，是形成语言教育整体结构和运行机制的一种手段，能够帮助教师改进薄弱环节和不足之处，发扬优点。

三、学前儿童语言教育评价的原则

学前儿童语言教育评价不仅能提高学前儿童语言教育的质量，还能提高学前儿童的语言表达能力。进行学前儿童语言教育评价不能没有根据，需要遵循一定的原则，这样才能对教育目标和教育内容进行有效的检验，从而发现优点并加以发扬，找出缺点并加以改正。

（一）客观公正性原则

客观公正性原则是学前儿童语言教育评价的最基本原则，即在遵循语言教育客观规律的基础上，从客观实际出发，采取公正、实事求是的态度，不主观臆断、不掺杂任何个人感情色彩，以获取真实的语言教育信息。

根据客观公正性原则，对学前儿童语言教育评价的要求如下。

（1）采用客观、公正的评价方法和手段，根据由教育目标确定的评价标准来实施评价，不能随意更改。

（2）制定的标准应适合每一个评价对象，应事先考虑周全，减少误差，实施评价的过程必须规范。

（3）评价主体态度端正，将教育活动本身作为评价的对象，坚持以事实为依据，以评价标准为准绳，以客观公正的态度对待每一个评价对象，不因个人主观因素影响评价结果。

（二）连续全面性原则

学前儿童语言教育评价的连续全面性原则指连续不断地对语言教育活动的组成部分和构成要素进行全面评价，以符合教育实践不断运动、全面发展的特点。遵循连续全面性原则需要完整地把握以下内容。

（1）学前儿童语言的发展情况、教师的教学情况。

（2）学前儿童语言教育的目标、内容和方法。

（3）教具、学具的选择和利用。

（4）教师与学前儿童之间的互动情况。

（5）静态活动要素和动态活动过程。

（三）诊断有针对性原则

诊断有针对性原则主要包括以下3个层面。

（1）对于学前儿童语言教育评价，不能单纯地进行目测评估，要进行具体的量化考核和质量评价，将量化的显性评定与质的隐性评定相结合，从而提高学前儿童语言教育的质量。

（2）进行有针对性的评价要重点考核设定的目标数量与程度是否达到要求，以及达到要求的具体情况。

（3）在诊断有针对性原则的指导下，能够及时找出问题存在的原因，并采取有针对性的改进措施，能够对在学前儿童语言教育中出现的问题进行有的放矢地解决。

（四）参照性原则

实施学前儿童语言教育评价不是凭空设定原则，而应有科学的依据并遵循一定的规律。学前儿童语言教育评价是为了提升学前儿童语言教育的质量而采用的一种评价方式。

在评价内容的制定上要注意两点要求，如图 9-2 所示。

要依据国家有关法规制定评价原则　＜　制定要求　＞　遵循学前儿童语言发展的基本规律，根据语言教育的目标设定评价内容

图 9-2　参照性原则要求

（五）实效性原则

学前儿童语言教育评价的实效性主要由教育活动方案的设计、实施可行性及教育目的所达到的程度或结果的评价结果反映。

实效性原则的内容如下。

（1）通过学前儿童语言教育活动的开展，评价学前儿童在倾听、表达、阅读、交流中表现出来的语音、词汇、句子、讲述、理解、语法和阅读等水平的提高程度。

（2）评价学前儿童对语言学习和运用语言进行交流的态度、行为习惯的改变程度等。

这种评价能够真实地反映语言教育的情况和效果，为语言教育质量的提高提供可行性指导。

实效性评价主要有两种类型，如图 9-3 所示。

竞赛型　注重活动组织形式的新颖和教学过程的完美，关注学前儿童能否配合教师完成预定的计划

实效性评价

研究型　从学前儿童是否能积极主动地学习的角度来分析组织形式、教学过程及教师发挥的作用

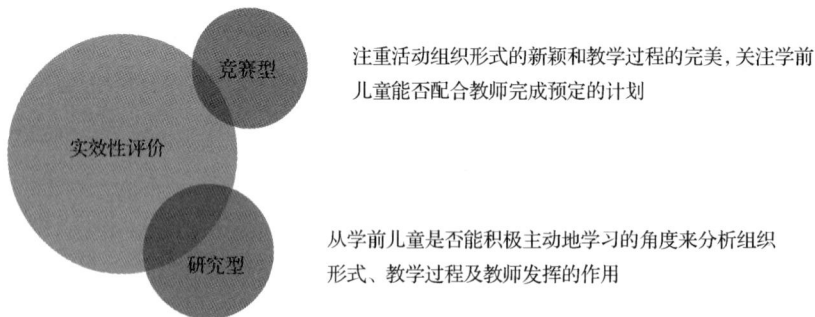

图 9-3　实效性评价的类型

进行实效性评价需考虑学前儿童对语言教育的目的、任务的看法，强调通过多方面教育促进学前儿童语言的发展，既要评价学前儿童语言发展水平，又要评价语言教育、教学过程；

既要评价专门的语言教学中教师与学前儿童的相互作用，又要评价学前儿童在日常生活中运用语言的情况。

第二节　学前儿童语言教育评价的实施

引导案例

彩虹之星幼儿园为了更好地监督幼儿语言的发展状况，提高幼儿教育活动的针对性，提高幼儿园的语言教育质量，对每个班级、每位幼儿的家长进行了问卷调查。问卷主要针对幼儿的语言发展状况提出了一系列问题。

例如，幼儿最近在语言表达上有哪些进步？幼儿在语言表达方面有哪些不足？家长对幼儿的语言教育有什么建议和意见……这些问题一方面提升了家长对幼儿语言教育的重视程度，另一方面反映了教师的教学质量。

家长们对此次问卷调查活动也极为配合，认真填写问卷内容。园方将问卷收回后，对家长的评价结果进行了总结和分析，发现小班家长大多认为自己的孩子在语言表达方面进步很大，大班部分家长认为幼儿园的语言教育活动形式应该更加丰富，并充分考虑大班幼儿的心理特点。

园方领导与教师针对家长提出的建议进行了改进，希望在家园共育中不断提升语言教育质量。

学前儿童语言教育评价是语言教育实施过程中不可缺少的环节，是教师、学前儿童、家长及管理部门共同参与的过程。教师要运用恰当的评价方法与多种不同渠道对学前儿童语言教育活动进行评价，从多角度观察与分析学前儿童语言教育活动，不断完善学前儿童语言教育活动的内容。

一、学前儿童语言教育评价的内容

学前儿童语言教育评价是由教师依托一定的语言教育活动对学前儿童实施的一种有目的、有计划、有组织的评价活动。学前儿童语言教育评价主要涉及教师和学前儿童两个主体及语言教育活动本身这个客体。

（一）对教师的评价

学前儿童语言教育评价的目的之一是促进教师教学行为的改变，所以对教师的评价是学前儿童语言教育评价的一个重要方面。

对教师的评价主要包括以下 5 个方面。

1. 对教师教案的评价

教案是教师进行教学的一个重要物质载体。教师在进行教学前，必定会花一定的时间，参照相关的书籍、资料等编写教案。教案目标的表述是否全面，教案内容是否新颖，教案结构的设计是否合理等都在一定程度上反映出教师的教学观、教师观和儿童观。

2. 对教师教学态度的评价

态度决定行为，教师在教学活动中采取什么样的态度，决定了教学活动中师幼互动的行为。在教学活动中，教师是否充分尊重学前儿童的主体地位，是否积极地对学前儿童进行语言教育等，都与教学活动中教师采取的态度密切相关，所以在进行学前儿童语言教育评价时应关注教师的教学态度。

3. 对教师教学行为的评价

对教师教学行为的评价主要包括如下内容。

（1）教师是否能正确地引导学前儿童的行为，是否与学前儿童形成合作关系，在与学前儿童交流的过程中是否采取平等、尊重、关怀的态度。

（2）教师是否能对自己在教学过程中的行为表现进行及时反思，总结表现的好与坏，并寻找原因和解决方法。

（3）教师是否能从学前儿童的个体差异出发采取有针对性的教学方法，用适当的方式对学前儿童进行教学指导。

（4）教师是否能让学前儿童主动质疑、主动提问，认真倾听学前儿童提出的问题，并对问题做出适当的解释或引导学前儿童主动思考。

4. 对教师语言表达能力的评价

幼儿园的语言教育活动本身就强调给学前儿童创设一个"纯正"的语言环境，培养学前儿童良好的语言表达能力。

对教师语言表达能力的评价主要包括以下几个方面的内容。

（1）语言表达的规范性：教师的普通话是否标准，语言表达是否流畅、准确、词汇丰富，教师是否使用了学前儿童听得懂的语言。

（2）语言表达的科学性：教师在与学前儿童交谈时使用的语言是否符合学前儿童的心理发展特点，是否能发挥学前儿童思考的积极性，是否能引起学前儿童的学习兴趣。

（3）语言表达的生动性：教师使用的语言是否生动形象、浅显易懂、活泼风趣，易于学前儿童理解。

5. 对师幼互动的评价

对师幼互动的评价包括以下几个方面。

（1）教师在活动中是否为学前儿童创造了宽松、自由、平等的活动环境。

（2）教师在活动中是否保证了学前儿童的主体地位，学前儿童是否表现得积极主动，是否想说、敢说、喜欢说。

（3）教师与学前儿童之间的交流是否和谐、融洽，学前儿童的注意力、兴趣、情绪等是否被充分激发、调动起来。

（二）对学前儿童的评价

在进行学前儿童语言教育评价时，对学前儿童的评价主要包括两个方面的内容。

1. 对学前儿童语言发展状况的评价

评价主体可以结合《纲要》中"语言"领域的总目标对学前儿童的语言发展状况进行评

价。《纲要》中"语言"领域的总目标如图 9-4 所示。

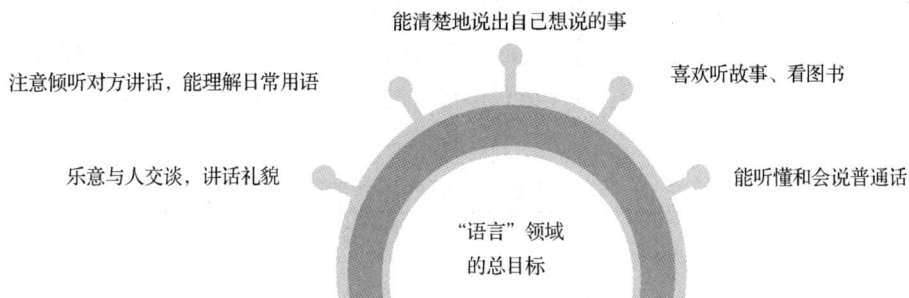

图 9-4　"语言"领域的总目标

2. 对学前儿童参与语言教育活动情况的评价

对学前儿童参与语言教育活动情况的评价可以从两个方面来进行，即目标达成情况、学前儿童参与活动的程度。

（1）目标达成情况

评价主体通过分析语言教育活动的目标达成情况来了解学前儿童在活动中的学习效果。对目标达成情况的分析主要体现在 3 个方面：第一，评价语言教育活动目标是否符合《纲要》《指南》提出的总目标的要求；第二，对照语言教育活动的目标，从认知、情感与态度、技能与能力 3 个目标维度评价目标达成情况，具体内容如表 9-1 所示；第三，对照本次语言教育活动的具体目标，评价目标达成情况是否符合本次语言教育活动的具体要求，如讲故事活动中生动表达的能力是否得到提升等。

表 9-1　3 个目标维度的内容

目标维度	具体内容
认知目标的达成情况	了解儿童是否获得了目标所规定的语言知识，是否掌握了有关的语音、词汇和句型，是否懂得应该怎样运用这些语音、词汇和句型
情感与态度目标的达成情况	了解儿童是否形成了耐心倾听别人说话的态度，是否愿意在集体中讲述一些内容，是否了解并遵守语言交往中的一般规则
技能与能力目标的达成情况	了解儿童组词成句的能力和在具体语境中运用语言的能力，例如，儿童是否能根据具体的情境运用相关的词汇、句子进行表述，是否能用语句将自己的想法表达清楚

评价主体可以按照完全达标、基本达标、不达标 3 个层次来对目标的达成程度进行评价，可以参照表 9-2 来设计语言教育活动目标达成情况评价表。

表 9-2　语言教育活动目标达成情况评价表

达成程度	《纲要》中的总目标	《指南》中的各年龄段目标	3 个维度的目标			语言教育活动的具体要求
			认知目标	情感与态度目标	技能与能力目标	
完全达标						
基本达标						
不达标						

（2）学前儿童参与活动的程度

评价主体可以通过观察和分析学前儿童在语言教育活动中的表现来评价学前儿童参与活动的程度。一般来说，学前儿童参与活动的程度可以分为 3 个等级，即主动积极参与、一般参与、未参与，评价主体可以从学前儿童对参与活动的兴趣、在活动中的注意力情况等方面进行分析，如表 9-3 所示。

表 9-3   学前儿童参与活动的程度评价内容

参与程度	具体表现
主动积极参与	注意力集中，专心倾听教师和同伴的发言，踊跃举手发言，在活动中情绪高涨，等等
一般参与	能够集中一定的注意力倾听教师和同伴的发言；并不主动举手发言，而是在被教师点名后才发言，等等
未参与	在教师或同伴发言时或东张西望，或昏昏欲睡，或玩耍打闹

（三）对语言教育活动本身的评价

语言教育活动是教师对学前儿童实施语言教育的重要载体。对语言教育活动本身的评价主要从以下几个方面进行。

1. 对活动目标的评价

活动目标是引导实施语言教育活动的指南，评价主体在评价活动目标时可以从 4 个方向进行，如表 9-4 所示。

表 9-4   对活动目标进行评价的方向

评价方向	具体内容
目标的合理性	活动目标是否符合《纲要》和《指南》对学前儿童语言学习与发展的总要求
目标的全面性	活动目标是否包含认知、情感与态度、技能与能力 3 个方面的内容，是否确定了不同的达标要求
目标的可操作性	是否有与活动目标相对应的活动，即是否有实现活动目标的途径
目标的适宜性	活动目标是否与本班大多数学前儿童的认知水平或语言发展情况相适应

2. 对活动内容的评价

语言教育活动是根据一定的目标、围绕一定的内容进行的，评价主体对活动内容进行评价时可以从 4 个方面来展开：第一，活动内容是否与活动目标相适应，是否围绕活动目标来展开；第二，活动内容是否符合学前儿童的年龄特点、认知规律和心理特点；第三，活动内容是否主次分明，是否突出重点与难点；第四，活动内容量是否适当，是否存在内容过多或内容过少的情况；等等。

3. 对活动过程的评价

在评价活动过程时，评价主体可以从 7 个方面来展开：第一，各个环节的时间分配是否合理，是否出现前松后紧或前紧后松的情况，教师指导时间与儿童练习时间的分配是否恰当；第二，活动过程是否顺畅，各个环节之间的衔接是否合理、自然；第三，整个活动过程是否动静交替、张弛有度；第四，教师是否能够灵活处理活动中遇到的突发情况；第五，教师是否能充分发挥学前儿童的主动性和积极性，是否能引导学前儿童表达自己的想法；第六，活动中各种教的方法是否适合学前儿童的学习方式；第七，在活动中是否做到了因材施教。

4. 对活动环境的评价

《纲要》明确指出："环境是重要的教育资源，应通过环境的创设和利用，有效地促进幼儿的发展。"由此可见，环境对学前儿童的发展是非常重要的。对活动环境的评价主要体现在 3 个方面：第一，活动环境是否与活动内容相适应；第二，活动环境是否有助于活动目标的实现；第三，活动环境是否宽松、自由，是否能鼓励学前儿童表达自己的观点，是否能促进学前儿童主动探索，是否能鼓励学前儿童主动与同伴进行交往。

5. 对活动材料的评价

对活动材料的评价主要体现在 5 个方面：第一，活动材料的选择、设计、制作是否与活动内容相适应；第二，活动材料是否科学、安全，是否具有可操作性，数量是否充足；第三，活动材料是否适合学前儿童进行操作，是否让学前儿童感觉到喜欢；第四，活动材料的运用是否合理、有效；第五，活动材料是否得到了最大限度的利用。

学前儿童语言教育活动案例：中班语言活动"我的家"

设计思路

中班幼儿的语言能力有了一定的发展，本次活动的主要目的就是借助幼儿最亲近的人和事，培养幼儿敢说、想说、多说的能力，提高幼儿用完整语言进行表述的能力，并使幼儿在表述中感受家的温暖。

活动目标

1. 锻炼幼儿的胆量，培养其倾听的能力。
2. 通过让幼儿尝试叙述故事，重点培养幼儿连贯表达的能力。
3. 让幼儿愿意交流，清楚地表达自己的想法。
4. 让幼儿加深对家庭成员的认知，感受家庭的温暖。

活动准备

爷爷、奶奶、爸爸、妈妈、哥哥、姐姐、弟弟、妹妹等人物的图片，《家族歌》音频。

活动过程

1. 装扮活动室，让活动室充满家庭的温馨感。
2. 播放《家族歌》，在音乐中教师引导幼儿进入活动室。
3. 教师引导幼儿齐唱《家族歌》。
4. 教师向幼儿出示家庭成员的图片，然后提问："老师给大家带来了一些人物的图片，大家看看，图片上的人都是谁？"
5. 教师提出话题："请你向大家介绍一下自己的家，要告诉大家你的家里都有谁，他们是做什么工作的，他们喜欢吃什么，喜欢做什么。"
6. 幼儿轮流向大家介绍自己的家庭情况。

活动评析

活动目标：活动目标符合中班幼儿的年龄特点，体现了以幼儿为本的理念，活动以培养幼儿连贯表达的能力为重点，并渗透了社会领域的目标，从认知、情感、能力等多个方面考察幼儿的发展水平，可操作性较强。

活动内容：教师从幼儿身边的场景切入，使活动贴近幼儿的日常生活。活动内容符合中班幼儿的年龄特点、认知规律、心理特点，活动内容主次分明，重点突出，内容量适当。

活动过程与活动环境：教师运用唱歌引导法等方法、图片展示法，通过唱歌、图片导入、提出话题、自主表述4个环节，让幼儿在温馨、轻松的环境中获得语言的发展和情感的升华。

活动材料：教师布置了活动场地，并准备了图片、歌曲，给幼儿创造了比较自由、宽松的语言交往环境，有利于让幼儿在与材料的互动中实现活动目标。

实战训练

请同学们自由分组，4人一组，从网络上收集1～2个学前儿童语言教育活动的案例（也可以以本书中的某个引导案例为例），从教师、学前儿童、语言教育活动本身等角度切入，说一说这些活动的优缺点。

二、学前儿童语言教育评价的方法

对学前儿童语言教育活动进行评价需要讲究方法，这样有利于对学前儿童语言发展和语言教育活动做出客观的衡量和科学的判定。

（一）自由叙述评价法

自由叙述评价法是将对语言教育活动的意见、判断、感想等自由地写下来或说出来，通过文字叙述或口头表达的形式对语言教育活动加以评价的方法。

这种评价方法适合自我评价和对他人评价，常用的形式有3种，如图9-5所示。

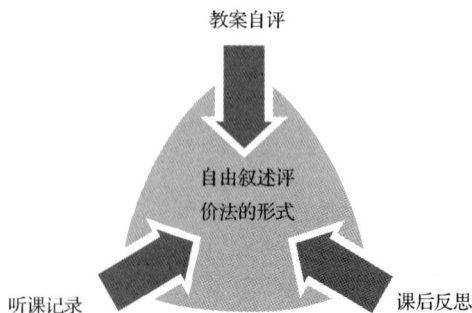

教案自评

自由叙述评价法的形式

听课记录　　　课后反思

图9-5　自由叙述评价法的形式

采用这种评价方法不需要进行大量的数据分析，不需要专门的可测量工具和复杂的评价程序。这种评价方法有利于综合反映活动过程中的情况，可以对静态的，如目标、内容、方法、材料和环境布置等因素进行评价；也有利于对动态的，如学前儿童在活动中的行为表现等因素进行语言上的描述与分析。

（二）观察评价法

观察评价法是指有目的、有计划地对学前儿童语言教育活动的实施进行观察和了解，并做出科学评价的一种方法。这种方法的优点是收集的信息比较全面、客观，具有鲜活、原生态的特征，能够比较真实地反映活动的本来面貌，可信度较高；缺点是由于组织评价要求的即时性和状态展现的短暂性，所以其对评价主体的时间、精力要求比较高。

1. 观察评价法的实施方法

评价主体可以通过以下几种方法来实施观察评价法。

（1）在自然情景下进行观察。

（2）通过创设相应的语言情景进行观察。

（3）通过提问观察学前儿童的表述情况。

（4）在自由活动中，通过巡视和个别交流进行观察。

2. 观察评价法的记录方法

评价主体可以根据研究目的来确定观察的具体内容，可以持续地观察学前儿童在课堂上听、说、读、写能力的发展情况，也可以通过文学欣赏活动、阅读活动、听说游戏等具体活动对学前儿童进行有针对性的观察，例如，通过阅读活动重点观察学前儿童的语言理解能力，通过听说游戏重点观察学前儿童的倾听能力和表达能力等。

评价主体可以采用文字记录、画图记录、录音机录音、摄像机摄影等方式记录观察到的情况。

例如，评价主体采用文字记录的方式记录观察到的情况："有一次，他拿着几块七巧板来到我身边，把七巧板往我手里一塞，然后定睛看着我。我想他可能是想让我和他一起玩儿，于是我问他：'我们一起玩儿？'他用力地点了点头。我们玩了 10 分钟七巧板，在这个过程中他什么也没说，也没有拼出什么。后来，我用七巧板拼出了一栋小房子，说：'我拼出了一栋小房子，它漂亮吗？'他点了点头，过了一会儿，他也拼出了一栋小房子，问道：'我拼出了一栋小房子，它漂亮吗？'他说话的时候显得很高兴，我向他投去鼓励的目光，并回答'很漂亮'。后来，他每拼出一个东西就会兴奋地问我'它漂亮吗？'，我每次都鼓励性地回答'漂亮'。"

评价主体在记录所观察的情况时，要注意不要对观察对象产生干扰。此外，评价主体要坚持客观的原则，避免在记录过程中掺杂个人感情色彩。

（三）综合等级评定法

综合等级评定法是从纵向、横向两个维度确定评价的指标，对活动的各种因素、状态进行分析和评价，从而得到综合的评价信息。

1. 纵向维度评价

纵向维度评价指对构成语言教育活动的各种因素，包括目标、内容、形式、学前儿童参与活动的程度、材料利用情况、师幼互动情况等进行评价。

2. 横向维度评价

横向维度评价指对语言教育活动的各种因素在运行过程中的状态及其等级进行评价。

运用这种评价方法可采用表格的形式对评价的内容进行量化，评价主体根据实际情况在相应的表格中打"√"即可，综合等级评定表（示例）如表 9-5 所示。

表9-5　综合等级评定表（示例）

	目标达成情况	完全达到	基本达到	未达到
目标达成分析	目标1			
	目标2			
	目标3			
适合程度分析	适合程度	完全适合	部分适合	不适合
	内容			
	形式			
活动因素分析	学前儿童参与活动的程度	主动积极	一般参与	未参与
	材料利用情况	充分利用	一般利用	未利用
	师幼互动情况	积极主动	一般配合	消极被动

（四）问卷调查评价法

学前儿童语言教育除了在幼儿园活动中能体现外，在家庭中也能体现。因此，评价主体在对学前儿童语言教育进行评价时，还要对其在家庭中的语言发展情况进行评价。评价主体可以通过向家长发放问卷进行调查的方式评价学前儿童在家庭中的语言发展情况。

下面是一份调查问卷示例。

学前儿童语言教育现状调查问卷

尊敬的家长：

您好！感谢您在百忙之中协助我们的调查研究。本次调查的目的是了解学前儿童语言教育的现状，进一步推动幼儿园语言教育的改革与发展，因此您中肯的回答对我们的研究非常重要。请您仔细阅读题目，客观、真实地作答（若涉及选项，在相应选项前面打"√"），感谢您的配合！

1. 您的孩子所在的班级。

□小班　　　□中班　　　□大班

2. 您的孩子的性别。

□男　　　　□女

3. 您认为学前儿童语言教育应该包括哪些方面？（多选）

□汉字　　　□汉语拼音　　　□普通话　　　　□方言　　　□外语

4. 您的孩子是否能拼写简单的拼音？

□是　　　　□否

5. 您的孩子是否已经认读汉字？如果是，他（她）大约是从＿＿岁＿＿月开始认读汉字的。

□是　　　　□否

6. 您的孩子能认读的汉字数量大约是多少？

□50 个以下　　□50~100 个（不含）　　□100~150 个（不含）　　□150 个及以上

7. 您的孩子主要是通过什么途径认读汉字的？

□幼儿园教育　□家庭教育　　　　□活动中心等培训机构　□其他

8. 您的孩子是否能写简单的汉字？

□是　　　　　□否

9. 您的孩子是否有每天阅读图书的习惯？如果有，他（她）每天阅读＿＿分钟。

□是　　　　　□否

10. 您的孩子是否能口齿清楚地说儿歌、童谣？

□是　　　　　□否

11. 您认为学前儿童是否有必要学习外语？如果是，您的孩子大约是从＿＿岁＿＿月开始学习外语的。

□是　　　　　□否

评价主体在运用问卷调查评价法时，要注意以下几点。

（1）向家长解释清楚，尽量消除家长的顾虑，以让家长真诚地参与问卷调查。

（2）调查问卷的内容要全面、科学、合理，问题数量适中，问题的形式要恰当，表述简洁、清晰，既便于家长理解和作答，也便于统计。

（3）在正式场合向家长发放调查问卷。

（4）统计好发出问卷、收回问卷和有效问卷的数量，并及时对问卷进行分析。

（5）及时向家长反馈有关调查问卷的统计结果。

（五）谈话评价法

谈话评价法是指在自然状态下，评价主体与学前儿童进行面对面的沟通，引导他们运用学过的知识或经验回答问题，并对谈话内容进行记录、整理和分析，从而对学前儿童语言教育情况进行评价的方法。

评价主体在运用谈话评价法时，要注意以下 3 点。

（1）谈话目标要明确。例如，明确是要了解学前儿童对拼音的掌握情况，还是要了解学前儿童能否清楚地进行表达，等等。

（2）评价主体要在自然、轻松、舒适的环境和状态下与学前儿童展开谈话。

（3）评价主体要有耐心，态度要和蔼，语气要亲切、自然。

学前儿童语言教育活动评价案例：学前儿童口头表达能力评价

给学前儿童播放《昆虫总动员》，播放完后，教师扮演记者，学前儿童扮演被采访者，教师对学前儿童进行单独采访。教师通过向学前儿童提问的方式评估学前儿童的口头表达能力。教师可以问："请问你刚才在视频里看到了哪种小动物？它是什么颜色的？它喜欢吃什么？……"教师根据表 9-6 对每个学前儿童的口头表达能力进行评价。

表9-6　学前儿童口头表达能力评价表

评价内容	评价指标	观察记录
参与活动的情况	无自主表达行为或很少有自主表达行为；被采访时或被提示时也很少做出表述；总是说"我不记得了"或"我不知道"，或者根本不参与活动	
	只是在教师做出提示的情况下才出现表述行为	
	主要在教师提示或提问时出现表述行为，也有少量自发表述的行为	
	在少量提示下有表述行为，或者是不需要提示就能自己讲述视频中的情节	
内容的准确性	只是讲述与自己相关的事，而不是讲述视频中的情节	
	只能陈述视频中极少的情节	
	能陈述视频中的一些情节	
	能陈述视频中大多数甚至几乎全部的情节	
词汇的复杂性、详细程度	对视频中的情节描述得空洞而不详细，使用简单的语言，几乎不使用形容词	
	对视频中的某些情节描述得较详细，某些情节描述得不详细，能够使用一些具有表现力的词汇	
	能详细描述视频中的情节，能够使用多种词汇进行描述	
句子结构	描述时多使用单句	
	描述时使用比较简单的句子，但也能使用一些复合句	
	能较多地使用复杂的句子进行描述	

⚙ 实战训练

请同学们自由分组，4人一组，就幼儿园语言教育活动中的某一个案例进行讨论，并运用所学知识采用合适的方法对其进行评价，说一说该活动设计的优缺点。

三、学前儿童语言教育评价的途径

学前儿童语言教育评价的途径不是单一的，幼儿园应注意通过不同的渠道对学前儿童语言教育活动进行评价，多角度观察与分析学前儿童语言教育活动，不断完善学前儿童语言教育教学环节的内容。

（一）幼儿园自评

学前儿童语言教育质量的高低主要是通过幼儿园对本园教育理念、教师教学设计、教师基本功考核及教师日常教学的考核体现出来的。

幼儿园的日常考核、公开课考核、各种大型活动中对教师活动安排的考核，能够真实地反映出学前儿童语言教育中存在的问题，同时能够帮助幼儿园做出具有针对性的改进。

幼儿园对学前儿童语言教育的评价可以围绕日常生活和游戏中学前儿童之间的语言交流、学前儿童与教师的语言交流进行。人的模仿能力在幼儿期是最强的，尤其是人对语言的学习，都是从模仿开始的，教师在学前儿童语言教育中要体现出语言的规范性与准确性。

幼儿园自评的优势主要有以下几点。

1. 反映问题

对学前儿童语言教育的评价体现在日常生活的各个环节，也体现在其他领域教育活动的随机渗透中，所以幼儿园自评更能反映学前儿童语言教育存在的具体问题。

2. 找到规律

幼儿园语言教育目标的制定必须以社会需要、学前儿童发展的规律、语言的学科性质和学前儿童语言学习的特点为依据，以便在学前儿童的日常语言交流中找到其语言发展规律。幼儿园自评能够帮助相关人员找到这种规律。

3. 与时俱进

语言学习是一个随着时代发展不断变化的动态过程，人接受新事物的能力在幼儿期是很强的，幼儿园自评能够让学前儿童语言教育做到与时俱进，有利于相关人员不断发现学前儿童语言发展的规律。

（二）同级机构互评与上级机构评价相结合

学前儿童语言教育是评价幼儿园教学质量的硬性指标之一，同级机构互评可以通过开展公开课或大型活动进行，这一方面是给学前儿童提供展示自我的机会，另一方面也是对学前儿童语言教育的评价。

通过组织专门的语言教育活动对学前儿童语言教育进行评价，幼儿园对学前儿童的语言教育能够达到一定的标准，这样幼儿园在日常的教学活动中就能做到有目的性、有针对性。

同级机构互评与上级机构评价相结合也是整合教育观的一种体现，学前儿童语言教育内容的整合主要是社会知识、认知知识和语言知识的有效结合。在评价过程中，各机构能够发现学前儿童语言教育存在的共性问题，提出一个针对共性问题的解决方案。

（三）家长评价

在学前儿童进入幼儿园阶段后，能够发现学前儿童在语言的丰富性与规范性上发生变化的人，除了幼儿园的教师外，就是家长。家长在教育学前儿童时没有规范性，因此更能发现学前儿童在语言表达上的变化。在学前儿童语言教育评价中，幼儿园应对家长发现的学前儿童语言变化的情况以问卷调查的方式进行数据收集。

家长的意见是真实反映教师教学质量的重要数据。渗透的语言教育充分利用学前儿童的各种生活和学习经验，在真实的生活情境中为学前儿童提供更加广泛的、多种多样的学习语言的机会，给学前儿童提供更好地运用语言获得新的生活经验和其他方面的学习经验的机会。现在很多幼儿园都建立了家园体系，设立了家委会，充分发挥家长提高幼儿园教育质量的作用，将这种渗透的语言教育向幼儿园外的家庭延伸，也是全面提高学前儿童语言发展水平的途径。

实战训练

观摩一次幼儿园语言教育活动，记录并分析教师在语言教育活动中的操作，尝试运用所学知识写一份个人评价。

第三节　学前儿童语言教育评价的发展

星火幼儿园的张园长为了培养幼儿的早期阅读习惯，为幼儿设立了小小图书室。张园长根据不同年龄段幼儿的特点以及幼儿的不同需求，选择了种类丰富的图书。

其中，有能满足幼儿情感需求的具有哲理性和幽默感的绘本，如《逃家小兔》《猜猜我有多爱你》《我爸爸》《我爱我的家 我爱我的国》等，这些优秀的儿童作品能增强幼儿的社会意识，培养幼儿美好的情感和良好的社会行为习惯；有满足幼儿认知需求的儿童图书，如《中国房子》《中国火箭》《交通安全十二生肖》等；还有一些英雄人物故事，如《小兵张嘎》《小英雄雨来》《雷锋的故事》等。张园长精心选择适合中国幼儿阅读的图书，这些图书既能教幼儿懂得一些日常生活中的规则规范，又能让幼儿萌发热爱祖国、热爱家乡的情怀。

小小图书室非常受幼儿欢迎，幼儿可以在小小图书室自主阅读，也可以和同伴共读，还可以将图书带回家与爸爸妈妈一同阅读。经过一段时间的运行，小小图书室得到了大家的一致好评。

学前儿童语言教育评价是提高学前儿童语言表达能力的重要途径。通过评价，教师能够发现自身存在的问题，并有针对性地进行解决。鉴于学前儿童语言教育评价的现状，我国学前儿童语言教育还有进一步提升的空间。

部分教师在进行语言教育的过程中，过于注重教学技巧和教学内容的完整性，却往往忽视了学前儿童的语言运用情境。学前儿童语言运用能力的发展是学前儿童语言教育的重点，教师要为学前儿童创造一个宽松、愉快的语言运用环境，让学前儿童想说、敢说，畅所欲言。

一、提供宽松的语言运用环境

幼儿园语言教育的首要任务是帮助学前儿童成为积极的语言运用者，在交往中逐渐学习理解和表达不同的看法。

教师需要注意保护学前儿童运用语言交往的主动性和积极性，为学前儿童提供宽松的语言运用环境。《纲要》对这一点有明确要求："创造一个自由、宽松的语言交往环境，支持、鼓励、吸引幼儿与教师、同伴或其他人交谈，体验语言交流的乐趣"。因此，无论是进行学前儿童语言教育评价还是进行定量与定性的评价，教师都要在教学环节与教学活动中加大对这方面的评价力度。

目前，学前儿童语言教育可能存在以下现象。

（1）当学前儿童在集体活动中积极举手要求发言时，教师却忽视他们的说话欲望，久而久之，就会使部分学前儿童成为等待教师点名发言的被动"交往者"。

（2）在学前儿童说话的过程中，有些教师出于"教育"的目的打断他们说话，要求他们"说完整""说对""发音正确"等，而这样做的实际效果往往是使学前儿童的交流积极性在说话被"打断"的过程中被破坏。

宽松的语言运用环境是令学前儿童感到愉快的，是有助于他们积极互动的，是允许他们出错的。如果教师让每个学前儿童诉说哪怕不成熟的想法，让每个学前儿童有说的机会，那么他们说话的欲望就会得到满足，他们就有了运用语言的机会。因此，教师要允许学前儿童表达得不准确、不完整，要相信学前儿童会在交谈的过程中说得越来越准确、越来越完整。

创造性语言运用环境，应当是学前儿童想说、敢说的环境，也是学前儿童可以随时大胆质疑提问的学习环境，同时还是鼓励学前儿童表达对学习内容的预期和假设的环境。

二、提升学前儿童的早期阅读能力

《纲要》提出："培养幼儿对生活中常见的简单标记和文字符号的兴趣。利用图书、绘画和其他多种方式，引发幼儿对书籍、阅读和书写的兴趣，培养前阅读和前书写技能。"

提高学前儿童的早期阅读能力是早期阅读教育的关键。学前儿童通过自主阅读，其词汇量不断增加，对世界的探求欲望将被激发。这既能使学前儿童获得语言能力的提升，也是学前儿童探索世界的重要途径。

提升学前儿童的早期阅读能力有以下 4 种方式。

（一）开展阅读前的准备性活动

在阅读前，教师首先要为学前儿童选择适合其在所在年龄段阅读的书籍。例如，为小班儿童准备图画较多的书籍，这样能吸引他们阅读，并通过图画让其理解文字的内涵。

教师应为大班儿童准备图文并茂的书籍。随着年龄的增长，学前儿童认识的字的数量不断增加，所以在大班儿童的阅读中，教师一方面需要提高他们识字的能力，另一方面需要通过文字来提高他们的想象力与对文字的理解力。

（二）培养学前儿童进行自由阅读

由于个体的差异，学前儿童对不同书籍的兴趣点不同，所以教师在培养学前儿童早期阅读能力的过程中要给学前儿童充分的自由，让他们根据自己的兴趣点选择书籍。学前儿童在这种自由的阅读中能够真正体会到阅读的乐趣，能掌握语言并在实际生活中对语言进行运用。

（三）师幼共同阅读

学前儿童自由阅读是按自我喜好选择书籍，阅读的书籍类别比较单一，掌握的语言范围比较窄。为此，采用师幼共同阅读、教师引导的方式，让学前儿童和教师共同阅读一本书，学前儿童能对不认识的字音进行识别，教师可以对学前儿童读错的字音进行纠正。

（四）学前儿童复述阅读的内容

复述是将阅读的内容通过口语的方式讲述出来。复述的过程是学前儿童对阅读的内容进行回顾与消化的过程，也是学前儿童对阅读的内容重新用语言进行组织的过程。这种方式不仅能提高学前儿童的语言组织能力和语言表达能力，还能提高学前儿童的记忆力与对事物的关注度。

教师在对学前儿童早期阅读能力的评价中，要采用一定的考核方式。教师可以在教学过程中对学前儿童阅读书籍的数量进行记录，对学前儿童复述阅读的内容进行等级上的评价。

三、培养学前儿童的第二语言能力

在发展学前儿童母语能力的同时，积极地对学前儿童进行第二语言的启蒙，是提高学前儿童语言能力的重要方式。早日培养学前儿童对外语语音和文字符号的认知能力与兴趣，有利于减少母语习惯对学前儿童学习外语的不利影响。

家长可以采取以下方法有意识地培养学前儿童的第二语言能力。

（一）自然习得法

生活中有许多孩子感兴趣的东西，家长要有目的地选择日常的事物，作为激发孩子兴趣的素材。例如，在逛超市时，家长要时刻注意孩子的目光，适时地用双语来丰富他们的词汇。

（二）氛围创设法

家长可以创设学习第二语言的情境，为孩子营造一种良好、亲切的感情交往氛围，多与他们玩，多给他们讲故事，在玩与讲中自然渗透他们已学会的外语内容。

（三）游戏兴趣法

孩子的思维是直观行动思维，这种思维的主要特点是在直接感知和实际行动中进行。家长应结合孩子思维发展的趋势，让孩子在直观中感知，在游戏中记忆，在潜移默化中产生学外语的兴趣和积极性。

四、培养学前儿童的整体语言能力

学前儿童的整体语言能力包括听、讲、读、写等基本能力。提高整体语言能力对学前儿童的学习和生活影响非常大，能促进学前儿童创造性的认知特征、情感特征、人格特征及身体动作的发展。

课后习题

一、单项选择题

1. 下列不属于学前儿童语言教育评价的作用的是（　　）。
   A. 提高教育质量　　B. 反馈作用　　　C. 增效作用　　　　D. 鉴别作用

2. 下列属于对教师教学行为的评价的是（　　）。
   A. 对教师与学前儿童互动的评价
   B. 对教师教学态度的评价
   C. 教师是否能正确地引导学前儿童的行为
   D. 对教师语言表达能力的评价

3. 了解学前儿童是否能根据具体的情境运用相关的词汇、句子进行表述属于对（　　）。
   A. 学前儿童语言发展状况的评价
   B. 认知目标达成情况的评价

    C. 技能与能力目标达成情况的评价

    D. 情感与态度目标达成情况的评价

4. 下列属于对语言教育活动内容的评价的是（　　　）。

    A. 是否有与活动目标相对应的活动

    B. 活动内容是否符合学前儿童的心理特点

    C. 活动各个环节之间的衔接是否合理、自然

    D. 教师在活动中是否为学前儿童创造了宽松、自由、平等的活动环境

5. 下列不属于观察评价法的实施方法的是（　　　）。

    A. 在自然情景下进行观察

    B. 通过提问观察学前儿童的表述情况

    C. 在自由活动中，通过巡视和个别交流进行观察

    D. 在日常生活中进行观察

二、判断题

1. 学前儿童语言教育评价是在一定的教育价值观的指导下，采取科学的方法对与学前教育活动有关的各个方面进行价值判断的过程。（　　　）

2. 客观公正性原则是学前儿童语言教育评价最基本的原则。（　　　）

3. 了解儿童是否获得了目标所规定的语言知识属于对学前儿童情感与态度目标达成情况的评价。（　　　）

4. 判断整个活动过程是否动静交替、张弛有度属于对语言教育活动过程的评价。（　　　）

5. 评价主体在实施观察评价法时可以通过创设相应的语言情景进行观察。（　　　）

三、简答题

1. 简述学前儿童语言教育评价中对学前儿童的评价的内容。

2. 简述综合等级评定法的实施方法。

3. 简述提升学前儿童早期阅读能力的方式。